böhlau

Tina Walzer

Der jüdische Friedhof Währing in Wien

Historische Entwicklung, Zerstörungen der NS-Zeit, Status quo

Böhlau Verlag Wien Köln Weimar

Gefördert durch
den Nationalfonds der Republik Österreich
das Bundesministerium für Wissenschaft und Forschung
JEA - Plattform zur Bewahrung und Erforschung der jüdischen Friedhöfe in Österreich
Bundesdenkmalamt

Bibliografische Information der Deutschen Nationalbibliothek:
Die Deutsche Nationalbibliothek verzeichnet diese Publikation in der
Deutschen Nationalbibliografie; detaillierte bibliografische Daten sind im Internet über
http://dnb.d-nb.de abrufbar.

ISBN 978-3-205-78318-3
Coverabbildung: Blick aus den Baumkronen über das gerodetete Areal des jüdischen Friedhofes
Währing in Wien, im Spätherbst 2007. Foto: Alex Schober 2007.

Das Werk ist urheberrechtlich geschützt. Die dadurch begründeten Rechte, insbesondere die der Übersetzung, des Nachdruckes, der Entnahme von Abbildungen, der Funksendung, der Wiedergabe auf fotomechanischem oder ähnlichem Wege, der Wiedergabe im Internet und der Speicherung in Datenverarbeitungsanlagen, bleiben, auch bei nur auszugsweiser Verwertung, vorbehalten.

© 2011 by Böhlau Verlag Ges.m.b.H. und Co.KG, Wien · Köln · Weimar
www.boehlau-verlag.com

Gedruckt auf umweltfreundlichem, chlor- und säurefreiem Papier

Druck: Generál, HU-6726 Szeged

Inhalt

Dank 7

1. Einleitung 9

2. Historische Entwicklung 15
   2.1. Gründung 15
   2.2. Grundstückszukäufe 16
   2.3. Schließung 19
   2.4. Weitere Erhaltung des Friedhofes 20
   2.5. Inventarisierungen 23
   2.6. Gartengestaltung 25

3. Bauliche Entwicklung bis 1938 29
   3.1. Einfriedung 29
   3.2. Eingänge und Gebäude 29
   3.3. Wege 31

4. Die Bewuchssituation vor 1938 35
   4.1. Prinzipielle Überlegungen 35
   4.2. Die Zeit der aktiven Nutzung des Friedhofes, 1784–1884 . . . 36
   4.3. Die parkähnliche Umgestaltung des Areals, 1903–1905 38
   4.4. Reklamationen und Änderungen im Zuge der parkähnlichen Umgestaltung 49
   4.5. Laufende Pflege des Areals vor 1938 53

5. Zerstörungen der NS-Zeit 57
   5.1. Enteignung 57
   5.2. Übertragung in den Besitz der Stadt Wien 58
   5.3. Entfernung der Metallteile 59
   5.4. Exhumierungen der IKG Wien 61
   5.5. Exhumierungen des Naturhistorischen Museums Wien . . . 63
   5.6. Bauarbeiten zur Anlage eines Luftschutzbunkers 71
   5.7. Restitution, Umwidmung und Anlage des „Arthur Schnitzler-Hofes" 76

6. Status quo 91
   6.1. Der Allgemeinzustand in den Jahren 2007 und 2008 91
   6.2. Inventarisierung 2007 92
      6.2.1. *Durch die IKG Wien Exhumierte*. 92
      6.2.2. *Durch das Naturhistorische Museum Wien Exhumierte*. 94
      6.2.3. *Exhumierte und zerstörte Gräber im Bereich des geplanten Luftschutz-Bunkers*. 98
      6.2.4. *Metallteile* 99

7. Schlussbemerkung 101

8. Quellen. 103

9. Literatur 107

10. Abkürzungsverzeichnis 117

11. Anmerkungen 118

12. Anhang 137
   12.1. Teilinventar: Israelitische Kultusgemeinde Wien Exhumierungen 137
   12.2. Teilinventar: Naturhistorisches Museum Wien Exhumierungen 142
   12.3. Teilinventar: Exhumierte und zerstörte Gräber im Bereich des geplanten Luftschutz-Bunkers. 162
   12.4. Teilinventar: Belassene Grabstellen im Bereich des geplanten Luftschutz-Bunkers. 189

Dank

Dieses Buch versammelt Resultate langjähriger Recherchen zu Geschichte und Inventar des jüdischen Friedhofes Währing in Wien. Es bietet eine Zwischenbilanz jener Forschungsergebnisse, die im Zuge der Arbeiten an einem Forschungsprojekt im Auftrag des *Zukunftsfonds der Republik Österreich* sowie an einem *Parkpflegewerk* im Auftrag der Israelitischen Kultusgemeinde Wien und des österreichischen Bundesdenkmalamtes gewonnen werden konnten. Die vorliegende Publikation soll damit einen Beitrag zur Bewahrung dieses Kultortes und bemerkenswerten Kulturdenkmales leisten.

Allen freiwilligen Helfern, die durch ihre tatkräftige Rodungs-, Garten- und Aufräumarbeit auf dem Areal des jüdischen Friedhofes Währing die Durchführung vieler Arbeiten erst möglich machten, sei für ihre selbstlose und unermüdliche Hilfe gedankt: U. S. Trimission Chancellery Vienna, Herbert Bichl, Emanuel Frank, Paul Katt, Elisabeth Krista, Jutta Markl, Utta Nehonsky, Renate Recher, Michael Robausch, Stephan Templ sowie allen anonymen Helfern.

Für ihre Unterstützung sei folgenden Personen besonders gedankt: Kurt Apfel, Hadassah Assouline, Peter Bauer, Ernst Bauernfeind, Bethany Bell, Heinrich Berg, Margit Berner, Heinrich Blechner, Michael und Ingrid Bittner, Thomas Blisniewsky, Theodor Brückler, Wilfried Dahm, Ursula Dorfinger, Shoshana Duizend-Jensen, Wolfgang Eder, Heinrich Eller, Gerhard Ellert, Marianne Enigl, Raimund Fastenbauer, Christa Farka, Markus Feurstein, Ralph Gälzer, Florian Gröll, Géza Hájos, Friedrich Herzog, Avshalom Hodik, Lothar Hölbling, Manuela Hoelterhoff, Moshe Jahoda, Erika Jakubovits, Waltraud Klasnic, Peter Mayr, Ariel Muzicant, Barbara Neubauer, Ulrike Nimeth, Katinka Nowotny, Barbara Prammer, Barbara Rafaeli, Zwi Reiter, Gerhard Rennhofer, Charles Ritterband, Dirk Rupnow, Anneliese Schallmeiner, Elisabeth Schlebrügge, Stefan Schmidt, Kurt Scholz, Jiri Schreiber, Marco Schreuder, Sonny Shoyeb, Anton Staudinger, Hubert Steiner, Anita Stelzl-Gallian, Martina Stemmer, Herbert Summesberger, Günter Templ, Maria Teschler-Nicola, Rami Ungar-Klein, Klaus Vatter, Reinhard Veit, Klaus Wedenig, Rainer Weisgram, Richard Wotava, Ingo Zechner sowie den Mitarbeitern der Friedhofsverwaltung der IKG Wien am 4. Tor des Zentralfriedhofes in der neuen jüdischen Abteilung. Mein Dank gilt vor allem auch der Israelitischen Kultusgemeinde Wien, dem Zukunftsfonds der Republik Österreich, dem Bundesdenkmalamt sowie den zahlreichen hier nicht namentlich genannten Personen für ihre Unterstützung und ihr Interesse. Anton Staudinger und Charles Ritterband danke ich für die kritische Durchsicht des Manuskripts und allen Mitarbeiterinnen des Böhlau Verlages für ihre Unterstützung und Geduld.

In Würdigung der Arbeiten von Pinkas Heinrich, Archivar der Israelitischen Kultusgemeinde Wien, und des Wirkens von Ernst Feldsberg, Leiter des Friedhofsamtes und Präsident der Israelitischen Kultusgemeinde Wien.

Wien, Februar 2011

1. Einleitung

Die *Halacha*, das religiöse Gesetz des jüdischen Glaubens, verpflichtet die jüdischen Gemeinden zur immerwährenden Erhaltung ihrer Friedhöfe und aller Grabstätten. Nach der *Halacha* gehört ein jüdisches Grab ausschließlich dem Toten. Es ist auf ewig unantastbar. Dem religiösen Gebot folgend müssen daher ein jüdisches Grab und ein jüdischer Friedhof auf ewige Zeiten bestehen bleiben.

Die jüdischen Friedhöfe Österreichs wurden von den lokalen jüdischen Gemeinden angelegt und dienten diesen bis zu ihrer Zerstörung sowie der Enteignung, Vertreibung und Ermordung aller durch den NS-Staat als Juden verfolgten Menschen. Nur dort, wo sich nach 1945 wieder eine jüdische Gemeinde bilden konnte, wird auch der jeweils jüngste Friedhof weiter benutzt – in Wien die neuere jüdische Abteilung des Zentralfriedhofes bei Tor 4. Alle anderen jüdischen Friedhöfe sind geschlossen. Sie sind verwaist.

Friedhöfe zählen zu den letzten übrig gebliebenen Orten jüdischen Lebens in Österreich und legen Zeugnis ab von einer untergegangenen Welt, von der Vergangenheit dieses Landes, und von einem wesentlichen Aspekt der Geschichte Österreichs. Diese herausragende Bedeutung der jüdischen Friedhöfe jedoch ist bis heute im breiten öffentlichen Bewusstsein wenig präsent. Der jüdische Friedhof Währing ist eines der ganz wenigen Areale in Österreich, die wissenschaftlich bearbeitet werden. Sein Bestand ist bereits zum überwiegenden Teil erfasst. Seit der nationalsozialistischen Machtübernahme am 12. März 1938 wurde er nicht mehr kontinuierlich betreut und gepflegt. Die Beseitigung von Schäden aus der NS-Zeit ist nicht erfolgt, lediglich die gröbsten baulichen Mängel werden aus Gefahrengründen mitunter behoben. Eine Regelung zur General-Sanierung ist bisher ausgeblieben.

Die ausgelöschten jüdischen Gemeinden und ihre ermordeten oder vertriebenen Angehörigen können für die Sanierung der österreichischen jüdischen Friedhöfe keine Verantwortung mehr tragen, und ihre Nachfolgeorganisationen sind bei weitem zu klein, um diese Aufgabe alleine übernehmen zu können. Die Israelitische Kultusgemeinde Wien[1] – mit einem derzeitigen Mitgliederstand von rund 7.000 gegenüber rund 185.000 Personen in der Vorkriegszeit – hätte als Rechtsnachfolgerin aller zerstörten jüdischen Gemeinden in Wien, Niederösterreich und dem Burgenland seit 1945 insgesamt mehr als 350.000 Grabstellen zu versorgen. Angesichts ihrer heutigen Mitgliederzahl überschreitet diese Aufgabe die organisatorischen und finanziellen Ressourcen der IKG Wien um ein Vielfaches. Das war eines der Motive, in jenes *Washingtoner Abkommen*, im Januar 2001 zwischen den Regierungen Österreichs und der U.S.A. sowie den österreichischen Kultusgemeinden abgeschlossen, einen Punkt zu integrieren, der die Sanierung und Pflege der jüdischen Friedhöfe Österreichs regeln sollte.

Die Umsetzung der dort eingegangenen Verpflichtungen wurde jahrelang weder institutionell verankert noch inhaltlich geklärt. Bund und Länder verhandelten von 2001 bis 2010 Kompetenzen und Zuständigkeiten. 2009, acht Jahre nach Abschluss des *Washingtoner Abkommens*, schien erstmals eine Annäherung der Standpunkte zustande zu kommen. Am 21. Dezember 2009 fand ein Gespräch zwischen den Landeshauptleuten der hauptsächlich betroffenen Bundesländer Niederösterreich und Wien, dem Finanzminister bzw. Vizekanzler sowie dem Bundeskanzler statt. Für die Sanierung aller jüdischen Friedhöfe in Österreich wurde seitens des Bundes die Zahlung von 20 Millionen Euro auf zwanzig Jahre in Aussicht gestellt. Der genannte Betrag würde etwas weniger als fünfzig Prozent des tatsächlichen Finanzbedarfes decken. Die restlichen Mittel sollten von den Grundeigentümerinnen, den Israelitischen Kultusgemeinden Österreichs, unter Zuhilfenahme von Drittmitteln aus nichtösterreichischen öffentlichen Förderungen, Sponsoring durch Firmen sowie privaten Spenden aufgebracht werden. Die beiden Bundesländer sagten die Übernahme der laufenden Pflegeaufgaben zu bzw. versprachen, sich um die entsprechende Zustimmung der betroffenen Bürgermeister zu kümmern und konnten sich auch eine Beteiligung an Sanierungsaufgaben vorstellen. Die übrigen sieben Bundesländer sowie die betroffenen Ortsgemeinden machten bis Mai 2010 in der Öffentlichkeit keine auf das Gespräch vom 21. 12. 2009 bezüglichen Zusagen; die entsprechenden Verhandlungen wurden im Jahr 2010 fortgesetzt. Bisheriger Schlusspunkt dieser Entwicklungen war ein angenommener Vierparteienantrag im Verfassungsausschuss des österreichischen Nationalrates vom 9. November 2010, in dem die Parlamentarier übereinkamen, dass die Instandsetzung jüdischer Friedhöfe durch einen beim Nationalrat eingerichteten Fonds vorangetrieben werden solle. In der Parlamentskorrespondenz heißt es dazu:

„Österreich kommt damit einer im Rahmen des Washingtoner Abkommens eingegangenen Verpflichtung nach, zusätzliche Unterstützung für die Restaurierung und Erhaltung jüdischer Friedhöfe im Land zu leisten. In der Debatte zeigten sich alle Fraktionen mit der Einrichtung des Fonds zufrieden, die Grünen kritisierten jedoch, dass der Bund nicht auch die Verantwortung für die Instandhaltung der jüdischen Friedhöfe übernehme. Gemäß dem Vier-Parteien-Antrag soll der Fonds, beginnend mit 2011, über 20 Jahre hinweg mit jährlich einer Million Euro dotiert werden. Voraussetzung für finanzielle Leistungen aus dem Fonds ist eine Verpflichtung der jeweiligen Standortgemeinde, den Friedhof nach Abschluss der Sanierungsarbeiten für zumindest 20 Jahre instand zu halten. Außerdem muss die Israelitische Kultusgemeinde als Eigentümerin der jüdischen Friedhöfe grundsätzlich einen Sanierungsbeitrag in gleicher Höhe

1. Einleitung

wie der Bund bereitstellen. Die Verwaltung des neuen Fonds übernimmt der Nationalfonds [der Republik Österreich; Anm. TW], zur Beratung des Kuratoriums wird ein Beirat eingerichtet."[2]

Während in der Bundesrepublik Deutschland seit dem 26. Juni 1957 eine rechtlich verankerte Vereinbarung zwischen Bund, Ländern und Gemeinden die Pflege und Sanierung der verwaisten jüdischen Friedhöfe verbindlich regelt, ist es in Österreich bisher zu keiner vergleichbaren Lösung gekommen. Bis zum Abschluss des *Washingtoner Abkommens* bemühten sich die österreichischen Israelitischen Kultusgemeinden nach Kräften, ihre große Verpflichtung zur Bewahrung der jüdischen Friedhöfe wahrzunehmen, gerieten damit aber an den Rand ihrer Möglichkeiten. Die Länder griffen immer wieder helfend ein. Der Bund unterstützte Einzelprojekte. Die Pflege der Areale selbst wurde vor allem von lokalem Engagement getragen, Ortsgemeinden und private Vereine führten in Eigeninitiative diese Aufgaben aus, so gut sie es eben vermochten. An anderen Orten fehlte solches Engagement überhaupt.

Die letzte Regelung hat diesen provisorischen Zustand möglicherweise zu einer Dauerlösung erhoben. Erstaunlicherweise wurden in die Regelung, die sich auf die Rollen von Bund, Ortsgemeinden und Grundeigentümerinnen beschränkt, die österreichischen Bundesländer nicht eingebunden. Die im Laufe der Verhandlungen des Jahres 2010 hineinreklamierte Bestimmung, die betroffenen Ortsgemeinden hätten sich auf zwanzig Jahre im Voraus zur laufenden Instandhaltung des jeweiligen Friedhofsareals zu verpflichten, bevor aus dem Fonds Geld beansprucht werden könne, wirft, neben der Forderung an die jüdischen Gemeinden, die zu beantragenden Förderbeträge aus Eigenem zu verdoppeln, die Frage nach der praktischen Umsetzbarkeit dieser Regelung auf. Im Falle des jüdischen Friedhofes Währing beispielsweise errechnete die IKG Wien im Jahr 2002 einen Finanzbedarf von rund 15 Millionen Euro zur Gesamtsanierung und Instandhaltung des Areals und der Grabdenkmäler.

Erstaunlich ist weiter, dass jüdische Friedhöfe in Österreich durch die neue Regelung unter dem Etikett „aus der NS-Zeit übernommene Schuld" behandelt werden. Ihr überragender Wert für Österreich ergibt sich zweifelsohne daraus, dass sie bedeutende Denkmäler der österreichischen Kultur, aus einer Zeit erfolgreichen Zusammenlebens von Juden und Nichtjuden, lange vor der nationalsozialistischen Machtübernahme darstellen. Als solche haben die Friedhöfe zwar vergleichsweise wenig mit der NS-Zeit, aber viel mit Geschichte und Entwicklung des Staates, der Länder, der Ortschaften zu tun. Berlin und Hamburg beispielsweise diskutieren seit geraumer Zeit die Aufnahme ihrer jüdischen Friedhöfe in die Tentativliste für Weltkulturerbe der UNESCO.

Zwar stehen die jüdischen Friedhöfe wie alle Einrichtungen gesetzlich anerkannter Religionsgemeinschaften in Österreich seit Jahrzehnten unter Denkmalschutz. Die beim Bund angesiedelte Denkmalschutzbehörde kann mangels finanzieller Ressourcen weder die Durchführung konkreter Maßnahmen zur langfristigen, sachgerechten und professionellen Bewuchspflege, noch zur ebenso fachgerechten Rettung akut gefährdeter Grabmonumente garantieren. Sie kann jedoch dafür sorgen, dass geplante Arbeiten nach objektivierbaren Qualitätskriterien ausgeführt werden.

Eines der Probleme bei der Erhaltung der jüdischen Friedhöfe in Österreich besteht in dem Umstand, dass die Zerstörungen der NS-Zeit neben baulichen Mängeln für das Fortbestehen dieser religiösen Einrichtungen eine ernsthafte Gefahr darstellen. Die Virulenz der Problematik hat in den vergangenen Jahren in der Öffentlichkeit zu lebhaften Diskussionen über den Erhalt der jüdischen Friedhöfe geführt. Daraus resultierte unter anderem das Forschungsprojekt des *Zukunftsfonds der Republik Österreich*: *Der Währinger jüdische Friedhof. Historische Entwicklung, Zerstörungen der NS-Zeit, Status quo*[3]. Aufgabe war, über die Zerstörungen der NS-Zeit und deren langfristige Auswirkungen hinaus auch die Entstehung des jüdischen Friedhofes Währing sowie dessen weitere Entwicklung und momentanen Zustand zu erforschen.

Über die Entstehung des Friedhofes liefern die Akten im alten Archiv der IKG Wien Aufschluss, ebenso über seine weitere Entwicklung bis zur Schließung und zu den Bemühungen, die Anlage auch nach der Schließung zu erhalten. Die Zerstörungen der NS-Zeit, und hier vor allem die verschiedenen Exhumierungsaktionen, lassen sich einerseits aus dem Aktenmaterial der IKG Wien selbst, andererseits aus Dokumenten und Unterlagen des Naturhistorischen Museums Wien über weite Strecken rekonstruieren. Akten des Bundesdenkmalamtes liefern ergänzende Hinweise. Die Frage nach dem weiteren Verbleib der exhumierten Gebeine klärte sich erst durch einen Lokalaugenschein auf der neuen jüdischen Abteilung des Zentralfriedhofes bei Tor 4. Wechselnde Eigentumsverhältnisse und Umwidmungen des Areals belegen die vorhandenen Hauptbücher des Grundbuches am Bezirksgericht Döbling samt dazugehörigen Urkunden; ebenso enthalten diese die wesentlichen Daten zu Enteignung und Restitution des Grundstückes. Grundbuchsdaten für die Zeit vor 1927 (als die Wiener Grundbücher des Bereiches Innen-West im *Justizpalastbrand* zerstört worden sind) finden sich erfreulicherweise sehr gut in den Beständen des alten Archivs der IKG Wien dokumentiert, sodass darauf verzichtet werden konnte, im Archiv des Barnabitenklosters in Wien-Währing nach Parallelakten zu suchen. Ergänzend konnten Akten des Bauamtes der Stadt Wien herangezogen werden.

Den Status quo der Anlage zu erfassen war angesichts der dichten Vegetationsdecke auf dem Areal zeitraubend und auf weite Strecken in Ermangelung professioneller gärtnerischer Betreuung nicht durchführbar. Mit Unterstützung freiwilliger Helfer wurde versucht, das Areal so weit wie möglich zu säubern, um wenigstens die durch Exhumierungen während der NS-Zeit zerstörten Grabstellen in Augenschein zu nehmen und in ein aktuelles Friedhofsinventar aufzunehmen. So konnten die zerstörten Grabstellen lückenlos dokumentiert werden.[4] Neben der Klärung des Zustandes der eigentlichen Grabstelle wurden die wesentlichen Kriterien für die Beurteilung des Erhaltungszustandes des jeweiligen Grabmales verzeichnet. Die Eckdaten aus den dabei angelegten Erhebungsbögen finden sich im Anhang zu diesem Buch. Hier sind die Namen all jener verzeichnet, deren Grabstellen in der NS-Zeit zerstört worden sind; zusätzlich finden sich Hinweise zu heute bestehenden Grabstätten auf anderen jüdischen Friedhöfen, wohin die Gebeine mancher der Exhumierten gerettet werden konnten, sowie zum Status quo auf dem Areal des jüdischen Friedhofes Währing.

Die kontinuierliche, sachlich kompetente Pflege des Bewuchses auf dem Areal des jüdischen Friedhofes Währing zählt zu den vordringlichen Erfordernissen der Sanierung und Instandhaltung des Areals. Zusätzlich zum Forschungsprojekt des *Zukunftsfonds der Republik Österreich* wurden in einem historischen Gutachten, im Rahmen eines Parkpflegewerkes (für österreichisches Bundesdenkmalamt und Israelitische Kultusgemeinde Wien), detaillierte Erkenntnisse zur gärtnerischen Gestaltung gewonnen, die hier einfließen.[5] Bildquellen dazu konnten in den Beständen des Bundesamtes für Eich- und Vermessungswesen, des Bundesdenkmalamtes, des Bildarchivs der Österreichischen Nationalbibliothek, des Wiener Stadt- und Landesarchivs, des Wien Museums, der Wiener Stadtverwaltung – Magistratsabteilungen 21, 37 und 41, des Jüdischen Museums Wien sowie des alten Archivs der IKG Wien gefunden werden.

2. Historische Entwicklung

2.1. GRÜNDUNG

Die Geschichte der jüdischen Friedhöfe in Wien ist eine Geschichte des Kampfes um die Wahrung eines zentralen religiösen Gebots. Denn nach der jüdischen Glaubensvorstellung kann der Tote nur dann wieder auferstehen, wenn seine Gebeine sich am Jüngsten Tage genau so im Grab vorfinden, wie sie am Tage seiner Beerdigung hineingelegt worden sind. Im Unterschied zu christlichen Friedhöfen, auf denen Gräber neu belegt werden können, darf daher ein Grab auf einem jüdischen Friedhof nicht angetastet werden. Seit Jahrhunderten bemühen sich die Vertreter der Wiener jüdischen Bevölkerung, den dauerhaften Fortbestand der jüdischen Friedhöfe sicherzustellen. Immer wieder galt es auch in langwierigen Verhandlungen, die sich meist über Jahre hinzogen, dem Unverständnis der nichtjüdischen Umgebung und deren Ansinnen entgegenzuwirken, die nicht mehr aktiv benutzten jüdischen Friedhöfe aufzulassen.

Der älteste noch erhaltene jüdische Friedhof Wiens in der Rossau, heute im 9. Bezirk in der Seegasse gelegen, diente vom 16. Jahrhundert an bis ins Jahr 1783 als Begräbnisstätte der in Wien verstorbenen Juden. Mit der *Sanitätsverordnung* vom 9. 10. 1783 bestimmte Kaiser Joseph II., dass Friedhöfe innerhalb der Stadt und Vorstädte Wiens zu schließen und außerhalb des *Linienwalles* neue Anlagen einzurichten seien. Die *Hofkanzlei* beantragte am 23. September des gleichen Jahres, auch jüdische Friedhöfe in diese Bestimmung einzubeziehen und den Wiener Juden ein Ersatz-Areal „vor den Linien" zuzuweisen.[6] Der alte Friedhof sollte an die *Kameral-Administration* übergeben und in der Folge veräußert werden.[7] Die Vertreter der Wiener Juden richteten daraufhin ein Gesuch an den Kaiser mit der Bitte, den jüdischen Friedhof in der Rossau nicht aufzulassen, jedenfalls aber auch im Falle seiner Auflassung sein Weiterbestehen zu garantieren und auf eine Veräußerung des Grundstückes zu verzichten. Im Gegenzug boten die Verhandlungsführer an, die Mittel zum Ankauf eines neuen Friedhofsareals selbst aufzubringen und auf Mittel des *Religionsfonds* zur Anlage eines neuen jüdischen Friedhofes in Wien zu verzichten.[8] Tatsächlich wies die niederösterreichische Landesregierung den Wiener Magistrat im Januar des darauffolgenden Jahres an, den jüdischen Friedhof in der Rossau aufzulassen und den Wiener Juden ein Grundstück zur Anlage eines neuen Friedhofes zuzuweisen.[9] Der Wiener Magistrat wählte für diesen Zweck das zur *k.k.Religionsfonds-Herrschaft* Oberdöbling gehörige, 779 Quadratklafter große Grundstück Ried Hohenwart vulgo Osterleithen, von dem 20 Joch Acker für die Anlage eines neuen jüdischen Friedhofes weggeteilt wurden.[10] Weitere 797 Quadratklafter erwarben die Wiener Juden von einem angrenzenden, zur Herrschaft Währing gehörenden Acker, der offenbar zum *Lagerbuch* des Barnabiten-Collegiums zu St. Michael, als Verwalter der *Agnes Pottendorf und Simon Rösch-Stiftung* der Herrschaft Währing, gehört hatte.[11] Der Friedhof erstreckte sich in dieser ersten Phase auf das Areal unmittelbar vor dem heute noch existierenden *Tahara*-Haus, also nördlich davon (heute Gräbergruppen 2, 3 und 4), sowie westlich dieses ersten Haupt-Gräberfeldes auf einen schmalen Streifen (südlicher Teil der heutigen Gräbergruppe 1). Da die Wiener Juden den Kaufpreis für die Grundstücke sowie die Errichtung der Leichenkammer selbst bezahlt hatten und die jährlichen *Contributions*-Beiträge zu den Herrschaften Döbling und Währing leisteten, anerkannten die staatlichen Behörden im Gegenzug das Eigentumsrecht der Wiener Juden an dem neuen Friedhof und sahen von einer Einflussnahme auf seine eigentliche Verwaltung ab. Lediglich waren *Haushaltsvorstände* und Spitalsvorsteher verpflichtet, Todesfälle bei der Behörde anzuzeigen, zur Anstellung eines Totengräbers bedurfte es einer behördlichen Genehmigung, deren Zahl wurde auf insgesamt fünf begrenzt, und für das Waschen der Leichen wurden die Frauen der Totengräber bestimmt. Diese Einschränkungen resultierten einerseits aus sanitätspolizeilichen, andererseits aus einwanderungsrechtlichen Bestimmungen.[12]

In einer Plandarstellung vom jüdischen Friedhof Währing ist 1827 bereits das vom bedeutendsten Architekten des Wiener *Biedermeier* Joseph Georg Kornhäusel (1782–1860) errichtete *Tahara*-Haus[13], die Aufbahrungshalle, eingezeichnet.[14]

2.2. GRUNDSTÜCKSZUKÄUFE

Im Jahr 1829 war der für Beerdigungen zur Verfügung stehende Platz aufgebraucht und die Vertreter der Wiener Juden nahmen Verhandlungen über den Erwerb eines Grundstückes zur Erweiterung ihres Friedhofes auf. In ihrer Eingabe an die *k.k. Polizei-Oberdirektion* gaben sie unter anderem als Gründe für den Platzmangel an, dass

> „durch die Zeit von 45 Jahren und die gegen früher viel häufiger vorkommenden Beerdigungen von hier Sterbenden aus anderen Provinzen oft in krankhaften Zustande und [von] der Heilung wegen hierher kommende[n] Israeliten so von türkischen Untertanen und von Soldaten israelitischer Religion"

auch noch die Sterbefälle der Spitäler mitzurechnen wären, weshalb der 1784 angekaufte Grund fast zur Gänze belegt sei.[15]

Der Plan war, ein weiteres Grundstück vom Barnabiten-Collegium (wobei man diesem aus rechtlichen Gründen einen Grundstückstausch vorschlug, indem man für das abzutretende Grundstück ein Ersatzgrundstück in Aussicht stellte) und außerdem einen Teil des Grundstückes des benachbarten Ziegelofens von dessen Betreibern zu erwerben. Die Durchsetzung dieses Planes gestaltete sich schwierig, da sie wiederholt auf den Widerstand der Behörden stieß. Während der Wiener Bürgermeister die Vergrößerungsabsichten befürwortete[16], sprach sich seitens der untersten staatlichen Verwaltungsebene das für Wien zuständige *Kreisamt für das Viertel unter dem Wienerwald* in Wiener Neustadt gegen die Erweiterung des Friedhofs aus. Zur Bedingung wurde unter anderem die Beibringung eines Nachweises gemacht, dass nach jüdischen Religionsgrundsätzen die Gräber unangetastet belassen werden müssen.[17] Das *Kreisamt* vertrat die Haltung, Erweiterungen der jüdischen Begräbnisplätze seien in keinem Fall zu bewilligen, da sie nicht notwendig seien, würden die alten jüdischen Gräber, wie auch auf christlichen Friedhöfen üblich, wieder geöffnet und neu belegt. Im übrigen meinte das *Kreisamt* nach einem Lokalaugenschein auf dem Friedhof, ein Viertel der zur Verfügung stehenden Fläche sei leer, da dort keine Grabsteine aufgestellt waren. Wie die jüdischen Verhandlungsführer erläuterten, war auch diese nur scheinbar leere Fläche bereits eng belegt, und ein weiterer Bereich aus sanitätspolizeilichen Gründen nicht für Beerdigungen nutzbar, da er an das benachbarte Wohnhaus und den dort befindlichen Brunnen angrenzte. Nun verlegte sich das *Kreisamt* auf grundsätzlichere Argumente und bemerkte, dass mit der Einhaltung der religiösen Vorschriften der Juden die jüdischen Friedhöfe

„mit den Jahren ins Unendliche gehen und Quadratmeilen verschlingen müsste[n] und wenn die Lehre von der Unantastbarkeit der Gräber nicht ein grundloses Vorurteil, sondern wirklich eine religiöse Lehre der Israeliten wäre, so könne selbe doch gewiß nicht eine dogmatische, sondern nur eine disziplinäre sein, deren Modifizierung und Aufhebung umso mehr in der Willkür der Staatsverwaltung stehe, als die israel. Religion nur eine geduldete sei".

Das *Kreisamt* hielt die Vergrößerung jüdischer Friedhöfe für eine Verschwendung von Grund und Boden.[18] Nach weiteren Verhandlungen stimmte das *Kreisamt* jedoch schließlich den Erweiterungsplänen zu.

Dann mussten die jüdischen Verhandlungsführer gegenüber der Militär-Behörde einen Revers unterzeichnen, dass der dem *Linienwall* nächstgelegene Friedhofsteil in der Größe von 100 Quadratklaftern, falls zu Verteidigungszwecken notwendig, jederzeit auf eigene Kosten geschliffen und gegenüber der gegebenenfalls neu anzulegenden *Linie* mit einer aus eigenen Mitteln bestrittenen neuen Mauer versehen würde. Der Revers wurde im Grundbuch Oberdöbling angemerkt.[19] In der Zwischenzeit wollte nun aber der Ziegelofen-Besitzer den ins Auge gefassten Grundstücksanteil nicht mehr verkaufen. Von neuem wurde verhandelt, und schließlich konnte am 10. 11. 1835 der Kaufvertrag mit dem Ziegelofen-Besitzer Carl Raininger unterzeichnet werden. Die Tausch- und Kaufverträge bezüglich des Grundstückstausches mit dem Barnabiten-Collegium wurden schließlich am 25. 1. 1836 grundbücherlich einverleibt.[20] Insgesamt erwarben die Wiener Juden von Carl Reininger 540 Quadratklafter und vom Barnabiten-Collegium 1.520 Quadratklafter. Dem Erwerb waren die Genehmigungen des Wiener Magistrats, des *Kreisamtes für das Viertel unter dem Wienerwald* in Wiener Neustadt, der *k.k. Polizei-Oberdirektion*, der k.k. n. ö. Landesregierung, der *k.k. Fortifikations-Distrikts-Direktion*, der *Kameral-Gefällenverwaltung*, der *Hofkanzlei*, des landesfürstlichen Lehenamtes, der *k.k. Hof-* und der n. ö. *Kammerprokuratur*, des *fürsterzbischöflichen Ordinariats* und der *k.k. n. ö. Provinzialbuchhaltung* voran gegangen, der Vorgang hatte 7 Jahre in Anspruch genommen. Der Friedhof erstreckte sich nun auf jener Fläche, die westlich der heutigen Hauptallee liegt, sowie auf einer daran anschließenden, kleineren Fläche bis zur östlich der Hauptallee gelegenen heutigen Parallel-Allee. Der *franziszäische Kataster* von 1860-1870 macht die Grundstückszukäufe bereits ersichtlich.[21]

Nach dem Jahr 1848 wuchs auch die jüdische Bevölkerung Wiens rasant an, sodass bald eine neuerliche Vergrößerung des Friedhofsareals notwendig wurde. Zu Vergrößerungszwecken eine neue Gräbertragschicht aufzuschütten kam nicht in Frage, da der Zustand der erst kurz zuvor entstandenen Gräber dies nicht zuließ und außerdem die Kosten für das anzuführende Erdmaterial zu hoch waren.[22] Zu Jahresbeginn 1854 begann die IKG Wien mit der Eigentümerin des angrenzenden Ziegelofens, Johanna Reininger, über den Verkauf einer Fläche von 3.055 Quadratklaftern zu verhandeln, am 31. 1. 1856 wurde der Kaufvertrag abgeschlossen. Die Genehmigung für die Transaktion wurde bei den staatlichen Behörden nachgesucht, da nach der kaiserlichen Verordnung vom 2. 10. 1853 Juden der Ankauf von Grundbesitz verboten war. Sie wurde vom k.k. Ministerium des Inneren erteilt und durch einen Erlass der *k.k. Statthalterei* am 12. 8. 1856 verkündet.[23]

Zu diesem Zeitpunkt baute die jüdische Gemeinde den Leopoldstädter Tempel, sodass zur Erlegung des Kaufschillings nicht die nötigen Barmittel zur Verfügung standen. Auf den Kaufpreis konnte nur eine Anzahlung geleistet werden, der Kaufpreisrest wurde grundbücherlich sichergestellt. 1857 konnte der nötige Betrag schließlich nach einem Appell des Rabbiners Isaak Noah Mannheimer (1793–1865) durch Spenden der Kultusgemeinde-Mitglieder aufgebracht werden.[24] Das Friedhofsareal hatte nunmehr sein größtes Ausmaß von über 21.000 Quadratmetern erreicht und erstreckte sich bis zur heutigen Döblinger Hauptstraße.

Im September 1856 erwarb die Türkisch-Israelitische Gemeinde in Wien[25] ein Nutzungsrecht, jedoch kein Eigentumsrecht, an einem Teil des Friedhofsareals in der Größe von 11 Klafter 4 Schuh Breite und 20 Klafter 2 Schuh Länge am zentralen Weg des Friedhofes (heute Hauptallee) von der IKG Wien und erlegte dafür 5.250 Gulden österreichischer Währung. In der beim Erwerb von den Gemeindevorstehern Isaak Salomon Gabriel Adutt und Abraham Israeli gegenüber der IKG Wien ausgestellten Erklärung wurde das Aufsichtsrecht der IKG Wien gewahrt.[26] So entstand ein Friedhof im Friedhof: jener der Türkisch-Israelitischen Kultusgemeinde Wien, heute die sefardische Gräbergruppe 10 des jüdischen Friedhofes Währing.

2.3. SCHLIESSUNG

Die starke Zuwanderung aus den Provinzen der Habsburgermonarchie bewirkte, dass auch nach der zweiten Vergrößerung das Friedhofsareal bald belegt war und an eine neue Lösung gedacht werden musste. Dazu kam, dass mangels jüdischer Friedhöfe in Niederösterreich die IKG Wien zunächst gezwungen war, auf ihrem Friedhof auch die in den Wiener Vororten sowie die in Niederösterreich Verstorbenen zu bestatten. Bis 1867 war das provisorische Statut der IKG Wien in Kraft. Es bestimmte, dass

„die israelitische Religionsgemeinde diejenigen Israeliten bilden, welche das Bürgerrecht oder die Zuständigkeit für Wien bereits besitzen oder in Zukunft besitzen werden, sowie jene, welche bis zur Erteilung der Verfassung vom 4. März 1849 mit behördlicher Bewilligung in der Stadt und der Umgebung ansässig waren."[27]

Außerdem durften Juden, die sich auf dem flachen Land in Niederösterreich aufhielten, und zwar nicht nur die bereits zu einer österreichischen Gemeinde zuständigen, sondern auch die fremden, die Zuständigkeit zur IKG Wien beantragen. Es scheint üblich gewesen zu sein, auf dem Friedhof der IKG Wien nicht nur Juden aus ganz Niederösterreich, sondern auch aus ferneren Kronländern beizusetzen.[28] Nicht zu übersehen ist dabei, dass die Überführung von Leichen nur in ganz seltenen Fällen ins Auge gefasst und tatsächlich nur bei sehr wohlhabenden Familien hin und wieder durchgeführt wurde; abgesehen von den hohen Kosten und den sanitätspolizeilichen Vorschriften stand dem auch das religiöse Gebot entgegen, den Leichnam möglichst rasch, tunlichst innerhalb von 24 Stunden, zu bestatten. Jedenfalls wurde die überwiegende Mehrzahl aller in Wien und Umgebung verstorbenen Juden, die nicht nach Wien oder Niederösterreich zuständig waren und auf der Durchreise verstarben, am Friedhof der IKG Wien beigesetzt.

Insgesamt können wir von einer Gesamtzahl von rund 30.000 Personen, die auf dem jüdischen Friedhof Währing bestattet worden sind, ausgehen.[29] Von diesen 30.000 Personen sind jedoch bisher nur jene erforscht und dokumentiert, auf deren Grabstellen sich zum Zeitpunkt der Schließung des Friedhofes noch ein eigener, intakter, identifizierbarer Grabstein befand, insgesamt 8.969 Personen; vgl. dazu das Kapitel Inventarisierungen.

Die Verhandlungen um einen neuen Friedhof begannen 1868. Mangels verfügbarer Grundstücke konnte an eine weitere Vergrößerung des bestehenden Areals nicht gedacht werden. Die IKG verhandelte gegen den Widerstand der *Chewra Kadischa*[30], die lieber ein unabhängiges Friedhofsareal gesehen hätte, mit der Stadtverwaltung über die Einrichtung einer jüdischen Abteilung auf dem in Planung stehenden Zentralfriedhof der Stadt Wien.[31] Im Oktober 1877 konnte schließlich zwischen der IKG Wien und der Wiener Stadtverwaltung ein Vertrag bezüglich der neu zu errichtenden jüdischen Abteilung auf dem Zentralfriedhof abgeschlossen werden.[32] Die Eröffnung wurde für 1879 in Aussicht genommen. Am 29. Oktober 1878 stellte daher die IKG Wien an die zuständige Bezirkshauptmannschaft Hernals den Antrag, „vom Momente der Schließung des Friedhofes eine noch fünf Jahre fortdauernde Frist zur Bestattung von Leichen in Grüften zu gewähren."[33] Am 3. März 1879 wurde der jüdische Friedhof Währing tatsächlich geschlossen.[34] . In der zugestandenen 5-jährigen Übergangsfrist bis 1884 wurden nur einige wenige Nachbestattungen von Familienangehörigen durchgeführt; die letzte Bestattung fand laut Pinkas Heinrichs Aufzeichnungen 1898 statt (Joseph Henry Teixeira de Mattos, gest. am 28. 9. 1898).

Die zeitliche Belegung der Gräberfelder stellt sich folgendermaßen dar: Gruppe 1 1784 bis 1898, Gruppe 2 1791 bis 1879, Gruppe 3 1814 bis 1870, Gruppe 4 1785 bis 1879, Gruppe 5 1837 bis 1881, Gruppe 6 1836 bis 1879, Gruppe 7 1809 bis 1879 (vor 1835: Spitalstote), Gruppe 8 1808 bis 1879 (vor 1835: Spitalstote), Gruppe 9 1838 bis 1879, Gruppe 10 1857 bis 1879, Gruppe 11 1861 bis 1884, Gruppe 12 1859 bis 1879, Gruppe 13 1863 bis 1879, Gruppe 14 1864 bis 1879, Gruppe 15 1859 bis 1879, Gruppe 16 1862 bis 1879, Gruppe 17 1864 bis 1879, Gruppe 18 1859 bis 1879, Gruppe 19 1866 bis 1879, Gruppe 20 1866 bis 1884, Gruppe 21 1867 bis 1879.

2.4. WEITERE ERHALTUNG DES FRIEDHOFES

Nach der Schließung des Friedhofes bemühte sich die IKG Wien darum, dessen Fortbestand zu sichern, die Gräber und Denkmäler zu erhalten und die ganze Anlage zu diesem Zweck parkähnlich auszugestalten. Bereits am 19. Oktober 1879 beschloss der Kultusvorstand, einen jährlichen Budgetposten zur Erhaltung und Herstellung der Wege, der Pflanzungen, einzelner Grabstellen und der Aufbahrungshalle einzurichten, „da die Erhaltung des Friedhofes in seiner jetzigen Form ein Gebot der Pietät und zugleich von wichtigstem

2.4. Weitere Erhaltung des Friedhofes

historischen und rechtlichen Interesse ist."[35] Im Juli 1907 verlautbarte der Kultusvorstand, viele der Grabsteine auf dem jüdischen Friedhof Währing seien schadhaft und Inschriften darauf teilweise oder auch zur Gänze unleserlich geworden. Er forderte die Nachkommen der dort Beerdigten auf, diese Grabsteine wieder instandsetzen zu lassen.[36] Die Bemühungen um Erhaltung und Pflege des Friedhofsareals dienten neben Pietätsgründen auch dem Zweck, den regelmäßig auftauchenden Wünschen der Stadtverwaltung nach Auflösung oder teilweiser Zerstörung des Friedhofs entgegentreten zu können.

1892 stellte der Wiener Gemeinderat anlässlich der Errichtung neuer Wiener Verkehrsanlagen den Antrag auf vollständige Abräumung des damals bereits geschlossenen städtischen Währinger Friedhofes, des aufgelassenen Währinger Ortsfriedhofes sowie des jüdischen Friedhofes Währing und ersuchte die IKG Wien um diesbezügliche Äußerung.[37] In ihrer Antwort stellte die IKG Wien fest:

„Der israelitische Kultus gewährt jedem Toten eine eigene Ruhestätte mit der Bestimmung der Erhaltung derselben für immerwährende Zeiten; deshalb ist eine zu irgend welcher Zeit stattfindende Entfernung menschlicher Gebeine, um sie an einem anderen Ort zu sammeln unstatthaft, und die Abräumung eines israelitischen Friedhofes vom religiösen Standpunkte gänzlich ausgeschlossen; es besteht vielmehr die Pflicht und Übung einen bereits geschlossenen Friedhof in unverändertem Zustande zu belassen und ihn unter keinen Umständen seiner Bestimmung, eine Ruhestätte der Toten zu sein, zu entfremden."

Weiters nahmen die Verhandlungsführer auf die seit Jahrhunderten geschlossenen und in ihrem Zustand unverändert erhaltenen jüdischen Friedhöfe in Prag-Josefov und Wien-Seegasse mit ihrer Vielzahl für die historische Forschung wichtiger Denkmäler Bezug. Schließlich wurde der gewichtige Hinweis ins Feld geführt, dass die IKG Wien eine Reihe von Stiftungen verwalte, die den Kultusvorstand dazu verpflichteten, „für die dauernde Erhaltung und Ausschmückung vieler auf dem israelitischen Friedhofe in Währing befindlichen Gräber für alle Zeiten Sorge zu tragen."[38]

So hatte sich die IKG Wien beispielsweise gegenüber der *Michael Lazar Biedermann-Stiftung* verpflichtet:

„Der Vorstand der Wiener Isr. Cultusg. bestätigt, unter dem 25. October 1899 von Herrn Theodor Reinach in Paris, Rue Murille 26, den Betrag von fl. ö. W. 500.- fünfhundert Gulden ö. W. als Widmungscapital für die Erhaltung der Gruft Biedermann auf dem Währinger isr. Friedhofe in Wien erhalten zu haben und verpflichtet sich hiemit für immerwährende Zeiten Sorge zu tragen dass der Grabstein samt Schrift, die Einfassung und das Gitter der genannten Gruft nach Maßgabe der Erträgnisse des Widmungscapitales in gutem Stande erhalten werden."[39]

Die *Leopold Kuffner-Stiftung* bestimmte:

„Zur Erhaltung meines Grabsteines, da mit der Zeit die Buchstaben unkenntlich oder unleserlich werden und die Vergoldung derselben leidet, sind bei der israel. Wiener Kultusgemeinde f 200.- öW schreiben: Zwei hundert Gulden anzulegen, deren Interessen liegen zu bleiben haben, bis sich eine Renovierung als nothwendig herausstellt, zu welchem Zwecke sie dann zu verwenden sind, da ich wünsche, dass die Eingravierung der Buchstaben immer gut erhalten und leserlich bleiben soll."[40]

Es wäre eine Forschungsaufgabe für sich, den weiteren Verbleib dieser ganzen Reihe von Gräberstiftungen bzw. des jeweiligen dazugehörigen Stiftungsvermögens zu rekonstruieren, um gegebenenfalls in Hinblick auf die Erfüllung des Stiftungszweckes Ansprüche geltend machen zu können.

In der Folge verlegte sich der Wiener Magistrat auf die Forderung, Straßenzüge durch den Friedhof zu legen. Die IKG Wien argumentierte dagegen, mit dem Hinweis auf profanes Getreibe und Lärmen, das die Ruhe des Heiligen Ortes ebenso stören würde wie sein Zerreißen in unzusammenhängende Teile, und mit dem dazu notwendigen Entfernen zahlreicher Grabstellen:

„Durch das jüdische Religionsgesetz ist jedem Toten ohne Ausnahme eine eigene Ruhestätte unveränderlich und für immerwährende Zeiten eingeräumt und jegliche Entfernung menschlicher Gebeine aus ihrer ursprünglichen Ruhestätte durch Vorschrift und Tradition verboten. Gemäß dieser Tradition sind die Ansprüche der Verstorbenen an die Pietät der Lebenden unsterblich und in den Augen des gläubigen Juden ist kein wie immer gearteter Besitz so unanfechtbar, wie des Toten Besitzrecht auf sein Grab."[41]

In der Gemeinderatssitzung vom 13. 12. 1898 wurde die ablehnende Haltung der IKG Wien zur Kenntnis genommen, allerdings der Zusatz angefügt: „Aus dem vorliegenden Beschlusse darf jedoch nicht die Consequenz gezogen werden, dass der Gemeinderat sich des Rechtes über die Friedhofsarea zu verfügen begibt."[42]

Erstaunlicherweise ergriff später gerade der Wiener Bürgermeister Karl Lueger (1844–1910), bekannt durch seinen tagespolitisch aggressiv eingesetzten Antisemitismus, für die Interessen der IKG Wien Partei:

„Ich erkenne es in vollkommen ehrender Weise und habe es hier stets offen anerkannt, dass die israelitische Kultusgemeinde die Gräber ihrer Vorfahren in der Weise schützt, wie sie es tut, aber das was den Juden heilig ist soll und muß auch uns heilig sein und deshalb habe ich auch den hohen geistlichen Herren gegenüber meiner Meinung Ausdruck gegeben, dass die Friedhöfe nicht Gegenstand einer Spekulation sein sollen, sondern so zu erhalten seien, wie es unsere katholische Religion gebietet."[43]

1914 musste sich die IKG Wien erneut gegen ein Vorhaben der Stadt Wien zur Wehr setzen, im Zuge der stadtplanerischen Neugestaltung der Umgebung des jüdischen Friedhofes Währing diesen teilweise zu zerstören. Eine der Ideen sah vor, die Hasenauerstraße bis zum Gürtel zu verlängern. Die geplante Straße hätte das Friedhofsareal in der Mitte entzwei geschnitten. Eine Plandarstellung von 1914 zeigt die Details zur geplanten Verlängerung der Hasenauerstraße über das Areal des jüdischen Friedhofes Währing[44]; vgl. Abbildung 1.

Bei der geplanten Verlängerung der Hasenauerstraße über das Friedhofsareal wäre es in weiterer Folge zu einer Reduzierung des jüdischen ebenso wie des christlichen Teiles des Währinger Friedhofes gekommen. Der gesamte südliche und südwestliche Teil des Areals des jüdischen Friedhofes Währing hätte gefehlt, wie die Darstellung der Katastralmappe Oberdöbling 1914–1946 zeigt.[45] Anlass für die Planungen war die ins Auge gefasste Neubebauung der ehemaligen Gaswerk-Gründe nordwestlich des jüdischen Friedhofes. Jedenfalls wurde entlang der Fluchtlinie der Hasenauerstraße die Bezirksgrenze zwischen den Bezirken Döbling und Währing gelegt, auch wenn die Stadt Wien letztlich die geplante Verlängerung des Straßenzuges nicht realisierte.

2.5. INVENTARISIERUNGEN

Zwischen 1860 und 1879 führte die Friedhofswärterin Anna Aumann ein – wenn auch lückenhaftes – Gräberprotokoll; in der Zeit davor war offenbar überhaupt kein derartiges Verzeichnis geführt worden.[46] In den 1870er Jahren vergab die IKG Wien an Wilhelm Stiassny (1842–1910), den prominenten jüdischen Architekten der *Ringstraßen-Ära* einen Auftrag, um den jüdischen Friedhof Währing zu vermessen, kartographisch aufzunehmen und außerdem die Gräber einzuzeichnen und zu nummerieren.[47] Stiassny hatte von der IKG Wien einen Plan eines Ing. Boskowitz zur Verfügung gestellt bekommen und diesen vervollständigt, indem er dort auch alle Änderungen und Vergrößerungen nach 1866 eintrug. Der Boskowitz-Plan hatte lediglich die Gruppen A bis E korrekt verzeichnet, während die Gruppen F, G und H vollständig überarbeitet werden mussten.[48] Die

Gruppen I bis Q wurden ganz neu aufgenommen. Die Grabsteine Nr. 1 bis 2.144 waren, als Stiassny die Pläne übernahm, bereits nummeriert, während er die in der Zwischenzeit ergänzten oder eingeschalteten Gräber nachträglich bezeichnete: Die Nummern 2.145 bis 4.575 machte er in den Jahren 1869 und 1870, die Nummern 4.576 bis 9.559 danach an den Grabsteinen sichtbar. Anhand des übergebenen Planes sollte die IKG Wien ein Register aller Grabstellen anlegen.[49] Im Zuge dieser Arbeiten wurde ein Buch begonnen, in dem die sicht- und identifizierbaren Grabstellen festgehalten waren.[50] Im Jahr 1880 ließ die IKG Wien auch erste Abschriften der zu jenem Zeitpunkt noch vorhandenen und lesbaren Grabstein-Inschriften anlegen.

Diese Abschriften wurden ab 1905 im Auftrag des Kultusvorstandes vom damaligen Archivar der IKG Wien, Pinkas Heinrich[51], revidiert und ergänzt. Zu diesem Zeitpunkt befanden sich im Archiv der IKG rund 7.000 Grabinschriften-Abschriften, das Friedhofsamt verfügte außerdem über die Aufzeichnungen des verstorbenen Jakob Brandeis, der offenbar an derselben Sache gearbeitet hatte.[52] Heinrich begann am 2. Juli 1905 damit, die vorhandenen Grabinschriften-Kopien mit den Original-Inschriften auf dem Friedhof selbst zu vergleichen.[53] Die Friedhofskommission der IKG Wien beauftragte im April 1906 außerdem zunächst die Friedhofsaufseherin Anna Aumann[54], im Juni 1906 jedoch dann Heinrich damit, eine Neunummerierung der Steine und eine Einteilung in Gruppen und Reihen vorzunehmen, da sich die vorhandenen Register als unbrauchbar herausgestellt hatten und auch die in den 1880er Jahren an den Steinen angebrachten Nummern nicht mehr lesbar waren. Im April 1907 resignierte Heinrich beinahe angesichts der zu erwartenden weiteren Arbeitsdauer von mindestens 3 weiteren Jahren, überwältigt von der Menge der noch zu erledigenden Aufgaben sowie der Fülle fehlerhafter und zu korrigierender Daten und wandte sich der Überarbeitung neu zu errichtender Grabinschriften auf dem Zentralfriedhof zu.[55] Offenbar konnte er dann aber doch zur Fortsetzung seiner Arbeiten in Währing überredet werden, wie seine Rechenschaftsberichte aus den folgenden Monaten belegen.[56] Mit Ende Dezember 1907 scheinen allerdings die Arbeiten endgültig eingestellt worden zu sein; zumindest liegen keine weiteren Tätigkeitsberichte vor. Bis dahin hatte Heinrich von den letztlich rund 8.000 vorhandenen Grabstein-Inschriften 4.000 geprüft.[57] Immer wieder kämpfte Heinrich um die Durchführbarkeit der enorm umfangreichen Arbeiten, wie auch seine im Archiv der IKG Wien erhaltenen Briefentwürfe, Notizen und Aktenvermerke belegen:

„Vor Kurzem ersuchte ich nochmals (zum 4. Male) das löbl. Sekretariat mir doch endlich eine Hilfskraft beizugeben, da es sonst beim besten Willen unmöglich ist sowohl die archivalischen Arbeiten über die Grabmonumente des Währinger Friedhofes, die zur Geschichte der Juden in Wien Vieles beitragen werden fortzusetzen essentiell zu einem einheitlichen Ganzen zusammen zu fassen. Es ist mir besonders peinlich die Friedhofsarbeiten wofür ich soviel phisische und geistige Kraft verwendet habe, nun jetzt unbeendet liegen zu lassen und bitte daher das löbliche Präsidium möge veranlassen <u>mindestens zu dieser Arbeit</u> die nötige Hilfskraft zur Verfügung zu stellen. Für die von mir bis nun auf beiden Gebieten bereits geleisteten Arbeiten erlaube ich mir auf meine 3 vorherigen Berichte zu verweisen, worauf noch vieles hinzugekommen ist und gerne weiter berichten könnte."[58]

Das im Zuge seiner Arbeiten in Währing angelegte Grabstellenverzeichnis, das sogenannte *Gräberbuch* der auf dem jüdischen Friedhof Währing Beerdigten, sowie das Verzeichnis und die Abschriften der Grabstein-Inschriften bilden heute das zentrale Quellenmaterial zur Erforschung des jüdischen Friedhofes Währing. Sie überstanden die NS-Zeit unbeschadet und werden seit der Nachkriegszeit in den *Central Archives for the History of the Jewish People* an der *Hebrew University* in Jerusalem aufbewahrt.

2.6. GARTENGESTALTUNG

Im Jahr 1903 beschloss das Vertreterkollegium der IKG Wien, auf dem jüdischen Friedhof Währing, genauer gesagt zunächst auf einem Viertel der Anlage,[59] eine parkähnliche Anlage herstellen zu lassen und mit dem Entwurf Max Fleischer (1841–1905), einen weiteren namhaften, ebenfalls jüdischen Architekten zu beauftragen.[60] Ein halbes Jahr später wurde die Umgestaltung für ein weiteres Viertel bewilligt.[61] Die Nachkommen der auf dem Areal Bestatteten wurden aufgerufen, durch Spenden die Durchführung dieser Ausgestaltung möglich zu machen. In der Folge konnten 13.000 Kronen gesammelt werden. Die Spender waren (nach Größe der Spende sortiert): Rudolf Auspitz, Sigmund und Leopold Trebitsch, Th. Knepler, Albert Mandelbaum, Leo Strisower, Hugo Turnowsky, Joseph Zisarsky, Josef Breuer, Jacques Finzi, Clara Gottlieb, Franz Frankl, Ludwig Wollheim, Charlotte Königswarter, Emilie Pfeiffer, Emil Eisenstädter [de] Buziás, Josef Jaff & Sohn, Julius Gottlieb, Leopold Sachs, Fritz Singer, Betti Goldschmidt, Alfred Stern, Charles Porges, Emil Weinberger, Eugen Boschan, Theresie Schloss, Emilie Epstein, Johann Wehle, Robert Horn, A. Benvenisti, Therese Raffalovich, Johann Klein, Julius Hellmann, Adolf Pichler, Oskar Hofmannsthal, Fanni Ephrussi, Max L. Biedermann, Baronin Schnapper, Ferdinand Horn, Josef Saborsky & Söhne, Albert Brandeis, Georg Landauer und Charlotte Cohn.[62]

Mit der Herstellung der Anlage wurde der renommierte Gartenarchitekt Jaroslav O. Molnár beauftragt (er gestaltete auch den Schlosspark Artstetten für Erzherzog Franz Ferdinand), und zwar unter der Auflage, das Erscheinungsbild der Anlage so weit als möglich zu erhalten und keine Grabsteine zu versetzen. Molnár fertigte über seine Arbeiten einen Generalplan im Maßstab 1:7, zwei Fotografien einzelner Teile des Bestandes vor Beginn der Arbeiten sowie 2 Aquarelle, die den Zustand nach Abschluss der Arbeiten zeigten, an. Bedauerlicherweise fehlen heute sämtliche dieser Unterlagen in den erhaltenen Beständen des Archivs der IKG Wien, ebenso wie auch die Friedhofspläne der Inventarisierungsmaßnahmen. Im Jahr 1990 waren diese Unterlagen anscheinend noch vorhanden gewesen.[63]

Molnár drainagierte das Gelände auf den anzulegenden Wegen, die in der Folge gekiest wurden, führte eine Reihe von Neupflanzungen durch, fällte Linden und verwertete das Holz, richtete Grabsteine auf, soweit dies ohne Maurerarbeiten zu bewerkstelligen war und verpflichtete sich, vor jeder Änderung an Grabsteinen das Einvernehmen mit dem Architekten, Max Fleischer, zu pflegen.[64] Die Grabhügel wurden in einer Tiefe von 20 cm umgegraben und mit Gras bepflanzt.[65] Abgestorbene und verdorrte Thujen wurden entfernt, ebenso Schlingpflanzen, Unkraut und Efeu.[66] Im Falle jener Gruftanlagen, die nach Exhumierung und Überführung der Leichen auf andere Friedhöfe[67] aufgelassen worden waren, holte die IKG Wien bei den Nachkommen Genehmigungen ein, die Grabplatten und Grabeinfassungen zu entfernen.[68] Bereits im Frühjahr 1905 wurden die Arbeiten abgeschlossen. Die tatsächlichen Kosten beliefen sich schließlich auf über 40.000 Kronen. Zur Abdeckung zog die IKG Wien Überschüsse der Zinserträgnisse der *Ignatz von Liebenbergschen Graberhaltungs-Stiftung* heran. Im Juni 1905 steuerte schließlich auch die Wiener Türkisch-Israelitische Gemeinde einen Betrag von 1.000 Kronen zur gärtnerischen Ausgestaltung des Friedhofes bei[69], nachdem die IKG Wien ein Bittschreiben an sie verfasst hatte. Dort wurden die Intentionen der Umgestaltung nochmals zusammengefasst:

„Der alte seit 1879 nicht mehr in Benutzung stehende Friedhof in Währing befindet sich nicht in jenem Zustande, der seiner Bedeutung als Ruhestätte von Angehörigen so vieler älterer Familien unserer Gemeinde entspricht. Der Vorstand der Kultusgemeinde hat nun vor mehr als Jahresfrist den Beschluß gefasst, diesen Friedhof in einer dessen Bedeutung und Würde angemessenen, dessen Bestand sichernden Weise auszugestalten und durch eine parkähnliche Anlage auszuschmücken."[70]

Danach wurde bis 1938 die Pflege der Anlage im Auftrag der IKG Wien von Gartenarchitekten gegen ein entsprechendes Jahrespauschale besorgt.[71]

Nicht alle Maßnahmen der neuen Gartengestaltung fanden Zustimmung. So beschwerten sich Nachkommen, dass die von ihnen gestaltete Grabstelle völlig verändert worden sei und dies nicht ihren Intentionen entspreche:

„Ich war heute auf dem Währinger Friedhofe und habe das Grab meines am 1. Juli 1869 verstorbenen Schwiegervaters Dr. Markus Jeiteles besucht. Zu meinem Erstaunen fand ich, dass in Folge der derzeit zur Durchführung gelangenden Umgestaltung des Friedhofes vom Grabe des Genannten die Steineinfassung, Hügel und Epheu-Anpflanzung entfernt und das Grab eben gemacht wurde. Diese Veränderung entspricht nicht meinen Gefühlen und ich ersuche daher, die Grabstelle auf Gemeindekosten in alten Stand setzen zu lassen."[72]

Auch der planende Architekt, Max Fleischer, beschwerte sich nach einem Lokalaugenschein im April 1903, dass Grabsteine von ihrem ursprünglichen Aufstellungsort entfernt worden seien, nun teilweise im Weg stünden und jedenfalls gefährdet wären, weshalb die Steine an eine sicherere Stelle versetzt werden müssten. Fleischer macht für die versetzten, nun falsch stehenden und gefährdeten Grabsteine die Friedhofsaufseherin verantwortlich, die hier gegenüber den Arbeitern ganz offensichtlich falsche Angaben gemacht habe.[73] Im Mai 1903 beschwerte sich die Friedhofswärterin Anna Aumann bei der IKG Wien, dass inzwischen bereits bei hundertfünfzig Gräbern Grabhügel eingeebnet, Grabeinfassungen entfernt und Efeubepflanzungen ruiniert worden seien. Die Nachkommen könnten nun die Gräber ihrer Angehörigen nicht mehr finden und beschwerten sich, dass ohne ihre Zustimmung die Grabstellen ihrer Familien zerstört würden, obwohl sie ja einen jährlichen Betrag für deren Erhaltung und Pflege bezahlten. Die Friedhofswärterin beklagte, dass nun sie auf ihre eigenen Kosten die zerstörten Gräber wieder herrichten müsse und ersuchte um Bezahlung des ihr dadurch entstandenen Schadens.[74] Der Architekt Wilhelm Stiassny, dessen Familiengrabstelle sich ebenfalls auf dem Areal befindet, verbat sich jede Veränderung an der Grabstelle und forderte eine Garantie für deren unveränderten Fortbestand.[75] In einer Plenarsitzung der IKG Wien wurde gefordert, dass die entfernten Grabhügel so wie auch die Gesamtgestaltung der Grabstellen auf Kosten der IKG Wien wiederhergestellt werden müssten, wenn die Angehörigen dies wünschten. Besonders der ebenfalls sehr bekannte Architekt und Zionist Oskar Marmorek (1863–1909) setzte sich vehement für den Rückbau der Veränderungen und einen traditionelleren Umgang mit dem Friedhofsareal ein.[76] Eine Reihe weiterer Schreiben von Nachkommen der auf dem Friedhof Bestatteten langte auch später noch ein, wo über die Art der Umbauten als pietätlos und zerstörerisch Beschwerde geführt und auch die Idee der Umgestaltung in eine Parkanlage an sich kritisiert wurde.[77] Nach einem Lokalaugenschein am 16. 5. 1905 beschloss der Vorstand der IKG Wien, einige der Veränderungen rückgängig machen zu lassen;[78] vgl. dazu auch Kapitel 4.4.

3. Bauliche Entwicklung bis 1938

3.1. EINFRIEDUNG

Aus der Profildarstellung von 1857 zur Geländesituation entlang der Döblinger Hauptstraße sind Verlauf und Beschaffenheit der Einfriedung klar abzulesen. Die ältere, äußere Einfriedung bestand aus einem Holzlattenzaun, während innerhalb dieser Grundstücksgrenze später eine fundamentierte Mauer errichtet wurde, so dass zwischen Zaun und Mauer ein schmaler Weg entstand. Die Böschung hinunter zur Döblinger Hauptstraße war mit Bäumen bestanden[79], vgl. Abbildung 2; zum gegenwärtigen Zustand[80] Abbildung 3. Der Zustand der Einfriedung in der südöstlichen Ecke des Friedhofsareals ist auf einem Plan aus dem Jahr 1875[81] dargestellt: Zum Gastgarten des Gasthauses *Zum Auge Gottes* hin ist (in gelber Farbe) ein Holzbau, wohl ein Gartenpavillon, verzeichnet, woraus sich auf eine Holzbeplankung gegenüber dem Friedhof schließen lässt. Entlang der östlichen und nördlichen Grundstücksgrenze ist die Art der Einfriedung nicht spezifiziert, wohl deshalb, weil das Hauptaugenmerk des Planes auf der Darstellung der Gemeindegrenze zwischen den Katastralgemeinden Währing und Döbling liegt, die zu jener Zeit der Grundstücksgrenze des Friedhofes folgte. Der Verlauf der Gürtelstraße ist hier bereits verzeichnet, ebenso wie der alte Verlauf des *Linienwalles*. Das Gasthaus musste später der Gürtelstraße weichen. Die Grundstücksgrenze des jüdischen Friedhofs blieb jedoch von der Anlage der Gürtelstraße unberührt.

3.2. EINGÄNGE UND GEBÄUDE

Auf einer Plandarstellung des Friedhofes von 1854[82] ist das *Tahara*-Haus klar erkennbar. Zu beiden Seiten des Gebäudes ist hier jeweils ein Eingang zum Friedhofsareal eingezeichnet. Nach der zweiten Erweiterung des Grundstückes 1856 wurde der westseitige, ursprüngliche Friedhofs-Haupteingang aufgelassen, und anstatt dessen ein neuer, zweiter Eingang in der Fluchtlinie der zweiten Erweiterungsgrenze angelegt, der den ursprünglichen westseitigen Eingang ersetzte. Der ostseitig des Gebäudes gelegene Eingang blieb bestehen. Der neu hinzugefügte Eingang ist hier noch nicht dargestellt, wird aber in Verlängerung der unten rechts im Bild eingezeichneten Rampe, die vom Friedhofsniveau hinunter auf das Niveau des Linienwalles führt, liegen. Später, offenbar bereits vor der parkähnlichen Umgestaltung des Areals durch den Gartenarchitekten Jaroslav O. Molnár um die Jahrhundertwende, wurden in der Fluchtlinie der ursprünglichen, zu beiden Seiten des Gebäudes gelegenen Haupteingänge Eins und Zwei, Lindenalleen gepflanzt. Die heute unmotiviert erscheinende, aber als intendiert erkennbare Baumreihe zwischen den Gräbergruppen 2 und 4 befindet sich tatsächlich gegenüber dem ursprünglichen, westseitig gelegenen Haupteingang. Aufgrund des Fehlens des ursprünglichen Haupteinganges erklärt sich heute nur mehr durch die erhaltene Baumreihe, dass hier, entlang der Prominentengräber, einst der Hauptweg verlief, der bereits während der Periode der aktiven Nutzung des Friedhofes gezielt mit einer repräsentativen Allee bepflanzt wurde.

Ein Situationsplan von 1857 zeigt das *Tahara*-Haus mit Mittelrisalit (straßen- und friedhofsseitig);[83] vgl. Abbildung 4. Symmetrisch zum Gebäude sind die zwei Friedhofseingänge und hinter dem westlich gelegenen Eingang ein Brunnen verzeichnet. Wasser ist auf einem jüdischen Friedhof aus rituellen Gründen nötig. Westlich des westlichen Einganges ist friedhofsseitig ein Lagerplatz eingezeichnet. Die Stelle wird neuerdings wieder als Lagerplatz für Schnittgut genutzt. Auf dem Situationsplan des Währinger Friedhofes und jüdischen Friedhofes Währing von Dezember 1868 schließlich ist nur mehr der ostseitig des Gebäudes gelegene Eingang zum Areal dargestellt.[84]

1906 ist auf einer Plandarstellung[85] der nunmehr geschlossene ursprüngliche Haupteingang westlich des Friedhofsgebäudes als Gebäudeannex erkennbar; siehe auch unten. Auch ein Plan von 1931 zeigt den Anbau zum Friedhofswärterhaus deutlich erkennbar eingezeichnet;[86] vgl. Abbildung 5. Der aktuelle Zustand der Friedhofsmauer weist heute immer noch Spuren der früheren baulichen Gegebenheiten auf;[87] vgl. Abbildung 6. Der Mauerpfeiler im Bild links war Teil des ursprünglichen Haupteinganges zum Friedhofsareal.

Der ostseitig des Gebäudes gelegene Eingang ist heute der einzige noch erhaltene Eingang zum Areal. Gut zu erkennen ist auf einem Foto von 1928[88], dass das Eingangsportal ursprünglich keinen gemauerten oberen Abschluss aufwies. Diese Gestaltung folgt religiösen Vorschriften, denn entlang jener Grundstücksgrenze, die sich bis 1836 in der Achse dieses Einganges erstreckte, liegen – traditionell am ursprünglich äußersten Rand des Friedhofes bestattet – Gräber von *Kohanim*, Nachkommen des Stammes Aron, den Angehörigen der *Priesterfamilien*. Diese sollen aufgrund von Reinheitsgeboten nicht unter einem Dach mit den übrigen Toten liegen, weshalb die toten *Kohanim* nicht durch eine regelrechte Türe auf den Friedhof, in das *Haus des Lebens* (hebr. *Beth Hachajim*) gebracht werden dürfen. Das halachische Problem wird meist dadurch gelöst, dass die Leichen der *Kohanim* durch einen eigenen Eingang auf das Friedhofsareal gebracht werden, der eben keinen Querbalken besitzt, wodurch gelten kann, dass die toten *Kohanim* nicht in demselben Haus, unter demselben Dach liegen wie die übrigen Toten: Erst das Durchschreiten eines Tür-Querbalkens gilt als Eintritt in ein Haus. In späterer Zeit wurde dieser ostseitig vom Gebäude gelegene, ursprünglich den *Kohanim* vorbehaltene Eingang zum Haupteingang, und noch später zum einzigen Zugang zum Areal umfunktioniert. Damals wurde ein Querbalken aufbetoniert. Die Löcher der Schalung für das Aufbetonieren der Mauerkrone links und rechts vom eigentlichen Eingangstor sind ebenfalls deutlich zu erkennen, die heute vorhandene betonierte Mauerkrone stammt jedenfalls aus den 1990er Jahren; vgl. Abbildung 7.[89]

Auf dem ältesten erhaltenen Foto vom jüdischen Friedhof Währing[90], das die Aufbahrungshalle zeigt, ist der westseitige Haupteingang noch erkennbar. Er war parallel zu dem erhaltenen, heute einzigen Eingang halbrund angelegt. Zum Zeitpunkt der Aufnahme war der westseitige Eingang bereits abgemauert. Der so entstandene Raum war überdacht und als Geräteschuppen genutzt. Deutlich sichtbar auch der östliche Parallel-Eingang, sowie der dritte, neue Eingang in der Fluchtlinie des zuletzt zugekauften Friedhofsgrundstückes. Heute befindet sich in der Schrottenbachgasse an der Stelle jenes Knickes im Mauerverlauf, der die Grenze zwischen den Grundstücken vor 1856 anzeigt, ein Stiegenaufgang hinauf zum Niveau des Friedhofes; vgl. Abbildungen 8 und 9.[91] Hier, in der Verlängerung der heutigen Schrottenbachgasse, muss sich der dritte Eingang zum Friedhofsareal befunden haben. Zeitzeugen berichten, dass sie als Kinder, vor 1938, den Friedhof besuchten und damals über jenen dritten Eingang betraten. Da 1880 das südöstlich angrenzende Grundstück noch unverbaut ist – dort befindet sich zu jener Zeit der Rest eines Wäldchens –, ist auf dem Foto aus jenem Jahr auch noch kein Stiegenabgang zu sehen, sondern eine schräge Rampe, die hinunter auf das Niveau der heutigen Gürtelstraße führte. Der Stiegenauf- bzw. -abgang entstand erst im Zuge der Bebauung der angrenzenden Parzelle mit den *Jugendstil*-Zinskasernen.

Die Planskizze zur Situation im Jahr 1857 bezeichnet den damals gerade „neu angekauften Grund". Weiters zu sehen sind das Gasthaus *Zum Auge Gottes* und die Schnittführung A-B der Profildarstellung;[92] vgl. Abbildung 10. Nördlich der Grundstücksgrenze des Gasthauses *Zum Auge Gottes* ist ein Stiegenaufgang zu einem weiteren Eingang auf das Friedhofsareal erkennbar. Dieser ostseitige Eingang erschloss das Areal von der Döblinger Hauptstraße her.

3.3. WEGE

Da der Grabbesuch an sich im jüdischen Glauben traditionell keine Rolle spielt und aus religiöser Sicht im Prinzip keine Notwendigkeit besteht, ein Grab regelmäßig zu besuchen, waren auf dem jüdischen Friedhof Währing ursprünglich keine Wege zwischen den

Grabreihen angelegt. Insofern war der jüdische Friedhof Währing noch nach traditionellen Gesichtspunkten gestaltet. Die jüdischen rituellen Vorschriften sehen grundsätzlich auch nicht vor, dass Besucher auf Gräbern stehen bzw. über Gräber gehen. Das Wegenetz ergibt sich daher lediglich aus den leer gebliebenen Flächen zwischen den einzelnen Gräberfeldern. Da die Gräberfelder regelmäßig angelegt sind, finden wir heute auch die historischen Wege im Rechteck liegend. Sie laufen ausnahmslos um die Gräberfelder herum, aber nicht durch Gräberfelder. Infolge der Errichtung des *Arthur Schnitzler-Hofes* auf dem Luftschutzbunker-Areal bildeten sich nach 1960 entlang der das Friedhofsareal im Südosten zum Wohnbau hin abtrennenden Betonschalstein-Mauer Trampelpfade, die allerdings nicht Teil des ursprünglichen Wegenetzes sind und direkt über Grabstellen führen.

Beherrschend sind die beiden Hauptalleen, die sich entlang der ehemaligen Grundstücksgrenzen von 1784 bis 1836 bzw. 1856 anstelle der ehemaligen Einfriedung von Norden nach Süden erstrecken. Erhalten sind in Nord-Süd-Richtung außerdem ein Weg entlang der Gräbergruppe 1, der sich ebenfalls aus der Grundstückserweiterung von 1836 ergab, sowie die ehemalige Ehrenallee, die zwischen den Gräbergruppen 2, 3 und 4 verläuft. Zwischen den Gräbergruppen 12 und 13, 15 und 16 sowie 18 und 19 gibt es keinen Abstand, diese gehen vielmehr von Westen nach Osten belegt ineinander über, sodass dort auch keine Wege in Nord-Süd-Richtung vorhanden sind.

Zusätzlich bestehen ein Weg in West-Ost-Richtung zwischen den Gräbergruppen 4 und 5, der die nördliche Grenze des ältesten Grundstückes von 1784 bezeichnet, sowie weitere sieben Wege in West-Ost-Richtung: Zwei Wege jeweils entlang der Friedhofsmauern im Norden und Süden (im Norden entlang der Gräbergruppe 5, östlich davon zwischen den Gruppen 10 und 11-Gruftanlagen, und schließlich zwischen den Gruppen 20-Gruftanlagen und 18 sowie 19, im Süden zunächst entlang der Gruppe 4 vor dem *Tahara*-Haus gelegen, weiter entlang der Einfriedung zwischen den Gruppen 6 und 7, und dann entlang der Gräbergruppen 12 und 13). Der Verlauf dieses heute südlichsten Weges grenzte diese Gräbergruppen gegenüber der jüngsten, Gruppe 21, ab; siehe unten zur *Kaiser Ferdinands-Wasserleitung*.

Weiters existiert ein Weg zwischen den Gräbergruppen 7 und 8, einer zwischen den Gräbergruppen 8 und 9, einer zwischen den Gräbergruppen 9 und 10, einer zwischen den Gräbergruppen 12/13 und 15/16 sowie einer zwischen den Gräbergruppen 15/16/17 und 18/19. Die Gräbergruppen 14, 17 und 21 wurden bei der Anlage des geplanten Bunkers in der NS-Zeit bis auf kleine verbleibende Teile vollkommen entfernt und zerstört. Die Gräbergruppe 20 wurde in ihrem südöstlichen Teil entfernt und zerstört.

1836 beschloss Kaiser Ferdinand I., eine Wasserleitung zur Versorgung der nordwestlichen Stadtteile mit Donauwasser zu errichten. Baubeginn war im Jahr 1836, die Bauaufsicht über die Arbeiten hatte die Niederösterreichische Landesregierung. 1841 nahm das Wasserwerk seinen Teilbetrieb auf. Mit der Inbetriebnahme der *Ersten Wiener Hochquellwasserleitung* 1873 wurde die *Kaiser Ferdinands-Wasserleitung* zunächst stillgelegt, später wegen Wassermangels infolge zu geringer Quellschüttung der Hochquellwasserleitung aber noch zweimal, nämlich während der Wintermonate 1876/1877 und 1877/1878, in Betrieb genommen. Die gänzliche Auflassung des Wasserwerks wurde 1907 durch den Gemeinderat beschlossen. Das zu einem Lager umgebaute Pumpenhaus wurde erst 1965 abgerissen, um der *Müllverbrennungsanlage Spittelau* Platz zu machen.

Bei der zweiten Grundstückserweiterung des Friedhofsareals 1856 kaufte die IKG Wien ein Grundstück, unter dem diese *Kaiser Ferdinands-Wasserleitung* verlief. Um die Totenruhe auch im Falle notwendiger Wartungsarbeiten an der technischen Einrichtung zu gewährleisten, verzichtete man bei der Belegung des Friedhofsareals darauf, die über der Wasserleitung gelegene Fläche zu benutzen. Somit bestimmte der Verlauf der Wasserleitung die Anlage der jüngeren Gräberfelder, und zwar der Gruppen 12, 13, 14 und 21, maßgeblich mit. Heute noch folgt der Verlauf des Weges, der die erhaltenen Gräbergruppen 12 und 13 gegenüber der Gräbergruppe 21 im Südosten begrenzt, der *Kaiser Ferdinands-Wasserleitung*. Daraus ergibt sich der im Verhältnis zum übrigen Wegenetz asymmetrische Verlauf dieses Weges. Die zum Teil erhaltene, aber abgeräumte Gräbergruppe 21 läuft auf dem noch erhaltenen Teil des Friedhofes im heutigen äußersten südöstlichen Eck des Areals von Ost nach West spitz zu. Aus einer Plandarstellung von 1852[93] ist der Verlauf der Wasserleitung ersichtlich.

Die im Zuge der parkähnlichen Umgestaltung des jüdischen Friedhofes Währing durch den Gartenarchitekten Molnár angelegten Wege innerhalb der Gräberfelder in Nord-Süd-Richtung zwischen den Grabreihen wurden in den Jahren nach der Anlage dieser Wege aufgrund von Protesten von Angehörigen wohl wieder entfernt, der ursprüngliche wegelose Zustand wieder hergestellt. Heute existieren jedenfalls keine sichtbaren Wege innerhalb der Gräberfelder.

4. Die Bewuchssituation vor 1938

4.1. PRINZIPIELLE ÜBERLEGUNGEN

Prinzipiell ist festzustellen, dass jüdische Friedhöfe traditionellerweise keine gezielte gärtnerische Pflege erhalten. Das oberste Prinzip ist jenes, dass das Einzelgrab als Eigentum des Verstorbenen unantastbar und daher jede Art von Eingriff dort unzulässig ist. Diese Regel wird oft auch für die Grabsteine in gleichem Sinne interpretiert. Das bedeutet, dass die Vegetation sich ungehindert ausbreiten und entwickeln kann und nur dafür Sorge getragen wird, dass das Areal betretbar ist, und dass die ebenfalls vorgeschriebene Einfriedung nicht in ihrem Bestand gefährdet wird.[94]

Festzustellen ist auch, dass das Gebot der Erinnerung, hebr. *Zachor*, immer wieder auf das Element der Grabsteine angewandt wird, dass also der Bestand an Grabsteinen und deren Zustand geschützt wird als Quelle für die Erinnerung an die Verstorbenen, insbesondere an deren Namen und Lebensdaten. In Hinblick auf die Bewuchssituation bedeutet das konsequenterweise, dass die Grabsteine und Grabmonumente von Bewuchs freigehalten werden und dafür Sorge getragen wird, dass diese nicht durch die Auswirkungen des Wildwuchses beschädigt oder zerstört werden (Hebung durch Wurzelwuchs u. ä.).

Bezüglich des Bestandes an Bäumen und dessen Pflege gilt die Regel, dass ein Grab nicht tangiert werden darf, wobei das Grab *halachisch* als sechs Handbreit Erde rund um den bestatteten Körper definiert wird. Das bedeutet, dass ein Baum beispielsweise nur in der Weise gefällt werden darf, dass er bodengleich gerodet wird, der Wurzelstock aber in der Erde verbleibt, um ein unbeabsichtigtes Tangieren einer Grabstelle beim Ausgraben der Wurzeln zu vermeiden. Der so geschnittene Baum ist damit allerdings nicht tot, sondern treibt, nunmehr buschartig, immer wieder aus, was dann neue Pflegeprobleme aufwirft.

Noch zu Beginn des Belegzeitraumes des jüdischen Friedhofes Währing war es nicht üblich, Grabstellen zu besuchen, denn es gibt im traditionellen Judentum keinen Gräberkult, der mit dem christlichen vergleichbar wäre. Weder wurden Schnittblumen zur Grabstelle gebracht und dort niedergelegt, noch wurden im Allgemeinen Kerzen entzündet. Eine Ausnahme stellen hier die Grabstellen sehr verehrter Rabbiner dar, wo heute immer wieder Kerzen dargebracht werden. Auf dem jüdischen Friedhof Währing befindet sich jedoch kein Grab, das in dieser Art von Gläubigen besucht würde. Das Totengedenken findet in der Synagoge und zu Hause, nicht aber an der Grabstelle des Verstorbenen statt.

Daher ist es in der Tradition auch nicht notwendig, unbedingt und zu jeder Jahreszeit ungehindert zu jeder Grabstelle Zugang zu haben. Wege auf Arealen jüdischer Friedhöfe sind daher meist ein sekundäres Phänomen der *Akkulturation* an christliche Grabtraditionen und wurden relativ spät, meist im Laufe des 19. Jahrhunderts, eingeführt.

Grundsätzlich ist überdies festzuhalten, dass jüdisches Recht nicht kanonisiert ist. Dem gemäß liegt die Interpretation und Auslegung der religiösen Gesetzesvorschriften bei der jeweiligen jüdischen Gemeinde und weist entsprechend große lokale und historische Unterschiede auf. So ist die *Dritte Wiener jüdische Gemeinde*, die sehr liberale Reformgemeinde der IKG Wien vor 1938, in anderer Weise mit der Frage der Friedhöfe umgegangen, als dies die *Vierte Wiener jüdische Gemeinde*, die konservativere IKG Wien seit 1945, tut. Und auch die Liberalität der alten Wiener jüdischen Gemeinde entwickelte sich erst schrittweise, im Laufe des 19. Jahrhunderts, im Zuge der Übernahme und Weiterentwicklung der Ideen der *jüdischen Aufklärung* (hebr. *Haskala*).

Das bedeutet, dass die älteren Teile des Areals des jüdischen Friedhofes Währing mit Sicherheit eine andere Bewuchssituation aufgewiesen haben als die jüngeren Teile. In den älteren, heute westlich der Hauptallee gelegenen Teilen des Areals galt der Grundsatz der möglichst großen Naturnähe und möglichst geringen Eingriffe. Da nach traditioneller Auslegung der Besuch der Grabstätten nicht Teil des Totengedenkens ist, bestand auch kein Bedürfnis, die Grabstelle des Verstorbenen für die Lebenden auszuschmücken. Ziel von Bewuchspflegemaßnahmen war lediglich, das eigentliche Grab sowie das darauf errichtete Grabdenkmal vor Zerstörungen durch wild aufgegangenen Bewuchs zu bewahren. Dem stehen die jüngeren Teile des Areals, östlich der Hauptallee gelegen, jüngere Gräber aus der zweiten Hälfte des 19. Jahrhunderts in den älteren Friedhofsteilen sowie die Familien-Gruftanlagen gegenüber. Diese Grabstellen wurden, im Zuge des zunehmenden Einflusses von *Akkulturation* und sogar *Assimilation* seit der zweiten Hälfte des 19. Jahrhunderts, als die Friedhofsbräuche der umgebenden nichtjüdischen Bevölkerung zunehmend nachgeahmt wurden, oft auch mithilfe von Pflanzen individuell gestaltet.

4.2. DIE ZEIT DER AKTIVEN NUTZUNG DES FRIEDHOFES, 1784–1884

Über die Zeit der aktiven Nutzung des Friedhofes, 1784–1884, gibt es bezüglich der Bewuchssituation in den in Frage kommenden Archivbeständen nur sporadisch, nicht jedoch systematisch überlieferte Akten oder Dokumente. Die Quellenlage zur Bewuchssituation auf dem Areal des jüdischen Friedhofes Währing ist generell lückenhaft. Lediglich Indizien lassen Rückschlüsse auf gestalterische Intentionen zu. Zusammenfassende schriftliche Überblicksdarstellungen fehlen jedoch völlig. Die wenigen aus dieser Epoche erhaltenen bildlichen Quellen zeigen jedenfalls einen mehr oder weniger dichten Baumbewuchs. Über kleinere oder niedrigere Pflanzen lassen sich aufgrund der erhaltenen Bild- und Plandokumente keinerlei verbindliche Aussagen treffen.

Historische Stadtpläne zeigen die Lage des Friedhofsareals dicht an der Befestigungsanlage des *Linienwalles*. Die besondere Lage hatte zur Folge, dass die jüdische Gemeinde mit der Heeresverwaltung jahrelang verhandeln musste, um die Erweiterungen des Friedhofsareals durchzusetzen. Zwei grundsätzlich unterschiedliche Interessen standen einander gegenüber: Die Heeresverwaltung wollte sicherstellen, dass zu Verteidigungszwecken die Fläche vor dem *Linienwall* im Bedarfsfalle sofort geräumt werden konnte. Die jüdische Gemeinde wollte den dauerhaften Bestand des jüdischen Friedhofes wahren. Diese Situation bestimmte vielleicht auch die prinzipiellen Überlegungen zu einer Gestaltung des Areals mit.

Das Friedhofsareal wurde im Norden von den Gründen des 1856 errichteten Gaswerkes begrenzt, im Osten von der Döblinger Hauptstraße. Im Südosten schloss 1863 noch der Garten des Gasthauses *Zum Auge Gottes* an, und südwestlich des Gasthausgartens lag ein kleines Wäldchen (beide Flächen im Plan grün gefärbt). Der Friedhof selbst wird für 1863[95] ohne Bewuchs dargestellt. Eine zeitgenössische Plandarstellung von 1859 zeigt in größerem Maßstab das an den Friedhof angrenzende Gasthaus *Zum Auge Gottes*.[96] Deutlich erkennbar sind hier die Gestaltung des Gastgartens sowie das westlich an den Gastgarten angrenzende Wäldchen. Auf dem Friedhofsareal selbst ist auch hier keinerlei Bewuchs eingezeichnet. 1870 ist in Plänen[97] bereits die geplante Gürtelstraße, die den *Linienwall* ersetzte, eingetragen. Die Gürtelstraße durchschnitt das Wäldchen südöstlich des Friedhofsareals und reduzierte dieses entsprechend. Auf dem Friedhofsareal selbst ist keinerlei Bewuchs eingetragen.

Auf dem ältesten erhaltenen Foto vom Friedhofsgebäude, um 1880, ist bereits ein Baumbestand auf dem Areal des jüdischen Friedhofes Währing erkennbar.[98] Die dem Friedhofsareal benachbarte Gas-Anstalt bestand auch noch 1892, neu dazu gekommen war die Remise der Straßenbahn, südlich angrenzend. Das südöstlich gelegene Wäldchen war ebenfalls noch vorhanden. Der Friedhofsgrund selbst ist auf einer Plandarstellung von 1892[99] als pflanzenbestanden eingetragen, allerdings ohne Details. Bei der Projektierung eines Wald- und Wiesengürtels wurde der jüdische Friedhof Währing als unbebaute Fläche einbezogen und entsprechend als Waldgrundstück im Plan[100] eingetragen. Der Plan dokumentiert einen der seitens behördlicher Autoritäten regelmäßig wiederkehrenden Versuche, den jüdischen Friedhof Währing zugunsten einer Parkanlage aufzulassen. Nach 1912 ist südöstlich des Friedhofsareals, anstelle des Wäldchens, die heute noch bestehende Bebauung mit Zinskasernen des *Jugendstil* eingezeichnet.[101]

4.3. DIE PARKÄHNLICHE UMGESTALTUNG DES AREALS, 1903–1905

Nach der Schließung des Areals ergriff die IKG Wien als Grundeigentümerin eine Reihe von Maßnahmen, um den Bestand des jüdischen Friedhofes Währing und dessen Erhalt sicherzustellen. Dazu zählte die systematische gärtnerische Gestaltung bzw. Neugestaltung des Areals.

Zu Jahresbeginn 1903 richtete die IKG Wien ein Schreiben an die Angehörigen der am jüdischen Friedhof Währing Bestatteten, indem sie mitteilte, die IKG Wien habe vor, das Areal einer umfassenden Restaurierung zu unterziehen. Ziel der Restaurierung sei die Erhaltung der Gräber und Grabsteine, sowie die Ausgestaltung des Friedhofes. Im Zuge der Restaurierung sollten Grabsteine repariert oder instandgesetzt, dürre und abgestorbene Thujen sowie Schlingpflanzen und Efeuranken entfernt werden. Die Angehörigen wurden aufgefordert, etwaige Wünsche bekannt zu geben, damit darauf bei den bereits begonnenen Restaurierungsarbeiten Bedacht genommen werde.[102]

In der Folge holte die IKG Wien beim renommierten Gartenarchitekten Jaroslav O. Molnár einen Kostenvoranschlag zur Umsetzung der Umgestaltungspläne des bekannten Architekten und Kultusgemeinde-Mitgliedes Max Fleischer[103] ein. Molnár legte am 3. 3. 1903 einen Kostenvoranschlag „über die parkähnliche Verschönerung des israelitischen Friedhofes Währing in Wien"[104]:

Kostenvoranschlag über die parkähnliche Verschönerung des
israelitischen Friedhofes Währing in Wien, 3. 3. 1903[105]:

Nr.	Gegenstand	Anzahl	Preis	Zusammen Kronen
	Partie I			
1	Fällen und Entästen der überständigen Linden der großen Allee, 0,40 m Durchmesser, Zersägen auf transportable Stücke	20 Stück	24	480
2	Schneiden der bestehenden Bäume, Bündeln der Hölzer	26	8	208
3	Entfernen der unschönen Thujen und Aushacken der Wurzeln 0,5 m unter die Erdoberfläche	100	0,90	90
4	Anlage der Fußwege, d. i. Erdaushub auf ca 0,25 m, Verkarren des Materials zum Anfüllen der unbelegten Grüfte und zum Heben der Wegkanten, Beschotterung auf 0,10 m mit geschlägelten Ziegelbrocken, Abdecken mit gesiebtem Mauerschutt oder Kohlenschlacken unter mehrmaligem Walzern, Überziehen mit Gartenrieselsand	924,80 m²	0,80	739,84

4.3. Die parkähnliche Umgestaltung des Areals, 1903–1905

5	Umgraben der Flächen zwischen den einzelnen Grabmälern auf 0,30 m tief, Entfernen von Unkrautwurzeln und Steinen, Ausplanierung der Grabhügel (angenommen wird, dass 1/8 der ganzen Fläche die Grabmäler einnehmen)	4623,82 m²	0,45	2080,71
	Pflanzungsmaterial:			
6	Hochstämmige Bäume, und zwar starke Exemplare, 5–8 cm Durchmesser, als Linden, Ahorn, Pyramiden-Eichen, Akazien, Götterbäume, Pappeln, Ebereschen, Ulmen, Trauerweiden, Trauereschen, etc.	74	6	444
7	Decksträucher, d. i. Caragana, Cornus, Colutea, Syringa, Cotoneaster, Coryllus, Bransonetia, Citissus, Philadelphus etc., bis 1,50 m hoch, starke, buschige Exemplare	500	0,80	400
8	Diverse Arten niedrig wachsender blühbarer Sträucher als (in vielen Sorten): Deutzia, Weigelia, Hercia japan., Rosa centifol., Symphoricarpus orbiculatus, Viburnum lantana, Lonicera, Lilium, Forsythia, Philadelphus nanus etc.	665	0,70	465,50
9	Solitärsträucher (in vielen Sorten). Cydonia japonica, Prunus florepleus, Pynica granatum, Tamarix africana, Rhodotypus kerrivides, Pirusmalus florepleus, Hibiscus syrianus, Coryllus purpurea, Coryllus aurea, Genista juncea, Heria fol. var., Cotoneaster pyracantha, Deutzia gratilis	100	1	100
10	Hochstämmige Trauerrosen in vielen Arten	50	5	250
11	Niedere Rosen	50	2	100
12	Perennen, d. i. mehrjährige ausdauernde blühbare Pflanzen als: Iris in Sorten, Frittilaria imperialis, Spiraea astilboides, Dahlien, Malven, Anemonen, Sommerastern, Campanula, Papaver orientale, Aruncus sylvester, Aquilegia, Boccania japon., Delphinium, Eringium, Helianthus, Helenium, Hypericum, Paconia etc.	500	0,40	200
13	Coniferen: Thuja, Juniperus sabina, Columnaris, Taxus, 1–3 m hoch, Föhren, Fichten, Lärchen, 1–3 m hoch	144	12	1368
	Schlingpflanzen: Zur Bekleidung und Decoration der einzelnen höheren Monumente, der Treillagen, Pergola und der Mauern werden folgende Schlinggewächse verwendet:			
14	Schlingrosen Crimson Rambler (winterhart)	40	2	80
15	Clematis diverser Farben	10	1	10
16	Wilder Wein	20	1	20
17	Lonicera (Geissblatt)	10	1,20	12
18	Vitis hederacaea (Echter Klimmer)	10	1	10
19	Tecoma radicans	10	1,50	15

20	Tris folachia sipho	10	2	20
21	Glicine sinensis	15	3	45
22	Epheu	10	1	10
	Bepflanzungsarbeiten:			
23	Pflanzung der hochstämmigen Bäume incl. Lieferung der Baumstangen mit imprägnierter Spitze und des Bindematerials, Schneiden der Kronen und Wurzeln, Einwässern 3–4 Mal	77	1,20	88,80
24	Pflanzen der Sträucher und der niederen Rosen	1315	0,10	131,50
25	Pflanzung der Trauerrosen incl. Lieferung der Stangen	50	0,50	25
26	Pflanzung der Perennen	50	0,60	30
27	Pflanzung der Coniferen	114	1,50	171
28	Pflanzung der Schlinggewächse incl. Aufbinden mit Rafia-Bast	135	0,20	27
29	Anbau der Wiesenflächen, d. i. flach umgraben, Harken, Einsäen, Einlöcken des Grassamensund, Bretteln der Flächen incl. Lieferung von ausdauernder Rasenmischung, einmaliges Mähen und Scarpierung der Wegkanten	4623,82 m²	0,40	1849,52
30	Legen der Drainagen von 10 cm Lichtweite, 0,30 bis 0,50 m (wegen Gefälle zum Kanal) unter die Wegkanten, Einbetten im Rundschotter, Ausplanierung des übriggebliebenen Materials in die angrenzenden Rasenflächen	460 m	3	1380
	Summe			10850,87

Nr.	Gegenstand	Anzahl	Preis	Zusammen Kronen
	Partie II			
1	Fällen und Entasten der überständigen Nussbäume von 0,35 m Durchmesser, Zersägen auf transportable Stücke	5	20	100
2	Entfernen der unschönen Thuja (Lebensbaum) und Aushacken der Wurzeln 0,5 m unter die Erdoberfläche	100	0,90	90
3	Anlage der Fußwege (wie Post 4 der Partie I)	558,85 m²	0,80	447,08
4	Umgraben der Flächen zwischen den einzelnen Grabmälern (wie Post 5 der Partie I)	4323 m²	0,45	1945,35
	Pflanzungsmaterial:			
5	Hochstämmige Bäume starke Exemplare 5–8 cm Durchmesser, Gattungen wie bei Post 6 der Partie I	119	6	714
6	Decksträucher starke Exemplare bis 1.50 m hoch, in Sorten wie in Post 7 der Partie I	380	0,80	304

4.3. Die parkähnliche Umgestaltung des Areals, 1903–1905

7	Niedrigwachsende blühbare Sträucher in diversen Sorten, wie in Post 8 der Partie I	440	0,70	308
8	Solitärsträucher in Gattung und Sorten wie in Post 9 der Partie I	50	1	50
9	Hochstämmige Trauerrosen in vielen Arten	30	5	150
10	Niedere Rosen	40	2	80
11	Perennen, mehrjährige ausdauernde blühbare Pflanzen (Gattung und Posten wie Post 12 der Partie I)	200	0,40	80
12	Coniferen: Thuja, Juniperus sabina, Columnaris, Taxus, Föhren, Fichten Lärchen, 1–3 m hoch	116	12	1392
	Schlingpflanzen zur Bepflanzung der Pergola und zur Decoration der Grabmonumente:			
13	Clematis, diverse Farben	10	1	10
14	Schlingrosen Crimson Rambler (winterhart)	10	2	20
15	Tecoma radicans	10	1,50	15
16	Glicine sinensis	10	3	30
17	Wilder Wein	20	1	20
18	Lebende Hecke entlang des Haupteinganges	84 m	2	168
	Bepflanzungsarbeiten:			
19	Pflanzung der hochstämmigen Bäume incl. Lieferung der Baumstangen mit imprägnierter Spitze und des Bindematerials, Schneiden der Kronen und Wurzeln, Einwässern 3-4 Mal	119	1,20	142,80
20	Pflanzung der Sträucher und der niederen Rosen	910	0,10	91
21	Pflanzung der Trauerrosen incl. Lieferung der Stangen	30	0,50	15
22	Pflanzung der Perennen	200	0,06	12
23	Pflanzung der Coniferen	116	1,50	174
24	Pflanzung der Schlinggewächse und Aufbinden mit Rafia Bast	60	0,20	12
25	Anbau der Wiesenflächen wie unter Post 29 der Partie I	4323 m²	0,40	6370,23
26	Legen der Drainagen wie sub Post 30 der Partie I	126 m	3	378
	Summe			8477,43

Nr.	Gegenstand	Anzahl	Preis	Zusammen Kronen
	Partie III			
1	Entfernen der unschönen Thuja (Lebensbaum) und Aushacken der Wurzeln 0,5 m unter die Erdoberfläche	100	0,90	90
2	Anlage der Fußwege (wie Post 4 der Partie I)	526,32 m²	0,80	421,05
3	Umgraben der Flächen zwischen den einzelnen Grabmälern (wie Post 5 der Partie I)	3933,25 m²	0,45	1769,96

	Pflanzungsmaterial:			
4	Hochstämmige Bäume starke Exemplare 5–8 cm Durchmesser, Gattungen wie bei Post 6 der Partie I	112	0,60	672
5	Decksträucher starke Exemplare bis 1.50 m hoch, in Sorten wie in Post 7 der Partie I	590	0,80	472
6	Niedrigwachsende blühbare Sträucher in diversen Sorten, wie in Post 8 der Partie I	540	0,70	378
7	Solitärsträucher in Gattung und Sorten wie in Post 9 der Partie I	100	1	100
8	Hochstämmige Trauerrosen in vielen Arten	30	5	150
9	Niedere Rosen	40	2	80
10	Perennen, mehrjährige ausdauernde blühbare Pflanzen (Gattung und Posten wie Post 12 der Partie I)	150	0,40	60
	Schlingpflanzen zur Decoration der Monumente, zur Bedeckung der Treillagen und Mauern:			
11	Winterharte Crimson Rambler Schlingrosen	15	2	30
12	Tecoma radicans	5	1,50	7,50
13	Glicine sinensis	10	3	30
14	Wilder Wein	20	1	20
15	Coniferen: Thuja, Juniperus sabina, Columnaris, Taxus, Föhren, Fichten Lärchen	60	12	720
	Bepflanzungsarbeiten:			
16	Pflanzung der hochstämmigen Bäume incl. Lieferung der Baumstangen, des Bindematerials, Schneiden der Kronen u. Einwässern (wie Post 23 der Partie I)	112	1,20	134,40
17	Pflanzung der Sträucher und der niederen Rosen	1270	0,10	127
18	Pflanzung der Trauerrosen incl. Lieferung der Stangen	30	0,50	15
19	Pflanzung der Perennen	150	0,60	9
20	Pflanzung der Schlinggewächse incl. Aufbinden mit Rafia Bast	50	0,20	10
21	Pflanzung der Coniferen	60	1,50	90
22	Anbau der Wiesenflächen wie unter Post 29 der Partie I	3933,25 m^2	0,40	1573,03
23	Legen der Drainagen wie sub Post 30 der Partie I	95 m	3	285
	Summe			7243,94

Nr.	Gegenstand	Anzahl	Preis	Zusammen Kronen
	Partie IV			
1	Fällen und Entästen der überständigen Akazien von cca. 20 cm Durchmesser, Zersägen auf transportable Stücke	11	7	77
2	Entfernen der unschönen Thuja wie bei Post 3 der Partie I	70	0,90	63

4.3. Die parkähnliche Umgestaltung des Areals, 1903–1905

3	Anlage der Fußwege (wie unter Post 4 der Partie I)	556,50 m²	0,80	445,20
4	Umgraben der Flächen zwischen den einzelnen Grabmälern (wie Post 5 der Partie I)	3939,87 m²	0,45	1772,94
	Pflanzungsmaterial:			
5	Hochstämmige Bäume starke Exemplare 5-8 cm Durchmesser, Gattungen wie bei Post 6 der Partie I	120	6	720
6	Decksträucher starke Exemplare bis 1.50 m hoch, in Sorten wie in Post 7 der Partie I	480	0,80	384
7	Niedrigwachsende blühbare Sträucher in diversen Sorten, wie in Post 8 der Partie I	445	0,70	311,50
8	Solitärsträucher in Gattung und Sorten wie in Post 9 der Partie I	100	1	100
9	Hochstämmige Trauerrosen in vielen Arten	30	5	150
10	Niedere Rosen	40	2	80
11	Perennen, mehrjährige ausdauernde blühbare Pflanzen (Gattung und Posten wie Post 12 der Partie I)	200	40	80
12	Coniferen: Thuja, Juniperus sabina, Columnaris, Taxus, Föhren, Fichten Lärchen, 1–3 m hoch	117	12	1404
13	Alleebäume, starke Exemplare, nach meiner Wahl	45	10	450
14	Syringa in Kugelform, extra starkeExemplare	43	8	344
	Schlingpflanzen zur Decoration der Grabmonument und der Mauer:			
15	Clematis in diversen Farben	10	1	10
16	Winterharte Crimson Rambler Schlingrosen	10	2	20
17	Tecoma radicans	10	1,50	15
18	Glicine sinensis	10	3	30
19	Wilder Wein	20	1	20
	Pflanzungsarbeiten:			
20	Pflanzung der hochstämmigen Bäume und der Alleebäume incl. Lieferung der Baumstangen mit imprägnierter Spitze und des Bindematerials, Schneiden der Kronen und der Wurzeln, Einwässern 3-4 Mal	165	1,20	198
21	Pflanzung der Sträucher, der niederen Rosen und der Syringa	1108	0,10	110,80
22	Pflanzung der Trauerrosen incl. Lieferung der Stangen	30	0,50	15
23	Pflanzung der Perennen	200	0,60	12
24	Pflanzung der Coniferen	117	1,50	175,50
25	Pflanzung der Schlinggewächse incl. Aufbinden mit Rafia Bast	60	0,20	12
26	Anbau der Wiesenflächen wie unter Post 29 der Partie I	3939,87 m²	0,40	1575,94
27	Legen der Drainagen wie sub Post 30 der Partie I	108 m	3	324
	Summe			8899,88
	Gesamtsumme Partie I– IV			35472,12

Die von Molnár der Reihe nach bearbeiteten Partien I bis IV entsprachen der Reihenfolge der zugekauften Grundstücke, wie aus einer Darstellung aus den Archivbeständen der IKG Wien ersichtlich ist[106]; vgl. Abbildung 11. Die Partie I entsprach dem 1784–1835 bereits bestehenden Grundstück, die Partie II dem 1833 vom Barnabiten-Colleg eingetauschten Grundstück, die Partie III dem 1835 von Carl Reiniger gekauften Grundstück, und die Partie IV dem 1856 von Johanna Reininger gekauften Grundstück. Entlang der damaligen Grundstücksgrenzen verlaufen auch heute noch die erkennbaren Wege. Sie führen rund um die Gräberfelder herum. Zwischen den übrigen, jüngeren Gräberfeldern verlaufen heute weitere Wege; vgl. auch Kapitel 3.3.

Am 6. 3. 1903 modifizierte Molnár seinen Kostenvoranschlag und schlug eine kostengesenkte Variante vor[107]:

Kostenvoranschlag über die parkähnliche Verschönerung des israelitischen Friedhofes Währing in Wien, 6. 3. 1903:

Nr.	Gegenstand	Anzahl	Preis	Zusammen Kronen
	Partie I			
1	Fällen und Entästen der überständigen Linden der großen Allee, 0,40 m Durchmesser, Zersägen auf transportable Stücke	20 Stück	24	480
2	Schneiden der bestehenden Bäume, Bündeln der Hölzer	26	8	208
3	Entfernen der unschönen Thujen und Aushacken der Wurzeln 0,5 m unter die Erdoberfläche	100	0,90	90
4	Anlage der Fußwege, d. i. Erdaushub auf ca 0,25 m, Verkarren des Materials zum Anfüllen der unbelegten Grüfte und zum Heben der Wegkanten, Beschotterung auf 0,10 m mit geschlägelten Ziegelbrocken, Abdecken mit gesiebtem Mauerschutt oder Kohlenschlacken unter mehrmaligem Walzen, Überziehen mit Gartenrieselsand	924,80 m²	0,80	739,84
5	Umgraben der Flächen zwischen den einzelnen Grabmälern auf 0,30 m tief, Entfernen von Unkrautwurzeln und Steinen, Ausplanierung der Grabhügel (angenommen wird, dass 1/8 der ganzen Fläche die Grabmäler einnehmen)	4623,82 m²	0,45	2080,71
	Pflanzungsmaterial:			
6	Hochstämmige Bäume, und zwar starke Exemplare, 5–8 cm Durchmesser, als Linden, Ahorn, Pyramiden-Eichen, Akazien, Götterbäume, Pappeln, Ebereschen, Ulmen, Trauerweiden, Trauereschen, etc.	74	6	444

4.3. Die parkähnliche Umgestaltung des Areals, 1903–1905

7	Decksträucher, d. i. Caragana, Cornus, Colutea, Syringa, Cotoneaster, Coryllus, Bransonetia, Citissus, Philadelphus etc., bis 1,50 m hoch, starke, buschige Exemplare	500	0,80	400
8	Diverse Arten niedrig wachsender blühbarer Sträucher als (in vielen Sorten): Deutzia, Weigelia, Hercia japan., Rosa centifol., Symphoricarpus orbiculatus, Viburnum lantana, Lonicera, Lilium, Forsythia, Philadelphus nanus etc.	665	0,70	465,50
9	Solitärsträucher (in vielen Sorten). Cydonia japonica, Prunus florepleus, Punica granatum, Tamarix africana, Rhodotypus kerrioides, Pirus malus florepleus, Hibiscus syrianus, Coryllus purpurea, Coryllus aurea, Genista juncea, Heria fol. var., Cotoneaster pyracantha, Deutzia gratilis	100	1	100
10	Hochstämmige Trauerrosen in vielen Arten	50	5	250
11	Niedere Rosen	50	2	100
12	Perennen, d. i. mehrjährige ausdauernde blühbare Pflanzen als: Iris in Sorten, Frittilaria imperialis, Spiraea astilboides, Dahlien, Malven, Anemonen, Sommerastern, Campanula, Papaver orientale, Aruncus sylvester, Aquilegia, Boccania japon., Delphinium, Eringium, Helianthus, Helenium, Hypericum, Paeonia etc.	500	0,40	200
13	Coniferen: Thuja, Juniperus sabina, Columnaris, Taxus, 1–3 m hoch, Föhren, Fichten, Lärchen, 1-3 m hoch	144	12	1368
	Schlingpflanzen: Zur Bekleidung und Decoration der einzelnen höheren Monumente, der Treillagen, Pergola und der Mauern werden folgende Schlinggewächse verwendet:			
14	Schlingrosen Crimson Rambler (winterhart)	40	2	80
15	Clematis diverser Farben	10	1	10
16	Wilder Wein	20	1	20
17	Lonicera (Geissblatt)	10	1,20	12
18	Vitis hederacaea (Echter Klimmer)	10	1	10
19	Tecoma radicans	10	1,50	15
20	Tris folachia sipho	10	2	20
21	Glicine sinensis	15	3	45
22	Epheu	10	1	10
	Bepflanzungsarbeiten:			
23	Pflanzung der hochstämmigen Bäume incl. Lieferung der Baumstangen mit imprägnierter Spitze und des Bindematerials, Schneiden der Kronen und Wurzeln, Einwässern 3–4 Mal	74	1,20	88,80
24	Pflanzen der Sträucher und der niederen Rosen	1315	0,10	131,50
25	Pflanzung der Trauerrosen incl. Lieferung der Stangen	50	0,50	25

26	Pflanzung der Perennen	500	0,06	30
27	Pflanzung der Coniferen	114	1,50	171
28	Pflanzung der Schlinggewächse incl. Aufbinden mit Rafia-Bast	135	0,20	27
29	Anbau der Wiesenflächen, d. i. flach umgraben, Harken, Einsäen, Einlöcken des Grassamens und Bretteln der Flächen incl. Lieferung von ausdauernder Rasenmischung, einmaliges Mähen und Scarpierung der Wegkanten	4623,82 m²	0,40	1849,52
30	Legen der Drainagen von 10 cm Lichtweite, 0,30 bis 0,50 m (wegen Gefälle zum Kanal) unter die Wegkanten, Einbetten im Rundschotter, Ausplanierung des übriggebliebenen Materials in die angrenzenden Rasenflächen	460 m	3	1380
	Anmerkung: Beim Pflanzungsmaterial können folgende Posten reduziert werden und ohne die Ausführung zu beeinträchtigen später ersetzt werden:			
7	Decksträucher, d. i. Caragana, Cornus, Colutea, Syringa, Cotoneaster, Coryllus, Bransonetia, Citissus, Philadelphus etc., bis 1,50 m hoch, starke, buschige Exemplare statt 500 Stück	400	0,80	320
8	Diverse Arten niedrig wachsender blühbarer Sträucher als (in vielen Sorten): Deutzia, Weigelia, Hercia japan., Rosa centifol., Symphoricarpus orbiculatus, Viburnum lantana, Lonicera, Lilium, Forsythia, Philadelphus nanus etc. statt 665	500	0,70	350
12	Perennen, d. i. mehrjährige ausdauernde blühbare Pflanzen in genannten Sorten statt 500	300	0,40	120
13	Coniferen: Thuja, Juniperus sabina, Columnaris, Taxus, 1–3 m hoch, Föhren, Fichten, Lärchen, 1–3 m hoch, statt 144	80	12	960
	Infolge dessen reduzieren sich die Bepflanzungsarbeiten und zwar die Post:			
24	Pflanzung der Sträucher und der niederen Rosen statt 1315	1050	10	105
26	Pflanzung der Perennen statt 500	300	0,06	18
27	Pflanzung der Coniferen statt 114	80	1,50	120
	Alte Summe			10850,87
	Die Differenz beträgt somit			773
	Reducierte Summe			8697,87

4.3. Die parkähnliche Umgestaltung des Areals, 1903–1905

30	Legen der Drainagen von 10 cm Lichtweite, 0,30 bis 0,50 m (wegen Gefälle zum Kanal) unter die Wegkanten, Einbetten im Rundschotter, Ausplanierung des übriggebliebenen Materials in die angrenzenden Rasenflächen, inclusive Lieferung der Drainageröhren, die von der Firma Lederer & Wessenyi bezogen werden	460 m	3	1380
31	Verbindungsstrang von der Partie I bis zum Sammelkanal (wie unter Post 30)	138 m	3	414
	Zusammenpauschale			10491,87

Ein Nachkomme beschwerte sich bereits im April desselben Jahres, kurz nach Beginn der Umgestaltungsarbeiten, dass auf dem Grab seines Vaters die Grabeinfassungssteine, die „Lebensbäume" (Thujen) und der Efeu entfernt worden seien und forderte die sofortige Wiederherstellung des ursprünglichen Zustandes (Gruppe 4, Benzion, 29. 4. 1903). Die Gräber der Familien Steiner, Engel, Benzion und Halperson mussten daraufhin in ihrem ursprünglichen Zustand wieder hergestellt werden, denn die Veränderungen wurden als pietätlos abgelehnt.[108] Die Beschwerden von Angehörigen setzten sich während der laufenden Umsetzung der Umgestaltung fort. Grabstellen, die mit Grabhügeln versehen waren, mit Steineinfassungen und Efeu-Bepflanzung, musste die IKG Wien in den ursprünglichen Zustand zurückversetzen bzw. die Veränderungen rückgängig machen.[109]

Die Umgestaltungsarbeiten auf etwa einem Viertel des Gesamtareals („Partie I") waren bereits im Juli 1903 abgeschlossen. Da der Vorstand der Kultusgemeinde mit dem Ergebnis sehr zufrieden war, wurde im Oktober 1903 in einer Vertretersitzung der IKG Wien beschlossen, die Umgestaltung des jüdischen Friedhofes Währing in eine Parkanlage solle auf dessen Partie II fortgesetzt werden, und zwar unter möglichster Wahrung der „bisherigen Physiognomie und Konfiguration" des Areals. Damit wurde die Fortsetzung der Anpflanzungen auf Partie II bewilligt.[110]

Am 29. 1. 1904 legte Molnár nochmals seinen Kostenvoranschlag für Partie II vor:

Nr.	Gegenstand	Anzahl	Preis	Zusammen Kronen
	Partie II			
1	Fällen und Entasten der überständigen Nussbäume von 0,35 m Durchmesser, Zersägen auf transportable Stücke	5	20	100
2	Entfernen der unschönen Thuja (Lebensbaum) und Aushacken der Wurzeln 0,5 m unter die Erdoberfläche	100	0,90	90
3	Anlage der Fußwege (wie Post 4 der Partie I)	558,85 m²	0,80	447,08
4	Umgraben der Flächen zwischen den einzelnen Grabmälern (wie Post 5 der Partie I)	4323 m²	0,45	1945,35

	Pflanzungsmaterial:			
5	Hochstämmige Bäume starke Exemplare 5–8 cm Durchmesser, Gattungen wie bei Post 6 der Partie I	119	6	714
6	Decksträucher starke Exemplare bis 1,50 m hoch, in Sorten wie in Post 7 der Partie I	380	0,80	304
7	Niedrigwachsende blühbare Sträucher in diversen Sorten, wie in Post 8 der Partie I	440	0,70	308
8	Solitärsträucher in Gattung und Sorten wie in Post 9 der Partie I	50	1	50
9	Hochstämmige Trauerrosen in vielen Arten	30	5	150
10	Niedere Rosen	40	2	80
11	Perennen, mehrjährige ausdauernde blühbare Pflanzen (Gattung und Posten wie Post 12 der Partie I)	200	0,40	80
12	Coniferen: Thuja, Juniperus sabina, Columnaris, Taxus, Föhren, Fichten Lärchen, 1–3 m hoch	116	12	1392
	Schlingpflanzen zur Bepflanzung der Pergola und zur Decoration der Grabmonumente:			
13	Clematis, diverse Farben	10	1	10
14	Schlingrosen Crimson Rambler (winterhart)	10	2	20
15	Tecoma radicans	10	1,50	15
16	Glicine sinensis	10	3	30
17	Wilder Wein	20	1	20
18	Lebende Hecke entlang des Haupteinganges	84 m	2	168
	Bepflanzungsarbeiten:			
19	Pflanzung der hochstämmigen Bäume incl. Lieferung der Baumstangen mit imprägnierter Spitze und des Bindematerials, Schneiden der Kronen und Wurzeln, Einwässern 3–4 Mal	119	1,20	142,80
20	Pflanzung der Sträucher und der niederen Rosen	910	0,10	91
21	Pflanzung der Trauerrosen incl. Lieferung der Stangen	30	0,50	15
22	Pflanzung der Perennen	200	0,06	12
23	Pflanzung der Coniferen	116	1,50	174
24	Pflanzung der Schlinggewächse und Aufbinden mit Rafia Bast	60	0,20	12
25	Anbau der Wiesenflächen wie unter Post 29 der Partie I	4323 m²	0,70	1729,20
26	Legen der Drainagen wie sub Post 30 der Partie I	126 m	3	378
	Summe			8477,43

4.4. REKLAMATIONEN UND ÄNDERUNGEN IM ZUGE DER PARKÄHNLICHEN UMGESTALTUNG

Am 12. Februar 1904 wurde Molnár von der IKG Wien nach einem Lokalaugenschein auf dem jüdischen Friedhof Währing mit der Ausgestaltung der Partie II beauftragt und sollte diese Arbeiten bis Mitte Mai 1904 abschließen.[111] Insbesondere wurde seitens der Auftraggeberin festgehalten:

Die Hauptwege, die zur Ableitung des Regenwassers dienen sollten, lägen an vielen Stellen höher als einzelne Teile der Gräberfelder. Es sei daher erforderlich, die Gräberfelder an den tiefergelegenen Stellen aufzuschütten.

Die Abgrenzungen der einzelnen Gräber seien vielfach nicht mehr erkennbar. Bei noch erkennbar abgegrenzten Grabstellen solle jede einzelne Grabstelle sichtbar als solche gekennzeichnet werden.

Molnár wurde beauftragt, Grabsteine soweit als möglich mit seinen eigenen Arbeitern wieder aufzurichten. Jene Steine, bei denen ihm dies nicht möglich sei, sollten durch Angehörige wieder instand gesetzt werden. Gebe es keine Angehörigen mehr, oder könnten sich diese die Instandsetzung nicht leisten, und bestehe ein Interesse der IKG an dem in Frage stehenden Stein, so werde die IKG Wien die Instandsetzungskosten tragen.

Die Umrankung der Grabsteine mit Efeu habe zu unterbleiben, es sei denn, die Angehörigen wollten dies ausdrücklich, Grund dafür sei ein konservatorischer: Die feinen Luftwurzeln des Efeu beschleunigten die Verwitterung des Steinmateriales. Außerdem beeinträchtige der Efeubewuchs die architektonische Wirkung der Grabmonumente. Auf den Innenseiten der Friedhofsmauer hingegen sei die Anpflanzung von Efeu, wildem Wein und Schlinggewächsen wünschenswert, um die Mauer zu verdecken.

Auf den nicht zur Anlage von Grabstätten verwendeten Teilen des Friedhofs-Areales sollten Boskette angepflanzt und Ruhebänke aufgestellt werden.[112]

Noch im Februar 1904 teilte Molnár dem Architekten Max Fleischer mit, auf folgenden Gräbern stünden abgestorbene oder halbdürre Thujen („Lebensbäume"), und ersuchte um Erlaubnis, diese zu entfernen: Karl Wilheim, Rudolf Weick, Juliana Platschek, Katharina Rothberger, Fanni Elsner, Flora Grünwald, Wilhelm Schwarz, Moritz Friedländer,

Marie Scheiner, Hermine Linkmann, Camilla Wahle, Ludwig Hock, David Eduard Kohn, Caroline Neurath, Helene Steiner, N. Polatschek, Theresia Singer, Albert Pekel, Heinrich Kolischer, Ernestine Sinkmann, Richard Sonnenthal, Olga Sonnenthal, Ferdinand Winkler, Theodor Itzeles, Nina Mauthner, Adolf Böhm, Emil Schaffer, Eleonore Kunewalder, David Löwi, Ernst Winternitz, August Winter.[113]

In der darauf folgenden Woche fanden Erhebungen bei der Friedhofsaufseherin statt. Festgestellt wurde, dass die Friedhofsaufseherin eine Reihe von Gräbern im Auftrag der Nachkommen pflegte und dort Blumenschmuck betreute, und zwar beispielsweise bei Richard Sonnenthal, Olga Sonnenthal, Ernst und August Winter; dort befanden sich auch abgestorbene Thujen, die entfernt werden sollten.[114]

Auf dem Grab von Isidor Hofmann waren Immergrün und „Lebensbäume" gepflanzt, wurde am 8. 3. 1904 festgehalten.[115] Noch im selben Monat wurde notiert, auf dem Grab von Katharina Schneider (8-7-12) sei eine Thuje auf Wunsch der Familie erhalten geblieben. Die Gräber der Familien Königswarter und Wertheimer seien nicht verändert worden.[116]

Die vorhandenen Grabhügel versuchte Molnár auftragsgemäß soweit als möglich zu erhalten. Der Gartenarchitekt berichtete Ende Mai an Max Fleischer, die Fußsteige seien erhalten geblieben, das Erdreich der Grabhügel sei von Unkraut gesäubert, in einer Tiefe von 20 cm umgegraben und mit Grassamen besät worden. Die Grabhügel seien allerdings in den meisten Fällen zusammenhängend, und nicht getrennt gewesen. Nur dort, wo die Gräber auf gesonderten Wunsch betreut würden (Blumengräber), seien die Grabhügel über das Niveau der übrigen erhöht. Sie wurden offenbar eingeebnet, denn Molnár berichtet weiter, diese wenigen erhöhten Grabhügel würden gegenwärtig in den alten Zustand zurückversetzt. Sämtliche Grabhügel zu erhöhen wäre ohne Zufuhr von Erde und Belegen der steilen Böschungen mit Rasentafeln aber unmöglich, und außerdem sei das nicht vereinbart gewesen. Auch sei die Erhaltung so angelegter Grabhügel sehr teuer und fast undurchführbar. Im Gegensatz dazu sei die Erhaltung durch die Art, in der renoviert wurde, erleichtert und das Niederschlagswasser werde abgeleitet.[117]

Im Juni 1904 wurde der Stand der Arbeiten an Partie II festgehalten: Die Wege auf dem umgestalteten Teilareal waren drainagiert, Grabsteine wieder aufgerichtet und Linden gefällt worden.[118] Am 7. 6. 1904 hielt das Kollaudierungsprotokoll fest:

Eine Reihe von Pflanzen war neu angepflanzt worden. Die Grabhügel hätten durch Erhöhungen markiert werden sollen. Dies sei jedoch aus Kostengründen nicht möglich gewesen, da man dazu hätte Humus anführen und die Grabhügel dann mit Gras bepflanzen müssen; aus Kostengründen wurde eine solche Arbeit nicht durchgeführt. Zwischen den Grabreihen wurden Wege angelegt, um zu jeder Grabstelle mit Grabstein ungehindert gelangen zu können. Der bekannte Architekt und Mitglied des Kultusgemeinderates

Wilhelm Stiassny wollte nach eigenen Angaben die übergroßen Lücken in der Hauptallee durch Anpflanzung von Laubbäumen ausfüllen; dies stellte sich als nicht notwendig heraus und wurde im Interesse des freundlichen Eindruckes unterlassen. Stiassny wollte auch die bestehenden Nussbäume und Thujen erhalten, die auf Einzelgräbern gepflanzt worden waren. Jene Grabhügel, deren Ausgestaltung von Angehörigen besorgt wurde, wurden belassen. Die Einschnitte bei Gräbern wurden aufgelassen. Der ausführende Gartenarchitekt Molnár beantragte, die Hochquellwasserleitung auf den Friedhof zu leiten, um das Gedeihen der Jungpflanzen zu gewährleisten. Linden wurden gefällt und das Holz einem Käufer überlassen. Die Bekiesung der Wege war geplant. Verschiedene Grabsteine waren umsturzgefährdet und sollten stabilisiert werden.[119]

Ende 1904 wurde Molnár dann damit beauftragt, die Erhaltung (Begießen und Pflege) der Partien I, II und III des Friedhofs-Areals zu übernehmen. Dabei wurde ihm zugesichert, dass man bis Ende 1906 auch die Umgestaltung der Partien III und IV abgeschlossen haben wolle.[120]

Molnár gab im Februar 1905 die Ausmaße der gestalteten Flächen an[121]:

Nummer	Gegenstand	Anzahl
1	Gesamtfläche des Friedhofes ca.	30.000,00 m²
2	Wege mit Alleen	2.504,00 m²
3	Rasenflächen	26.500,00 m²
4	Bepflanzte Flächen ca.	1.000,00 m²
5	Diverse hochstämmige Bäume (neugepflanzt)	470
6	Diverse hochstämmige Bäume früher bestehend 1,0 bis 0,50 Durchmesser	200
7	Ziersträucher	3.672
8	Coniferen (Nadelholzbäume)	407
9	Niedere und hochstämmige Rosen	310
10	Perennen (ausdauernde Pflanzen)	1.250
11	Schlingpflanzen	305
12	Lebende Hecke	84 mi[122]
13	Drainagen (Entwässerungsrohre)	789 mi
	Putzschächte	37

Im April 1905 beauftragte die IKG Wien Molnár mit der Neugestaltung auch der restlichen Partien III und IV. Die Beauftragung enthielt zusätzlich zu den bereits 1903 projektieren Arbeiten folgende besonderen Aufgaben[123]:

Die Grabhügel sollten soweit als möglich sichtbar und die von den Hauptwegen abzweigenden Zugänge zu den einzelnen Gräbergruppen oder Gräbern erhalten bleiben. Jedes einzelne Grab bzw. jede Gräbergruppe sollte zumindest von einer Seite zugänglich sein.

Die Grabsteine sollten unverändert an ihrer Stelle verbleiben.

Die Glashäuser[124], die sich auf Partie IV befanden, und zwar vermutlich westlich der Gräbergruppe 21 entlang der Friedhofsmauer, unmittelbar anschließend an den Eingang oberhalb des Stiegenaufganges, sollten abgeräumt werden, da sie bei der Durchführung der Umgestaltungsarbeiten im Weg standen.

Im Plenum der IKG Wien stellte das Vertreterkollegium Mitte Mai 1905 einige Anträge bezüglich der Umgestaltung des jüdischen Friedhofes Währing in eine Parkanlage[125]:

Dr. Berger sprach sich gegen die Art und Weise der Renovierung aus. Wenn Angehörige dies verlangten, solle die IKG Wien auf ihre Kosten die entfernten Grabhügel wiederherstellen.

Dr. Steiner sprach sich gegen die Ausführung der Arbeiten aus und beantragte die Kostenübernahme durch die IKG Wien, wenn Angehörige die Wiederherstellung des alten Zustandes ihrer Grabstelle forderten.

Der Architekt Oskar Marmorek beantragte, die Arbeiten nicht fortzusetzen, alle Wege, die früher bestanden hatten und durch neue ersetzt worden waren, wieder herzustellen, die neuen Wege, die durch Gräber führten, zu verlegen sowie die Bänke, die ganz oder teilweise über Gräbern angebracht worden waren, zu entfernen.

Am 16. Mai wurde die Frage der neuen Wege und der eingeebneten Grabhügel nochmals diskutiert.[126]

In den Partien I und II wurde festgestellt:

Durch die Anlage neuer bzw. Verbreiterung bestehender Wege seien an einzelnen Stellen Teile von Grabhügeln entfernt worden, sodass die dort befindlichen Gräber nicht die frühere Länge bzw. Breite aufwiesen. Der Zugang zu den im Inneren einer Gruppe gelegenen Gräber sei teilweise erschwert. Die Grabhügel seien, soweit sie nicht durch Einfassungen geschützt waren, entfernt worden, und diese Gruppen stellten sich nun als ebene Wiesenflächen dar.

In den Partien III und IV wurde festgestellt:

Die einzelnen Gräberreihen seien durch Vertiefungen voneinander geschieden worden, diese seien besät, aber trotzdem als Fußsteige zu den inneren Grabstätten verwendbar.

Molnár wurde bei diesem Lokalaugenschein beauftragt, die in den Partien I und II konstatierten Eingriffe in die Gräber zu beheben. Gleichzeitig sprach die IKG Wien den Wunsch aus, auch in den Partien I und II, so wie in den Partien III und IV bereits geschehen, zwischen den einzelnen Gräberreihen Fußsteige anzulegen.

4.5. LAUFENDE PFLEGE DES AREALS VOR 1938

Die Wege waren dann kontinuierlich gepflegt. Der damit beauftragte Gartenarchitekt Molnár hatte jährlich im Frühjahr die Wege neu zu bekiesen, die Rasenflächen instand zu setzen, die Wegränder zu scarpieren und die Wiesen von Unkraut zu reinigen. Außerdem sollte er die durch Schneewasser eingesunkenen oder umgekippten Grabsteine wieder aufrichten. Im Sommer hatte er die Rasenflächen zu mähen, Unkraut zu jäten, die Wege und Fußsteige zwischen den Gräbern zu reinigen und das Schnittgut abzuführen. Im Winter standen der Schnitt von Bäumen und Sträuchern und das Eindecken empfindlicher Pflanzen auf dem Plan.[127]

Am 26. 5. 1905 legte Molnár einen neuen Kostenvoranschlag für die weitere Ausgestaltung der Partie I, um die Partie I den übrigen Partien anzupassen und damit viele Reklamationen zu beheben[128]:

Kostenvoranschlag über die Anlage von Fußsteigen zwischen den
einzelnen Gräberreihen, 26. 5. 1905:

Nr.	Gegenstand	Anzahl	Preis	Zusammen Kronen
1	Abheben der Rasenschicht auf ca 0,05 m, Ausplanieren der dadurch entstandenen Unebenheiten, Komprimierung der Flächen, Transport des Materials mittels Schiebkarren und Fuhrwerk auf die Planierung Breite der Fußsteige 0,50-0,80 m	6162 mi[129]	0,50	3081
2	Überziehen der Flächen auf 0,02 m mit gesiebtem Mauerschutt und auf 0,02 m mit Gartenriesel Hiervon entfällt auf die Partie I 1811 mi II 1793 mi III 1169 mi IV 1389 mi Zusammen mi 6162	6162	0,50	3081
	Summa Kronen			6162

Das Plenum der IKG Wien beschloss am 28. 5. 1905, dass die Glashäuser auf Partie IV abgeräumt werden sollten. Bezüglich der Gruppen I und II wurde bestimmt, dass auf jenen Gräbern, wo Angehörige dies wünschten, Grabhügel herzustellen seien. Zwischen den einzelnen Gräberreihen sollten, soweit die in diesen Teilen des Friedhofes nicht immer regelmäßige Anlage dies gestattete, bekieste Fußwege eingeschnitten werden, genau so wie das bereits in den Partien II und IV geschehen war.[130]

Am 26. 6. 1905 fand die Kollaudierung der Partie III und IV statt[131]:

Die Arbeiten in den Partien III und IV wurden grosso modo abgenommen, ihre Durchführung anstandslos akzeptiert. Am 16. 5. 1905 war ein Übergreifen der Wege in die Gräber konstatiert worden, diese Mängel waren nunmehr behoben. Die nachträglich gewünschte Anlegung von Fußsteigen zwischen den einzelnen Gräberreihen der Partien I und II konnte nicht durchgeführt werden, weil diese Arbeit im Projekt nicht vorgesehen und im Kostenüberschlag auch keine Bedeckung dafür vorgesehen war. Gartenarchitekt Molnár konnte daher hierzu nicht verpflichtet werden. Für die Partien I und II wurde eine Reihe von Nachtragsarbeiten in Aussicht genommen:

 a) Brunnen, neue Wasserleitung, Sickergruben: Auf dem Währinger Friedhof befinde sich nur ein einziger Brunnen und das vorhandene Wasserquantum sei unzureichend. Die Errichtung einer ergiebigen Wasserleitung behufs entsprechender Pflege der Gartenanlagen wurde daher als unaufschiebbar bezeichnet. Ein Projekt wobei der Wasserbezug aus der Hochquellenleitung in Aussicht zu nehmen sei, samt detailliertem Kostenvoranschlag sei ehestens zu verfassen. Zur Aufnahme des Regenwassers dienten die am Friedhof befindlichen und betriebsfähigen zwei Sickergruben.

 b) Verlegung des Glashauses: Die in Aussicht genommene Abtragung des Glashauses wurde aus dem Grunde als wünschenswert erkannt, weil dieses Objekt den Verkehr auf den neuen Wegen sowie die Fertigstellung der Regulierung behindere. Es wurden verschiedene Örtlichkeiten besichtigt, auf welchen die Verlegung bzw. Neuerstellung des Glashauses erfolgen konnte.

 c) Sitzbänke: Die am Friedhofe vorgefundenen Sitzbänke sollten repariert werden.

 d) Inschriftenplatten im alten Waschraume (*Tahara*-Zimmer): Die im alten Waschraum an den Wänden eingemauerten Marmorplatten mit rituellen Gebeten in hebräischer Sprache[132] sollten, mit Rücksicht auf die damalige Verwendung des Lokales als Waschküche der Aufseherin, abgenommen und vorderhand aufbewahrt werden.

 e) Gräberprotokoll: Das Gräberprotokoll für den Währinger Friedhof aus den Jahren 1860–1879, das seinerzeit von der Friedhof-Aufseherin Anna Aumann angelegt worden war, sollte einer Durchsicht unterzogen werden. Die darin enthaltenen interessanten, wenn auch lückenhaften Daten sollten bei der Abfassung eines neuen Protokolls Verwendung finden[133]; vgl. dazu auch das Kapitel Inventarisierungen.

Am 27. Juni 1905 wurden die Arbeiten zur Umgestaltung des jüdischen Friedhofes Währing seitens der IKG Wien als Auftraggeberin als abgeschlossen angesehen.[134]

Von diesem Zeitpunkt an und zumindest bis zum Ausbruch des Ersten Weltkrieges 1914 war der Gartenarchitekt Jaroslav O. Molnár von der IKG Wien durchgehend mit der Pflege der Anlage beauftragt.

Aus den erhaltenen Archivmaterialien geht zwar hervor, dass Molnár den jüdischen Friedhof Währing umgestaltete und anschließend betreute. Die Quellen lassen aber keine Rückschlüsse darauf zu, welche Arbeiten er tatsächlich an welchen Stellen des Areals durchgeführt hat. Außerdem stellt sich die Frage, ob, und wenn ja, welche Arbeiten der Architekt Max Fleischer möglicherweise selbst ausgeführt hat. Festzustellen ist, dass in den Archivbeständen keine diesbezügliche Beauftragung Fleischers einliegt. Dieser Umstand ist möglicherweise aber auch dem Überlieferungszustand des alten Archivs der Israelitischen Kultusgemeinde Wien zuzuschreiben, dessen Überreste seit der Nachkriegszeit in den *Central Archives for the History of the Jewish People* in Jerusalem aufbewahrt werden.

Fest steht, dass Fleischer seitens der IKG Wien jedenfalls als Konsulent zugezogen wurde, und dass andere Architekten wie Wilhelm Stiassny und Oskar Marmorek ebenfalls in Entscheidungsprozesse einbezogen waren. Offen bleibt konkret, wo genau sich die in den Kostenvoranschlägen angeführten Pergolen befunden haben, und wo die geplanten Fußsteige innerhalb der einzelnen Gräberfelder, zwischen den Grabreihen, tatsächlich realisiert wurden, bzw. ob und wo sie nach der Intervention Marmoreks rückgebaut worden sind. Bei den Fußsteigen stellt sich jedenfalls die prinzipielle Frage, für wessen Benutzung sie geplant gewesen wären, da ja der regelmäßige Besuch eines Friedhofes traditionell in der jüdischen Kultur nicht üblich ist, möglicherweise aber mit zunehmend assimilatorischen Tendenzen des 19. Jahrhunderts aus der nichtchristlichen Umgebung übernommen worden sein könnte. Die Diskussion innerhalb der Israelitischen Kultusgemeinde Wien spiegelt jedenfalls eine Trendwende im Wiener Judentum, weg von allzu starker Reformorientiertheit, hin zu verstärkt orthodoxen Grundsätzen, sodass auch Ideen der reformorientierten Führungsschicht der IKG Wien intern infrage gestellt wurden.

Schließlich bleibt auch unklar, wo genau sich die in den Quellen angegebenen Glashäuser, die der Friedhofswärter Theodor Schreiber noch bis 1938 bewirtschaftete, exakt befunden haben. In Frage kommt dafür nur der schmale Streifen östlich des dritten Einganges von der Semperstraße/Schrottenbachgasse her, entlang der Einfriedungsmauer, südlich bzw. westlich des Gräberfeldes Gruppe 21. Der dort zur Verfügung stehende Platz ist allerdings nach heutiger Wahrnehmung gering. Historische Fotos von der Ausbaggerung des Friedhofes während der NS-Zeit zur Anlage eines Luftschutz-Bunkers zeigen im Hintergrund Gebäude, bei denen es sich möglicherweise um die in den Quellen angesprochenen Glashäuser handelt.[135]

In der *Ersten Republik* lebte in dem zum Friedhofswärter-Haus umgestalteten *Tahara-Haus* der Friedhofsaufseher und Gärtner Theodor Schreiber. Vielen Zeitzeugen ist er noch bekannt. Er pflegte und beaufsichtigte das Friedhofsareal. Er bewirtschaftete auch die Glashäuser im östlichen Bereich des Friedhofsareals. Fotografien aus dem Jahr 1928 belegen den damaligen Pflegezustand des Areals.[136] Der Blick auf die Reihe 1 der Gräbergruppe 18 zeigt in der rechten Bildhälfte erkennbar den Granitsarkophag von Joachim Ephrussi. Die Wege waren gekiest, viele Grabstellen eingefasst, die Grabstellen gärtnerisch bepflanzt, der Bewuchs gepflegt. Der dichte Baumbestand ist ebenfalls deutlich zu erkennen. Heute ist von den gekiesten Wegen nichts ersichtlich, die Grabbepflanzung, soweit noch vorhanden, ungepflegt, und durch Wildwuchs überwuchert. Die Grabeinfassungen fehlen zum Großteil[137]; vgl. Abbildung 12. Seit 1938 findet keine kontinuierliche, systematische Pflege des Bewuchses auf dem Areal des jüdischen Friedhofes Währing mehr statt.[138]

5. Zerstörungen der NS-Zeit

5.1. ENTEIGNUNG

Die Eigentumsverhältnisse des jüdischen Friedhofes Währing sind prinzipiell aus den Hauptbüchern und Urkundensammlungen des Grundbuches sowie aus den Unterlagen der MA 21 zu rekonstruieren. Allerdings fehlen einige der in den Hauptbüchern angeführten Urkunden in den Aktenbeständen des Wiener Stadt- und Landesarchivs, und zwar die Tageszahlen 500/49, 1125/56, 1398/68 sowie 2626/68, mit dem Vermerk „nicht eingebunden".

Die Entmachtung, Instrumentalisierung, Enteignung und schließlich Auflösung der IKG Wien begann bereits mit der *Verordnung zur Anmeldung des jüdischen Vermögens vom 26. April 1938*. Im Zuge der Pogrome im November 1938 wurden auch jüdische Friedhöfe verwüstet. In einem Bericht der technischen Abteilung der IKG Wien aus 1953 wird davon gesprochen, dass Leichen- und Zeremonienhallen angezündet, in die Luft gesprengt und verwüstet wurden, sowie dass Grabsteine ungeworfen und Monumentalbauten zerstört worden sind. Für den jüdischen Friedhof Währing werden die Schäden der Novemberpogrome mit einer Summe von 35.000 Schilling beziffert und zur Valorisierung dieses Betrages mit einem 10-fachen Aufwertungsfaktor berechnet. Im Vergleich zu den für die beiden jüdischen Abteilungen des Zentralfriedhofes sowie für den Floridsdorfer jüdischen Friedhof genannten Schadenssummen ist jene für den jüdischen Friedhof Währing die weitaus geringste.[139] Der Umstand, dass die Schäden durch Vandalismus und Einzelaktionen während der NS-Zeit verhältnismäßig gering geblieben sind, mag mit der Abgeschlossenheit und relativen Unbekanntheit des Areals einerseits, andererseits mit der guten Einsehbarkeit von den umgebenden Wohnhäusern aus erklärbar sein. Jedenfalls ist festzuhalten, dass in ganz Wien keine offiziell akkordierten, großangelegten Zerstörungsaktionen auf den jüdischen Friedhöfen seitens der NS-Behörden oder einzelner Parteigliederungen stattfanden, anders als an vielen anderen Orten – so beispielsweise in Frankfurt am Main.[140]

Nachdem im März 1940 die Kultusgemeinden in den Bundesländern aufgelöst worden waren, wurde auch die Enteignung und Entmachtung der IKG Wien verstärkt betrieben. Der Wiener *Gauleiter* Josef Bürckel (1895–1944) hatte noch im Dezember 1939 Adolf Eichmann (1906–1962), den Leiter der *Zentralstelle für jüdische Auswanderung* zum *Sonderbevollmächtigten für das Vermögen der Israelitischen Kultusgemeinden in der Ostmark* ernannt. Eichmann hatte im Einvernehmen mit der *Gestapo* volle Verfügungsgewalt. Damit wurde die *Zentralstelle* zur Aufsichtsbehörde für das Vermögen der IKG Wien.[141] Dazu zählten auch die Liegenschaften im Eigentum der IKG Wien, über die in letzter Instanz die *Zentralstelle* verfügte: Diese wurden dem Finanzbedarf von Eichmanns Behörde entsprechend zwangsverkauft. Das gesamte Vermögen der IKG Wien wurde dem *Auswanderungsfonds für Böhmen und Mähren* zugeschlagen und in der Folge für die Finanzierung des Betriebes des Konzentrationslagers Theresienstadt verwendet; nur ein verschwindend geringer Teil blieb dem *Ältestenrat der Juden Wiens*, der Anfang November 1942 anstelle der IKG Wien von Eichmann eingesetzt worden war, zur Verfügung.[142]

Die Stadt Wien ihrerseits war am Erwerb jüdischer Friedhöfe sehr interessiert und setzte zwischen 1940 und 1942 die Akquisition aller jüdischen Friedhöfe und Friedhofsgründe in Wien (mit Ausnahme des alten Friedhofes in der Seegasse, der ja formaliter bereits seit der Vertreibung der *Zweiten Wiener jüdischen Gemeinde* im Jahr 1670 im Eigentum der Stadt Wien stand) sowie in Groß-Enzersdorf, Klosterneuburg und Mödling durch.[143] Auf dem Areal des jüdischen Friedhofes Währing plante die Stadt Wien eine öffentliche Parkanlage anzulegen, die mit dem bereits bestehenden Währinger Park vereinigt werden sollte.

5.2. ÜBERTRAGUNG IN DEN BESITZ DER STADT WIEN

Aufgrund des Kaufvertrages vom 25. 2. 1942, den die Stadt Wien der IKG Wien unter Eichmanns Verfügungsgewalt aufzwang, wurde am 27. 5. 1942 das Eigentumsrecht an dem Grundstück Einlagezahl 226 der Katastralgemeinde Währing für die Stadt Wien einverleibt, der Kaufpreis wurde willkürlich festgesetzt[144]:

Zwischen dem Bürgermeister der Stadt Wien und der IKG Wien wurde mit Zustimmung der Aufsichtsbehörde für das Vermögen der IKG Wien, der *Zentralstelle für jüdische Auswanderung*, der Kaufvertrag genehmigt wie folgt: Die IKG Wien verkaufte unter anderem die Liegenschaft Einlagezahl 226 Grundbuch Katastralgemeinde Währing, bestehend aus den Grundstücken Nummer 12 Bauarea, Nummer 453 Beerdigungsplatz und Nummer 1120 Beerdigungsplatz (gehörig zur Katastralgemeinde Oberdöbling) im Gesamtmaß von 24.055 m² samt den darauf befindlichen Baulichkeiten und allem Zugehör um einen Einheitspreis von 4,00 *Reichsmark* pro m², gesamt 96.220,00 *Reichsmark*. Die Stadt Wien kaufte den Friedhof zum Zweck der Schaffung einer öffentlichen Erholungsanlage und gestattete den Angehörigen der dort Bestatteten, innerhalb von 3 Monaten auf eigene Kosten die Leichen exhumieren und die Grabsteine abtragen und wegschaffen zu lassen. Die innerhalb dieser Frist nicht weggebrachten Grabsteine gingen in den Besitz der Stadt Wien über.[145] Das waren praktisch sämtliche damals noch erhaltenen Grabsteine, da die Frist unmöglich einzuhalten war. Die IKG Wien musste erklären, auf die Grabsteine keinerlei Anspruch zu haben, die Verständigung der Angehörigen sollte durch Kundmachung erfolgen. Nach Abzug der Kosten von 60.000,00 *Reichsmark* für Verwaltungs- und Erhaltungsauslagen der Stadt Wien für die jüdischen Abteilungen des Wiener Zentralfriedhofes, wozu sich die Stadt Wien im gleichen Vertrag auf zehn Jahre verpflichtete (falls nicht „reichsgesetzlich eine frühere Auflösung erfolge") sowie für weitere Grundstücksübertragungen aufgrund des genannten Vertrages an die römisch-katholische Liebfrauenkirche in Schwechat und Übertragungsgebühren an die Finanzkasse der Stadt Wien, wurde der verbleibende Restbetrag auf das *Liquidationskonto* der IKG Wien bei der Länderbank unter Meldung an die *Zentralstelle für jüdische Auswanderung* bezahlt. Der Kaufvertrag hält in § 10 weiter fest, dass die Übergabe der Liegenschaft des jüdischen Friedhofes Währing in den Besitz der Stadt Wien zum Zeitpunkt des Vertragsabschlusses bereits erfolgt sei. Seitens der IKG Wien wurde der Kaufvertrag von Dr. Josef Löwenherz unterzeichnet.[146]

Der daraus resultierende verbliebene Restbetrag wurde erst zu Jahresende 1942 auf das *Liquidationskonto* der IKG Wien bei der Länderbank überwiesen. Die letzte Zahlung von diesem Konto an die IKG Wien war allerdings schon im Januar 1942 erfolgt. Der Kaufpreis der jüdischen Friedhöfe stand somit der IKG Wien nie zur freien Verfügung, es handelte sich damit nicht um ein freiwillig abgeschlossenes Rechtsgeschäft zwischen zwei gleichberechtigten Vertragspartnern, sondern um einen Akt der Enteignung.[147]

5.3. ENTFERNUNG DER METALLTEILE

Mitte November 1942 richtete die *Reichsvereinigung der Juden in Deutschland* in Berlin ein Schreiben an die Vertreter aller lokalen jüdischen Gemeinden, in dem es um die „Erfassung von Schrott und Metallen auf jüdischen Friedhöfen" ging. Sie hatte vom *Reichskommissar für Altmaterialverwertung* den Befehl erhalten, sämtliche auf jüdischen Friedhöfen bis dahin noch erhaltenen Grabeinfriedungen, Grabmäler und sonstigen Gegenstände aus Eisen oder anderen Metallen entschädigungslos abzuliefern. Auch Friedhofstore aus Metall sollten abmontiert und durch einfache Holzzäune ersetzt werden.[148]

Die lokalen Kultusgemeinden hatten nun die Aufgabe, alle noch auf den jüdischen Friedhöfen vorhandenen Metallteile zu erheben und zu verzeichnen, um sie anschließend durch ihre Arbeiter auf eigene Kosten abmontieren zu lassen. Sollten keine Arbeiter mehr vorhanden sein, um diese Arbeiten durchzuführen, so sollten lokale Schrotthandelsfirmen, die von den Landwirtschaftsämtern bestimmt wurden, die Metallsammelarbeiten auf den jüdischen Friedhöfen durchführen. Die Kultusgemeinden mussten über ihre Ergebnisse auf sämtlichen noch nicht verkauften jüdischen Friedhöfen Bericht erstatten, und zwar auch über jüdische Friedhöfe in all jenen Orten, aus denen die jüdische Bevölkerung bereits vertrieben und deportiert worden war. Die gesammelten Metallteile mussten nach Gewicht und Art aufgelistet werden. Die Vorgangsweise über die Ablieferung der gesammelten Metallteile musste bis spätestens 5. Dezember des gleichen Jahres, also innerhalb von knapp zwei Wochen, mit den „Altstoffreferenten" der örtlichen Landwirtschaftsämter abgestimmt werden. Da die Behörden annahmen, dass Frost die Sammelarbeiten erschweren würde, wurde auf rasche Durchführung der Aktion gedrängt. Die gesammelten Teile mussten bis spätestens 31. Dezember 1942 abgeliefert sein.[149]

So schnell ging es dann doch nicht. Im November 1942 begann erst einmal die *Zentralstelle für Denkmalschutz*, die jüdischen Friedhöfe auf erhaltenswerte Metallteile zu prüfen; erst nach ihrer „Freigabe" konnten die nächsten Schritte gesetzt werden.[150] Der Leiter des *Ältestenrates der Juden in Wien*, Josef Löwenherz, schrieb erst Ende Dezember 1942 an die Wiener *Gestapo*, er habe am 28. Dezember von der *Gestapo* den Auftrag erhalten, sich bezüglich der Metallsammlungen mit dem Landwirtschaftsamt in Wien 9, Berggasse 16, Herrn Regierungsrat Dr. Hanisch nach Neujahr ins Einvernehmen zu setzen und ihm mitzuteilen, dass er den Auftrag erhalten habe, gemäß den Weisungen der *Reichsvereinigung der Juden in Deutschland* vom 18. November 1942 vorzugehen. Löwenherz schreibt:

„Insbesondere habe ich folgende Punkte zu beachten: 1. Die Entfernung der Grabeinfriedungen, Grabmäler und sonstigen Gegenstände ist vom Ältestenrat der Juden in Wien auf den in Wien befindlichen jüdischen Friedhöfen, jedoch nicht in Nieder- und Oberdonau, durchzuführen. Im unmittelbaren Wirkungskreis wird der Ältestenrat der Juden in Wien die Abtragung lediglich auf dem ihm eigentümlich gehörigen Friedhofe beim IV. Tor durchführen und darauf hinweisen, dass alle anderen in Wien befindlichen jüdischen Friedhöfe in das Eigentum der Gemeinde Wien übergegangen sind, und die Abtragung der Grabeinfriedungen nur nach Zustimmung der Gemeinde Wien vorgenommen werden kann. 2. Der Ältestenrat der Juden in Wien wird als Vorarbeiter seine Angestellten, welche bereits derzeit am jüdischen Friedhof in Währing arbeiten, zur Verfügung stellen, wogegen die Geheime Staatspolizei, Staatspolizeistelle Wien 10 Juden namhaft machen wird, welche derzeit bei den Herren GRIMM und WITKE [gemeint ist hier die VUGESTA, die beschlagnahmtes Umzugsgut versteigerte. Hervorhebungen im Original; Anm. TW] tätig sind. Mit der Entfernung der Grabeinfriedungen, usw., hat vor allem am Währinger Friedhofe begonnen zu werden."[151]

Offenbar gab es im Januar 1943 noch Diskussionen um die Frage, wer für die Arbeiten aufzukommen habe; jedenfalls wurden die Arbeiten erst nach dem 4. Februar 1943 durchgeführt.[152]

5.4. EXHUMIERUNGEN DER IKG WIEN

Im alten Archiv der IKG Wien existiert ein Bestand zu Exhumierungen, die während der NS-Zeit durch die IKG Wien durchgeführt worden sind. Es handelt sich um Exhumierungen im Vorfeld der Enteignung des Friedhofsareals wegen des von der Stadt Wien beabsichtigten Baues eines Luftschutz-Bunkers auf dem Areal des jüdischen Friedhofes Währing, sowie um Exhumierungen prominenter Rabbiner und anderer für die Geschichte der IKG Wien bedeutender Persönlichkeiten, die diese durchführte, um die Gebeine vor der Schändung durch das Naturhistorische Museum Wien im Rahmen der dort geplanten „rassekundlichen" Untersuchungen zu schützen. Der Aktenbestand enthält die Korrespondenz des in die Exhumierungsarbeiten involvierten Leiters des *Alten Jüdischen Museums Wien* Leopold Moses[153] mit dem Leiter des Friedhofsamtes der Kultusgemeinde, Ernst Feldsberg[154], weiters eine Niederschrift über die Lokalaugenscheins-Verhandlung der IKG Wien mit Vertretern der Stadt Wien auf dem jüdischen Friedhof Währing vom Juni 1941, sowie Protokolle der durchgeführten Exhumierungen.[155]

In der Niederschrift über die Lokalaugenscheins-Verhandlung der IKG Wien mit Vertretern der Stadt Wien auf dem jüdischen Friedhof Währing vom Juni 1941 wird festgehalten, dass „durch den beabsichtigten Bau eines Luftschutzraumes auf dem südöstlichen Teil des israelitischen Friedhofes in Wien 18, Währinger Gürtel – Döblinger Hauptstraße die Abtragung von Grabsteinen und die Exhumierung von Leichen" nötig sei. Für die Exhumierung kämen nach der damaligen Schätzung der IKG Wien rund 1.200 Gräber in Betracht. Die Exhumierung dieser Gräber solle im Zuge der Erdarbeiten so durchgeführt werden, dass die anfallenden Leichenreste vom Beauftragten der IKG Wien während der Arbeit gesammelt, in dazu von der IKG Wien bereitgestellte Behältnisse gelegt und dann auf Kosten der Stadt Wien zum Zentralfriedhof 4. Tor befördert würden. Ab diesem Zeitpunkt obläge die weitere Verfügung und Bestattung der Gebeine der IKG Wien.[156]

Die IKG Wien hatte vor, die bevorstehenden Exhumierungen im *Jüdischen Nachrichtenblatt* anzukündigen, um den Angehörigen der Betroffenen die Möglichkeit zu geben, binnen einer – allerdings nur 10-tägigen – Frist Einzel-Exhumierungen sowie die Versetzung der Grabsteine auf eigene Kosten durchzuführen. Falls es sich bei den betroffenen Grabstellen um Widmungsgräber handle, erteile die (städtische; Anm. TW) Behörde die Bewilligung zur Übertragung der betreffenden Grabsteine, während die IKG Wien auf alle anderen, davon nicht betroffenen Grabsteine keinerlei Anspruch erhebe.[157] Und weiter:

„Die israelitische Kultusgemeinde erhebt gegen die Inanspruchnahme des genannten Friedhofsteiles keinen Einwand und behält sich vor, die Entschädigung für den in Betracht kommenden Teil des Grundstückes anlässlich der Verhandlungen mit der Gemeindeverwaltung Abt. I/6 wegen Verkaufes des gesamten Friedhofsgeländes geltend zu machen."[158]

Bezüglich der Verwertung der Grabsteine wurde folgende Regelung getroffen:

„Die Friedhofsverwaltung (Abt. IV/19) erklärt, an einer Übernahme der Grabsteine derzeit kein Interesse zu haben. Die verwendbaren Grabsteine werden daher vorläufig an geeigneten Stellen des Friedhofes gelagert, bis eine Verfügung hierüber seitens der zuständigen Stellen getroffen wird."

Tatsächlich wurden zahllose abgeräumte Grabsteine im Bereich der Gräbergruppen 12, 13, 15 und 16 auf die dort befindlichen Grabstellen geworfen und zu teilweise meterhohen Steinhaufen aufgetürmt. Dabei wurde eine Vielzahl dort befindlicher Grabmonumente ebenfalls beschädigt oder zerstört.

Bereits zwei Wochen nach dem Lokalaugenschein begann die IKG Wien mit den Exhumierungsarbeiten. Die erhaltenen Exhumierungsprotokolle reichen insgesamt bis Anfang Januar 1942.[159] Sie wurden vom Leiter des Friedhofsamtes, Ernst Feldsberg, an Leopold Moses übermittelt mit der Bitte um Recherche und Zur-Verfügung-Stellen aller noch vorhandenen Abschriften von Inschriften der zu den Gräbern der Exhumierten gehörigen Grabsteine. Moses konnte auf Pinkas Heinrichs Arbeiten zurückgreifen und entsprach Feldsbergs Bitte, so schnell er nur konnte. Feldsberg hatte vor, diese Grabstein-Inschriften auf den Friedhöfen, auf denen die Exhumierten wiederbeerdigt werden sollten, weiter zu verwahren.[160] Tatsächlich finden sich in einem Aktenbestand der IKG Wien an heute völlig anderer Stelle diese Unterlagen, die als „Verzeichnisse der Exhumierten" betitelt sind und neben den Abschriften der Grabstein-Inschriften auch die Angabe der neuen Grabposition am 4. Tor des Zentralfriedhofes, in der neuen jüdischen Abteilung, tragen.[161]

Wie gründlich die Behörden ihren Zugriff auf jüdisches Vermögen wahrnahmen, bzw. wie groß auch die Angst vor Repressalien bei den Betroffenen war, zeigt das folgende Exhumierungsprotokoll:

„Elise Herz, geborene Lämel, geboren am 20. 12. 1788, gestorben am 25. 7. 1868, stiftete eine Kinderbewahranstalt in Jerusalem, Gruppe 5, Grab Nr. 15. Auf der Grabstätte befand sich ein Granitblock mit Einfassung. Die Abtragung erfolgte durch die Arbeiter der Kultusgemeinde. Die Leiche wurde in einer Tiefe von cca. 2 m in vollkommen skelettiertem Zustande gefunden, ferner wurde ein vollkommen erhaltenes, aus Gold bestehendes Gebiss aufgefunden. Das Gebiss wurde vom Friedhofsaufseher Theodor Schreiber in Verwahrung genommen und wird über Verfügung des Amtsdirektors der Hauptkasse der Isr. Kultusgemeinde Wien zum Zwecke der Ablieferung übergeben werden.[162]

Die Exhumierungsprotokolle geben nicht nur Aufschluss über die Art der Belegung des Friedhofsareals, sondern auch über Beschaffenheit und – im Anschluss an die Exhumierungen – gegebenenfalls weitere Verwendung der vorgefundenen Grabmonumente sowie über das darin involvierte Steinmetz-Unternehmen *Emmerich Hagleitner*, und sind mit den hier relevanten Daten in die aktuellen Listen der zerstörten Grabstellen aufgenommen worden.

Leopold Moses wiederum wurde sehr rasch auch von sich aus tätig und übermittelte Feldsberg, schon knapp einen Monat, nachdem die Exhumierungen beschlossen worden waren, nicht nur Plandokumente zum jüdischen Friedhof Währing, sondern auch eine Liste jener Persönlichkeiten, die seiner Meinung nach mit Rücksicht auf deren Bedeutung besonders geschützt werden sollten.[163] Feldsberg reagierte sofort. Fünf Tage nach Moses' Vorschlag führte die IKG bereits die ersten Exhumierungen Prominenter nach dessen Liste durch.[164] In der Folge lieferte Moses laufend Ergänzungen zu seinen Exhumierungsvorschlägen, die von Feldsberg umgehend umgesetzt wurden.[165] Eine Bilanz der im Zuge der Exhumierungen durch die IKG Wien – einerseits aufgrund der Luftschutzbunker-Bauarbeiten, andererseits, um prominente Persönlichkeiten vor fremdem Zugriff in Sicherheit zu bringen – entfernten Grabstellen findet sich in Kapitel 6.

5.5. EXHUMIERUNGEN DES NATURHISTORISCHEN MUSEUMS WIEN

Das Inventarbuch der Osteologischen Sammlung der Anthropologischen Abteilung des Naturhistorischen Museums Wien verzeichnet unter Inventarnummer 20596 bis 20955, das sind insgesamt 359 Inventarnummern: „Skelette vom Judenfriedhof Wien XIX, Heiligenstadt".[166]

Der Texteintrag ist, im Unterschied zu den eingetragenen Inventarnummern sowie auch zu den Texteintragungen der vorhergehenden sowie der nachfolgenden Nummern, mit Bleistift erfolgt. Die vorhergehende Inventarnummer 20582 bis 20595 bezeichnet „Judenschädel und Totenmasken", der Eintrag „Gipsabguß des Schädels von J. S. Bach" kommt zwei Mal vor, in Tusche geschrieben: einmal als Inventarnummer unmittelbar anschließend, als Nummer 20596, einmal als Inventarnummer 10956. Die Schreibhand wechselt nach Inventarnummer 20596, der Währinger Eintrag erfolgte bereits von anderer Hand, die dann auch auf den folgenden Seiten fortsetzt. Mit dem Währinger Eintrag beginnt eine neue Seite. Die Inventarbuch-Seiten wurden von dritter Hand durchnummeriert. Die unklare Nummernvergabe sowie der Wechsel von Schreibhand und Buchseite lassen darauf schließen, dass der Währinger Eintrag sowie die folgenden Eintragungen auf dem Rest der Seite zu einem anderen Zeitpunkt erfolgt sind als die Eintragungen auf der vorhergehenden Seite. Auch verzeichnet diese eine Reihe von „Judenschädeln" und „Polenschädeln", gehört also eindeutig in den Kontext der NS- Rassenforschung[167], während jene dann in ideologisch unbelasteter Terminologie von Sammelobjekten spricht: Neu-Guinea, Neandertaler, Australopithecus africanus.[168] Laut der wissenschaftlichen Mitarbeiterin der Abteilung für Archäologische Biologie und Anthropologie Margit Berner wurden jene Seiten des Inventarbuches, welche die Knochen vom jüdischen Friedhof Währing verzeichnet hatten, entfernt, was auch aus der Inhaltsübersicht am Anfang des Inventarbuches eindeutig hervorgehe.[169]

Über den Währinger Eintrag ist mit Klebeband ein maschinschriftlicher Zettel geklebt: „Bestätigung über 222 Pappschachteln mit Skelettresten, die aus dem Friedhof in Wien, 19. Stadtbahnstation Nussdorferstrasse stammen und vom Friedhofsreferat der Israelitischen Kultusgemeinde in Wien übernommen wurden. Wien, 24. April 1947." Die Unterschriften lauten Hametschlager sowie, als Kürzel, wohl Feldsberg.[170]

Von den Gebeinen der Enterdigten des jüdischen Friedhofes Währing sind in den Beständen der Abteilung für Archäologische Biologie und Anthropologie des Naturhistorischen Museums Wien keine Fotografien vorhanden.[171]

Richard Pittioni[172], der Leiter des *Burgenländischen Landschaftsmuseums* in Eisenstadt, trat bereits im Frühjahr 1939 an die Anthropologische Abteilung des Naturhistorischen Museums Wien heran, um sie auf die Möglichkeit aufmerksam zu machen, die seitens des NS-Regimes zur Auflassung bestimmten jüdischen Friedhöfe für die *Rassenforschung* zu nutzen:

> „Wie ich höre, hat die Zentralstelle für Denkmalschutz die Absicht, nur die jüdischen Friedhöfe in Eisenstadt und Mattersburg unter Schutz zu stellen und zu erhalten. Alle anderen Friedhöfe werden daher im Laufe der Zeit verschwinden. Vielleicht haben Sie die Möglichkeit in Frauenkirchen, Lackenbach, Kobersdorf und Güssing Grabungen durchzuführen, um Ihre jüdische Schädelsammlung zu vergrössern."[173]

Der Direktor des Naturhistorischen Museums Wien, Hans Kummerlöwe[174], stellte im August 1939 einen entsprechenden Antrag beim Ministerium für Unterricht.[175] Das Ministerium antwortete, die geplanten Exhumierungsaktionen dürften nicht stattfinden, solange noch keine endgültige Regelung der Verwendung bzw. Verwertung der jüdischen Friedhöfe in der *Ostmark* getroffen worden sei. Daher sei durch Erlass bis auf weiteres die unveränderte Erhaltung aller jüdischen Friedhöfe angeordnet worden.[176]

In einem weiteren Schritt legte die *Zentralstelle für Denkmalschutz*, wie das Bundesdenkmalamt damals hieß, eine Liste von jüdischen Friedhöfen an, „aus denen anthropologisches Material für die Ausbauung der Anthropologischen Abteilung des Naturhistorischen Museums sichergestellt werden" sollte. Anhand dieser Liste wurden die Bürgermeister der betroffenen Ortschaften aufgefordert zu berichten, ob sich auf den dortigen jüdischen Friedhöfen aus Denkmalschutzgründen erhaltenswerte Grabdenkmäler befänden, deren Erhaltung den Exhumierungsplänen entgegenstünden. Die Liste umfasst 42 jüdische Friedhöfe in Wien, Niederösterreich, dem Burgenland, der Steiermark und Oberösterreich, darunter auch den jüdischen Friedhof Währing.[177] Die Vertreter der einzelnen Ortsgemeinden antworteten dann auf die Anfrage mit Berichten über den Bestand der in ihrer Zuständigkeit gelegenen jüdischen Friedhöfe.[178]

Die Weichen für die Exhumierungsaktionen des Naturhistorischen Museums Wien auf dem jüdischen Friedhof Währing stellte aber letztlich Viktor Christian[179], der Dekan der philosophischen Fakultät der Universität Wien. Er war mit Josef Weninger[180], dem 1938 suspendierten Vorstand des Instituts für Anthropologie der Universität Wien befreundet gewesen, selbst aber kein Anthropologe, sondern Kulturwissenschaftler, äußerst umtriebig, und verteilte Material an die ihm nahestehenden Institutionen.[181] Er unterstützte Josef Wastl[182] in der Acquisition der Gebeine vom jüdischen Friedhof Währing. Eichmanns *Zentralstelle für jüdische Auswanderung*, die den Liegenschaftsbesitz der IKG Wien systematisch liquidierte[183], gab auf Christians Initiative der IKG Wien den Auftrag, für Christians bzw. Wastls Forschungszwecke Exhumierungen auf dem jüdischen Friedhof Währing durchzuführen.[184]

In der Abteilung für Archäologische Biologie und Anthropologie des Naturhistorischen Museums Wien existiert im Rahmen der Somatologischen Sammlung ein Aktenbestand zu den Exhumierungsarbeiten auf dem jüdischen Friedhof Währing. Er umfasst Wunschlisten, Exhumierungsprotokolle sowie die begleitende Korrespondenz zwischen der IKG Wien und Viktor Christian. Seitens der IKG Wien tritt Benjamin Murmelstein[185] in dieser Korrespondenz auf. Er war Rabbiner, hochrangiger Funktionär des *Ältestenrates der Juden Wiens*, und nach seiner eigenen Deportation dann *Judenältester* im KZ Theresienstadt. Im August 1942 lieferte Murmelstein an Christian ein seitens der IKG Wien bearbeitetes Verzeichnis der für die Exhumierungen des Museums vorgesehenen Gräber samt einer Aufstellung über die dafür zu erwartenden Kosten.[186] Wie Murmelstein schreibt, war ihm eine Zettelkartei jener Gräber, die das Museum zu enterdigen wünschte[187], übergeben worden, die er nun gemeinsam mit Notizen zu den Ergebnissen von Erhebungsarbeiten vor

Ort zurücksende. Gleichzeitig übermittle er eine Liste derjenigen, die enterdigt werden könnten [d. h. deren Gebeine zu jenem Zeitpunkt überhaupt noch in ihren Grabstellen vorhanden waren; Anm. TW] zusammen mit einer Beurteilung der technischen Möglichkeiten der Enterdigung. Murmelstein spielte bei der Organisation der Exhumierungen durch das Naturhistorische Museum Wien die Rolle des Kontaktmannes zwischen Christian und der IKG Wien bzw. später dem *Ältestenrat*. Von den auf der in den Beständen des Museums erhaltenen Wunschliste genannten Personen konnten, nach Murmelsteins Angaben, 21 Gräber nicht gefunden werden, 16 Personen waren zu jenem Zeitpunkt bereits für das Museum enterdigt worden, bei 42 Grabstellen wären die Arbeiten erschwert durch einerseits besonders große Bäume auf den Grabstellen, andererseits durch die Größe der darauf befindlichen Grabmonumente, welche erst durch Steinmetzfirmen abgetragen werden müssten. Daher kämen zur sofortigen Exhumierung nur 252 Gräber in Frage. In den Gräbern von Kindern bis zu zwölf Jahren könnten keine Knochenreste mehr vorgefunden werden, dies betreffe 33 Grabstellen.[188] Die 252 Gräber waren als Phase Eins der Exhumierungen geplant. Die Wunschliste hatte 327 Namen genannt. Daraus ergibt sich nach Abzug der nicht exhumierbaren Grabstellen eine Differenz von vier Gräbern. Möglicherweise ist die beigelegte Wunschliste nicht vollständig erhalten, und ein Blatt mit vier Namen fehlt.

Ein undatierter, ungezeichneter Aktenvermerk hält fest:

„Prof. Christian. Ausgegraben etwa 130 davon mehr als die Hälfte gut erhalten. Bei Kindern wenig vorhanden. Arbeiter sehr geschickt. 2 kräftige, 2 schwächlich aber alle merken ihre Sachen. Dr. Schneider vom Denkmalamt jammert wegen Baumumschneiden und Steinumlegung. Ist aber notwendig. Bilder der Familien. Portraitsammlung. Judenarbeiter sollen Gitter auf alten Judenfriedhöfen abtragen. Bei dieser Gelegenheit könnten die Besitzverhältnisse der einzelnen Friedhöfe festgelegt und Gräber generationenweise aufgenommen werden. Feldsmann [gemeint ist wohl der Leiter des Friedhofsamtes der Kultusgemeinde, Ernst Feldsberg, Anm. TW] möchte gerne wissen wo weitergegraben werden soll. Ob es möglich, dass die Arbeiter wieder die Arbeit bekommen. Staatspolizei verständigen von Weiterarbeit."[189]

In einem anderen undatierten und ungezeichneten Aktenvermerk[190], der vermutlich nach dem August 1942 angelegt wurde, ist von weiteren 182 zu exhumierenden Grabstellen die Rede: Sie seien überprüft und hinsichtlich der Exhumierungsmöglichkeiten sei festgestellt worden, dass elf Gräber unauffindbar seien, drei Kindergräber nicht exhumiert werden könnten, acht Gräber bereits exhumiert wurden, und bei 33 Gräbern die Exhumierung ausgeschlossen sei, da diese Gräber unter den großen Alleebäumen lägen, sodass man einerseits die Bäume fällen müsste, um an die Knochen zu gelangen, andererseits diese

Knochen durch den starken Wurzelwuchs aller Wahrscheinlichkeit nach ohnehin bereits zerstört wären. Die in Gruppe 12 geplanten acht Exhumierungen seien sämtlich undurchführbar, da die Grabstätten nicht identifizierbar seien. Die in den Gräbergruppen 13 (fünf Gräber), 14 (sieben Gräber), 16 (sieben Gräber) und 17 (drei Gräber) befindlichen Gräber seien unzugänglich und die Grabsteine unidentifizierbar, da diese Gruppen als Materialablagerplatz für die Ausbaggerungen dienten. Gruppe 21 war bereits ausgebaggert (ein Grab auf der Wunschliste).[191] Somit blieben in der geplanten Phase Zwei der Exhumierungsarbeiten 96 Gräber zur Exhumierung übrig.

Die durch die Ergebnisse der Erhebungen ergänzten Wunschlisten, die Murmelstein übermittelte, enthalten handschriftliche Notizen zu einzelnen Grabstellen und deren aktuellem Status. Das Ehepaar Israel und Marie Knöpfelmacher beispielsweise hatte Glück im Unglück: Ihre Gebeine waren bereits von der Kultusgemeinde vor dem Zugriff des Museums in Sicherheit gebracht worden, vom jüdischen Friedhof Währing enterdigt und auf den neuen jüdischen Teil des Zentralfriedhofes beim 4. Tor überführt und dort wiederbestattet worden; die von Murmelstein übergebenen Notizen bemerken zu ihren Namen am Rand: „bereits enterdigt und wieder beerdigt".[192] Die Referenzquelle der IKG Wien, das über die dortigen Arbeiten angelegte Exhumierungsprotokoll, teilt zusätzlich mit, dass die Gebeine der beiden nach der „Intervention des Stadtphysikus" [also der Freigabe durch die Gesundheitsbehörden, Anm. TW] in einem gemeinsamen Grab auf dem neuen jüdischen Friedhof, Zentralfriedhof 4. Tor, wieder beerdigt werden sollten,[193] was auch tatsächlich geschah, und zwar in Gruppe 21 Reihe 38 Grab Nummer 47.[194]

Weiters existiert in diesem Bestand des Naturhistorischen Museums Wien die Skizze des Schädels von Jakob Nachmias, gest. 14. 8. 1859 mit 51 Jahren.[195] Das dazugehörige Exhumierungsprotokoll hält fest:

„Gruppe 10, Grab Nr. 35 (2. Exhumierung) alte Nr. 2409, lfd. Nr. 5301. Nachmias Jakob gest. am 14. 8. 1859, 51 Jahre alt, Sandstein, Grabtiefe 2 m, nach 30 cm Sandsteinplatte, 25 cm dick, Kopf sehr gut erhalten, die übrigen Knochenteile teilweise angefault."[196]

Die Exhumierungsprotokolle sind ab dem 26. August 1942 erhalten. Verzeichnet sind (oft) Grabarchitektur, Grabnummer, Name, Sterbedatum, Sterbealter und Zustand der Leiche:

„Gruppe 5, Grab Nr. 106, alte Nr. 753, lfd. Nr. 663. Biedermann Ignaz gest. 10. 8. 1872, 64 Jahre alt, Granitpyramide 2 m, Grabtiefe 1.60 m; die Leiche wurde aus Ischl nach Wien gebracht und lag daher in einem Metallsarge, der sich in einem Eichensarge befand. Die Leiche war fast vollständig skelettiert, nur am Hinterkopf war die Kopfhaut mit schwarzen Haaren vorhanden, die am Schädelknochen entfernt und im Grabe belassen wurden."[197]

Über die Öffnung der Biedermannschen Familiengruft (vgl. Abbildung 13[198]) in Gruppe 11, Nummer 5, wird berichtet:

„Die Grüfte auf dem Währinger Friedhofe wurden, entgegen den Grüften auf den modernen Friedhöfen, nicht der Länge, sondern der Breite nach belegt [damit die Orientierung der Toten gemäß den religiösen Vorschriften Richtung Jerusalem, also nach Osten, gewährleistet blieb. Außerdem entsprach diese Form der Bestattung der Friedhofsordnung des Areals; Anm. TW]. Die einzelnen Särge wurden nach ihrer Versenkung in die Gruft mit Erdreich bis 10 cm über den Sarg vollkommen verdeckt, so dass alle Leichen auch in der Gruft im Erdreich bestattet sind [auch das einem religiösen Gebot folgend, dass jeder Tote sein eigenes, unantastbares Grab haben müsse; Anm. TW]. In jeder Gruft wurden je 3 Leichen in einer Schichte beerdigt. Die zuletzt verstorbene Marie Wertheim, geb. Biedermann, lag also in der obersten Reihe, der Sarg dieser Verstorbenen wurde freigelegt. Es war ein doppelter Metallsarg, dessen Kuppel entfernt wurde. In dem Kuppelsarge befand sich der eigentliche Metallsarg, dessen Deckel ebenfalls geöffnet wurde. In dem Metallsarge wurde die Leichen wohl im Verwesungszustande, aber vollkommen im Fleisch erhalten vorgefunden. Der linke Fuß wurde der Sterbekleider entblößt, und es wurde einwandfrei festgestellt, dass das Fleisch des Fußes zur Gänze erhalten war. Zur Sicherheit wurden die Fleischteile bis auf das nackte Schienbein entfernt; der Verwesungsprozeß war ein derartiger, dass die Hebung der Leiche nur dann möglich war, wenn ihre sofortige Wiederbestattung erfolgt wäre. Sodann wurde die Leiche der Regine Biedermann freigelegt, die sich ebenfalls in einem Metallsarge befand; auch dieser Metallsarg wurde aufgebrochen und ebenfalls die noch im Fleische erhaltene Leiche festgestellt. Sämtliche übrigen Leichen befanden sich in Metallsärgen, deren Exhumierung infolge des noch vollständigen [sic] Verwesungsprozesses unmöglich war. Die Gruft wurde deshalb, ohne die Leichen zu enterdigen, wieder geschlossen."[199]

Das letzte erhaltene Exhumierungsprotokoll datiert vom 25. Februar 1943.[200] Sämtliche hier als enterdigt verzeichneten Personen und Daten wurden in die im Rahmen des vorliegenden Forschungsprojektes angelegte Datenbank der in der NS-Zeit zerstörten Grabstellen aufgenommen. Aus dem Kontext erhellt, dass auch danach noch Exhumierungen stattgefunden haben müssen.

Die Exhumierungen wurden jedenfalls ab dem Sommer 1942 durchgeführt und dauerten bis ins Frühjahr 1943 an. Sie wurden von Arbeitern der Kultusgemeinde unter Leitung des Abteilungschefs des Friedhofsamtes, Ernst Feldsberg, durchgeführt und verliefen unter Aufsicht eines Mitarbeiters des Naturhistorischen Museums Wien: Am 13. März

1943 bestätigt das Naturhistorische Museum, „Herr Oberbahnrat a. D. Dr. Karl Grösl beaufsichtigt derzeit ehrenamtlich die vom Naturhistorischen Staatsmuseum in Wien unternommenen Ausgrabungen auf dem Judenfriedhof in Döbling."[201]

Am 17. Februar 1943 wird in einem Tätigkeitsbericht der Anthropologischen Abteilung auf die vom jüdischen Friedhof Währing verschleppten Knochen Bezug genommen:

„In der anthropologischen Abteilung des Naturhistorischen Museums sind folgende unaufschiebbare sowohl wissenschaftlich-museale als auch bevölkerungspolitisch wichtige Arbeiten durchzuführen [...] 3. Präparation und wissenschaftliche Bearbeitung der Skelettausgrabungen, die auf dem aufgelassenen Judenfriedhof in Döbling durchgeführt wurden [...] Ad 3) . Das vielfach im Familienverband (bis zu 5 Generationen) erfasste Skelettmaterial von Juden wurde bisher nirgends in fachmännischer Weise gehoben und stellt eine wertvolle Bereicherung der Museumsbestände dar. Frisch gehobene, rezente Skelette erfordern unbedingt eine sofortige Reinigung und Präparation, um sowohl eventuell vorhandene Infektionsquellen zu beseitigen als auch einen Verlust des Skelettes infolge bestehender Brüchigkeit desselben (bedingt durch die Einwirkung von Humussäure auf die Kalkplättchen der Knochenstruktur sowie durch Pilz- und Erdbakterienbildung) hintanzuhalten. Derartige Arbeiten sind nur in geheizten Räumen durchführbar, um Schädigungen des Materials durch Frost zu vermeiden. Skelette von Familienmitgliedern, besonders solche von Juden, liegen bisher überhaupt nirgends vor. Gerade ein derartiges Material bildet aber die wertvolle Grundlage für die Durchführung erbbiologischer Studien und in Anbetracht der Bedeutung für die neuzeitliche rassenbiologische Richtung ist eine dringende Bearbeitung des derzeit bereits nahezu 200 Skelette umfassenden Materiales, das sich weiters vermehrt, notwendig."[202]

Der Bestand Somatologische Sammlung Inv. Nr. 2601, Dr. Wastl, Inventar des Döblinger Judenfriedhofes in Wien, 1942, war zum Zeitpunkt der Durchführung des vorliegenden Forschungsprojektes im Museum nicht mehr auffindbar.[203]

Bereits ab August 1942 wurden die Sammlungsbestände des Naturhistorischen Museums Wien in Bergungsdepots verbracht.[204] Die Gebeine vom jüdischen Friedhof Währing müssen also bald nach ihrer Verbringung ins *Naturhistorische Museum Wien* weitertransportiert worden sein; der Zeitpunkt hierfür ist aber jedenfalls nach dem Februar 1943 anzusetzen. Im Spätsommer und Herbst 1945 wurde dann mit der Rückbringung ins Museum begonnen, die letzten Rückführungen wurden 1946 und 1947 durchgeführt.[205] Im Dezember 1946 ordnete das Bundesministerium für Unterricht die Erstellung von Listen über Erwerbungen der Museen aus der NS-Zeit an, denn das Ministerium musste sich diesbezüglich vor der *Alliierten Kommission für Vermögenssicherung* verantworten. An die Leitung der Anthropologischen Abteilung erging daher seitens der Direktion die Weisung, ehestmöglich eine solche Liste zu erstellen.[206] Die Liste der Osteologischen Sammlung der Anthropologischen Abteilung wurde von Robert Routil (1893–1955), zwischen 1945 und 1955 Direktor der Anthropologischen Abteilung des Naturhistorischen Museums Wien, erstellt.[207] Routil hatte seit 1939 an der Anthropologischen Abteilung des Naturhistorischen Museums Wien gearbeitet und war bis 1945 Assistent von Josef Wastl. Er nahm an sämtlichen Untersuchungen Wastls teil.[208] Josef Wastl (1892–1968), seit 1935 am Museum, war 1938 bis 1940 Leiter und 1941 bis 1945 Direktor der Anthropologischen Abteilung. Wastl war bereits 1932 der NSDAP beigetreten und hatte im Museum eine illegale *Betriebszelle* der NSDAP gegründet.[209] Während der NS-Zeit betätigte er sich als Verfasser zahlreicher *Rassegutachten* im Auftrag des *Reichssippenamtes* in Berlin, des kroatischen *Staatssippenamtes* in Zagreb sowie der österreichischen Landes- und Amtsgerichte.[210] Außerdem arbeitete Wastl mit dem Hauptgesundheitsamt der Stadt Wien, Anthropologisches Referat der Abteilung V/2, *Erb- und Rassenpflege* zusammen und erstellte gemeinsam mit dessen Leiter Werner Pendl *Rassegutachten*.[211] 1945 seines Amtes enthoben, wurde Wastl nach dem Verbotsgesetz angeklagt, 1947 als *minderbelastet* eingestuft und 1948 pensioniert. Bereits 1949 wurde er zum ständig beeideten gerichtlichen Sachverständigen „für menschliche Erbbiologie" berufen. In dieser Funktion fertigte Wastl noch bis zu seinem Tod im Jahr 1968 Vaterschaftsgutachten an.[212]

In ihrem Forschungsbericht von 1998 beurteilen Maria Teschler und Margit Berner die Sammlungstätigkeit der Anthropologischen Abteilung des Naturhistorischen Museums Wien so: „Als gesichert darf gelten, dass die Anthropologen des NHM die Umstände der Zeit auszunutzen verstanden, um Untersuchungsmaterial der verschiedensten Art für fragwürdige wissenschaftliche Projekte zu beschaffen."[213]

Routils Erwerbungsliste von 1946 weist zwei Positionen mit unvollständigen Herkunftsangaben aus, eine davon lautet: „Inv. Nr. 20596 – 20955 Bruchstücke von Skeletten aus aufgelassenen Wiener Friedhöfen. Ausgrabungen."[214] Die Gesamt-Abfolge der Objekte auf dieser Liste entspricht jener im Inventarbuch der Osteologischen Sammlung, wie es heute erhalten ist. Daraus kann geschlossen werden, dass die nachträgliche Eintragung ins Inventarbuch vor Januar 1947 vermutlich in Zusammenhang mit der Bergung und Rückführung der Sammlungsbestände bzw. auf Druck der Alliierten erfolgt ist. Jedenfalls gab die Anforderung dieser Liste durch die Alliierten den Anstoß für die Restitution von Gebeinen der am jüdischen Friedhof Währing Bestatteten aus den Sammlungsbeständen des Naturhistorischen Museums Wien an die IKG Wien im April 1947. Im darauffolgenden Jahr berichtete Robert Routil in den Annalen des Museums vom Jahr 1948 über die Bergung von Sammlungsbeständen und damit verbundene Beschädigungen und Verluste.[215] Die tatsächliche Restitution von Gebeinen, die auf dem jüdischen Friedhof Währing durch das Naturhistorische Museum Wien während der NS-Zeit enterdigt und ins Museum verbracht worden waren, geht lediglich aus der ins Inventarbuch der Osteologischen Sammlung eingeklebten Übergabebestätigung an die IKG Wien hervor.[216]

5.6. BAUARBEITEN ZUR ANLAGE EINES LUFTSCHUTZBUNKERS

Am 14. Juli 1941[217] begannen die Arbeiten der Gemeinde Wien, einen im östlichen und südöstlichen Teil des Areals des jüdischen Friedhofes Währing gelegenen Bereich, der mit den Gräbergruppen 13, 14, 17, 20 und 21 etwa ein Viertel des Gesamtareals umfasste, zur Errichtung eines Luftschutz-Bunkers für 600 Personen heranzuziehen.[218] Die Ausbaggerung geschah in zwei Schritten; zunächst wurde das Erdreich bis in eine Tiefe von rund zwei Metern abgegraben, jene Tiefe, bis zu der üblicherweise Leichen beigesetzt wurden. Die Abbaggerung von weiteren zwei Metern Erdreich geschah in einem zweiten Schritt, nach vollständiger Abgrabung des Leichenfeldes.[219] Die Baggerarbeiten wurden am 19. August 1941 beendet. Danach wurden noch Planierungsarbeiten an den Wänden des ausgehobenen Raumes vorgenommen, bei denen weitere Leichen freigelegt und durch die IKG Wien soweit wie möglich geborgen wurden.[220]

Letztlich wurde die Ausbaggerung des Luftschutz-Bunkers, so Feldsberg in einem Nachkriegs-Bericht, aufgrund der Kriegsereignisse nicht zu Ende geführt. Die Arbeiten stoppten, nachdem ein Teil des jüdischen Friedhofes Währing von rund 2.500 m² auf das Straßenniveau der Döblinger Hauptstraße abgetragen worden war.[221] Die Bunkeranlage selbst wurde nie ausgeführt. In weiterer Folge der Kriegsereignisse wurde die im Bereich der Gräbergruppen 14, 17, 20 und 21 ausgehobene Baugrube vermutlich temporär als provisorischer Löschteich verwendet. Eine Plandarstellung aus 1946[222] schließlich zeigt auf dem zerstörten Teil des jüdischen Friedhofes christliche Grabkreuze eingezeichnet. Die Darstellung würde darauf hinweisen, dass hier gegen Kriegsende provisorische Notgräber angelegt wurden, die nach dem 8. Mai 1945 von den alliierten Mächten rasch wieder aufgelöst wurden. Die in der ganzen Stadt auf jeder noch verfügbaren freien Fläche – wie beispielsweise auch in Parks – in Notgräbern Bestatteten wurden so schnell wie möglich auf reguläre Friedhöfe umgebettet, um die Ausbreitung von Seuchen in der Stadt zu verhindern.

Der Bau des Luftschutz-Bunkers auf dem Areal des jüdischen Friedhofes Währing, im Bereich der Gräbergruppen 14, 17, 20 und 21 im östlichen Teil des Areals, wurde fotografisch festgehalten. Der Blick nach Westen zeigt im Hintergrund das Friedhofsareal. Die Person in der rechten Bildmitte verdeutlicht die Tiefe der Baugrube.[223] Beim Blick nach

Südwesten sind im Bildhintergrund als Gebäude vermutlich die in den Quellen angesprochenen Glashäuser auszunehmen.[224]

Im Laufe der Bauarbeiten 1941 wurden Bereiche in den Gräbergruppen 13, 14, 16 und 17 als Materialablagerplatz benutzt, was im Jahr darauf wiederum das Naturhistorische Museum Wien daran hinderte, dort Exhumierungen durchführen zu können. Als erstes war die Gruppe 21 ausgebaggert[225], es folgten die gesamte Gruppe 14 sowie Teile der Gruppen 17 und 20.

In den oben genannten Gräbergruppen, aber auch darüber hinaus, wurden im Zuge der Arbeiten für den Bunker weitere Grabsteine umgelegt, um Bauhütten aufzustellen und Lagerplätze anzulegen. Zwar seien, so der Leiter des Friedhofsamtes der IKG Wien, Ernst Feldsberg, die Leichen in den Gruppen 13 und 16 sowie weiteren nicht explizit aufgeführten Gruppen nicht berührt worden, trotzdem sei es nun unmöglich, die Grabstellen der dort Bestatteten festzustellen.[226]

Feldsberg verwies in seinem Tätigkeitsbericht zu den Bagger- und Bergungsarbeiten darauf, dass in dem Verzeichnis der durch Anlage eines Bunkers zerstörten Gräber nur die Namen derjenigen festgehalten wurden, deren Gebeine aufgrund der Erdaushub-Arbeiten aus ihren Gräbern entfernt wurden. Eine Gesamtzahl von 2.005 festgestellten Namen wird an dieser Stelle genannt.[227] Wie eine weitere zeitgenössische Fotografie des zerstörten Friedhofsteils in Blickrichtung Süden zeigt, blieb östlich der Baugrube ein Streifen des Friedhofsgrundstückes bestehen und bildete die Begrenzung zur Döblinger Hauptstraße hin. Hierbei handelte es sich jedenfalls um die Gruftanlagen der Gruppe 20, Reihe 2. Inwieweit auch Grabstellen der sich westlich anschließenden Gräbergruppen 17 und 21 primär belassen wurden, kann aufgrund der verfügbaren Quellen heute nicht mehr festgestellt werden. Der stehen gebliebene Grundstücks-Streifen mitsamt Grabstellen zur Döblinger Hauptstraße hin wurde erst in der Nachkriegszeit im Zuge der Bauarbeiten für den *Arthur Schnitzler-Hof* entfernt, weitere Grabstellen wurden dabei zerstört. Auf der historischen Aufnahme von den Bauarbeiten 1941 zeigt der Blick nach Süden jedenfalls, dass östlich der Baugrube ein Streifen des Friedhofsgrundstückes bestehen blieb und die Begrenzung zur Döblinger Hauptstraße hin bildete.[228]

Unmittelbar vor Beginn der Baggerarbeiten erhielt das *Institut für Denkmalpflege* durch Leopold Moses, der beim *Gaukonservator* Herbert Seiberl (1904–1952; Leiter der Denkmalschutzbehörde 1938–1945) vorgesprochen hatte, Kenntnis von der geplanten Zerstörungsaktion und intervenierte. Außer Moses und Seiberl setzten sich auch das Stadtarchiv (Dr. Geyer) und ein Oberrat Dr. Schneider vom Kulturamt der Stadt Wien für den Erhalt des jüdischen Friedhofes Währing ein. Die Errichtung eines Luftschutz-Bunkers wurde vom *Luftgaukommando* (Oberst Lukaseder), von der *Luftschutzpolizei* (Major Dr. v. Langheim) und von der *Gemeindeverwaltung Wien IV/14* (Oberbaurat Schneider und

Dr. Kallina) betreiben. Seiberl versuchte zunächst mit dem Hinweis zu intervenieren, das *Institut für Denkmalpflege* als zuständige Behörde sei übergangen worden. Der Friedhof besitze schöne Empire-Grabsteine.[229] Seiberl schrieb an den *Reichsstatthalter in Wien*, sehr vorsichtig formulierend, es sei seine

> „persönliche Pflicht als deutscher Beamter [...], auf Unzukömmlichkeiten hinzuweisen, die der Ehre und dem Ruf des deutschen Volkes abträglich sein könnten. [...] So gering meine denkmalpflegerischen Bedenken sind, umso größer sind meine Bedenken als Nationalsozialist wegen der Art und Weise, in welcher die „Exhumierung" durch die Bauabteilung IV/14 ab Montag, den 21. d. durchgeführt werden soll."

Baggermaschinen sollten das gesamte Erdreich mitsamt den Leichen ausheben und zur Planierung führen. Seiberl argumentiert, „dass es die Ehre und der Ruf des deutschen Volkes erfordert, dass eine solche Pietätlosigkeit vermieden wird, gleichviel, um welche Toten es sich handelt."[230] Dadurch erzwang Seiberl eine Lokalaugenscheinverhandlung, bei der ihn sein Mitarbeiter Josef Zykan (1901–1971) vertrat. Zykan und Schneider vom Kulturamt sprachen sich gegen die Baggerarbeiten aus und argumentierten mit den Empire-Gräbern, lokalgeschichtlichem und heimatkundlichem Interesse sowie seitens des Kulturamtes auch mit Naturschutzinteressen[231]. Dieses beherzte Eintreten brachte ihnen ein, dass der Vertreter der Abteilung IV/14 ihnen wegen „politischer Äußerungen" mit einer Anzeige bei der *Gestapo* drohte. Seiberl, der nun Stellung nehmen und seinen Mitarbeiter verteidigen musste, hielt dazu erbost fest:

> „Von einer ‚politischen' Äußerung der beiden Genannten kann hierbei jedoch keine Rede sein, vielmehr fühlten sie sich durch den beabsichtigten Vorgang der ‚Exhumierung' mit Recht aus Gründen des guten Geschmacks verletzt. Das deutsche Volk sucht sich heute in der Zeit seiner Erneuerung sowohl in ethischer als auch in ästhetischer Hinsicht selbst zu erziehen. Mit diesem Streben aber kann die in Rede stehende Exhumierung wohl kaum in Einklang gebracht werden."[232]

Zykan hatte eine schriftliche Stellungnahme abgegeben, in der er festhielt:

> „Ich lege dagegen Verwahrung ein, dass mir von seiten des Ing. Löwitsch mit der Anzeige an die Gestapo gedroht wurde für Äußerungen, die ich im Interesse der Stadt Wien und der Ehre des deutschen Volkes ausdrücklich gemacht habe. Ich füge noch hinzu, dass Ing. Löwitsch erklärte, eine solche Art und Weise der ‚Exhumierung' sei aus Ersparungsgründen notwendig."[233]

Letztlich erwies sich die Gruppe der Luftschutzbunker-Betreiber jedoch als stärker, Seiberl musste beteuern, dass er selbstverständlich die „Wehrnotwendigkeit" der gewählten Vorgangsweise anerkenne. Er konnte weder die Baggerarbeiten noch die Zerstörung der Grabstellen und Grabmonumente verhindern.[234]

Bei der Sicherung der Gebeine aus all jenen Grabstätten, die bei den Baggerarbeiten zerstört wurden, stand die IKG Wien vor einer unlösbaren Aufgabe. Die Baggermaschinen verfrachteten das mitsamt Gebeinen ausgehobene Erdmaterial sofort auf Lastwagen; die IKG erhielt keine Gelegenheit, die Gebeine zuvor zu übernehmen. Somit waren die Arbeiter der IKG gezwungen, den Lastwagen bis an deren nächstes Ziel zu folgen: Das Erdmaterial mitsamt den Knochen wurde an folgenden Plätzen in Wien abgeladen und zur Planierung von Kriegsschäden benutzt: Wien 16, Yppenplatz, Wien 22, Pragerstraße, Wien 10, Laubplatz, Wien 6, Westbahnhof, Wien 18, Semperstraße, hinter dem Friedhof. Dort wurden „Arbeiter der Kultusgemeinde eingesetzt, die aus dem abgelagerten Erdreich die Knochenreste im Rahmen der Möglichkeiten sammelten."[235] Auch dies war nur möglich, nachdem die IKG Wien bei der *Gestapo* interveniert hatte, um eine Genehmigung zum Einsammeln der Knochenreste zu erhalten.[236] Da die Baggerarbeiten auch an Samstagen stattfanden, waren die Arbeiter der IKG Wien gezwungen, auch an Samstagen, am Schabbat, mit der Bergung der Knochenreste fortzufahren.[237] Dass die Ausbaggerung in zwei Schritten geschah und zunächst nur die obere, Gräber tragende Schicht entfernt wurde, schildert Feldsberg in seinem Tätigkeitsbericht als Akt des Guten Willens seitens der Bauleitung der Stadt Wien, die „bei der Sammlung der Knochenreste in weitest gehendem Maße entgegengekommen" sei.[238]

Bei den Depotstellen wurden große Särge bereitgestellt, in welche die von den Arbeitern der IKG Wien mühsam aus dem abgelagerten Erdreich herausgesuchten Knochenreste geborgen wurden. Dann wurden die vollgefüllten Särge in Transportkisten umgeleert, die wiederum, sobald sie voll waren, durch die Stadt Wien auf den Zentralfriedhof zum neuen jüdischen Friedhof beim 4. Tor transportiert wurden, wo die geborgenen Knochen schließlich in zwei Massengräbern mit vier bzw. zwei Kubikmetern Fassungsvermögen in Gruppe 22 wiederbestattet wurden.[239]

Feldsberg abschließend:

„Es ist mit Wahrscheinlichkeit anzunehmen, dass der überwiegende Teil der Knochen gesammelt wurde. Leider konnte nicht verhindert werden, dass teils durch die Baggermaschine Knochenteile zerstört wurden, teils durch das Abrollen der Erdmassen Knochenteile in das neben der Lagerstätte befindliche Wasser abrollten und teilweise Knochenteile nicht gefunden wurden. Jedenfalls wurde seitens des Friedhofsamtes alles getan, um Knochenreste zu sammeln. In der auf dem Zentralfriedhof IV. Tor bereitgestellten Grabstätte wurden die gesammelten Köpfe in der Richtung nach Osten gelegt, die übrigen Knochen anschließend an die Köpfe gebettet. Die Exhumierung der ca. 2000 Leichen nahm einen Zeitraum von cca. 3 Wochen in Anspruch."[240]

Am 1. Oktober 1945 wandte sich das Kulturamt an das Bauamt der Stadt Wien und informierte über Gestaltungsvorhaben auf dem zerstörten Friedhofsgelände:

„In der seinerzeit für den Bau eines Hochbunkers und später eines Wasserbehälters vorgesehenen Teil des jüdischen Friedhofes in Döbling – Währing wird seit einiger Zeit aus der näheren und weiteren Umgebung durch den Bezirksvorsteher von Döbling Schutt gefahren, obwohl der Friedhof laut der Tabelle über die Schuttablageplätze für die Septemberaktion hiefür nicht in Aussicht genommen wurde. Die Vorstellungen des Kulturamtes bei dem Bezirksvorsteher [...] blieben erfolglos; dieser berief sich vielmehr [...] auf die allgemeine Anordnung des Vizebürgermeisters Speiser, den Schutt abzuführen."[241]

Die Schuttablagerungen konterkarierten Pläne, die das Kulturamt einerseits und Ernst Feldsberg seitens der IKG Wien andererseits für den zerstörten Friedhofsteil hatten:

„Durch die Fortsetzung der Schuttablagerung wird der gewünschten Gestaltung der Südostecke des Friedhofes vorgegriffen. Es wird daher dringlichst ersucht, die weitere Schuttablagerung, soweit sie nicht mit Wissen des Kulturamtes (von der Schadenstelle an der Westmauer des Friedhofes auf Währinger Grund abgesehen) erfolgt, durch den zuständigen Herrn Stadtrat sofort verbieten zu lassen."[242]

Ende Oktober 1945 meldete sich das *Stadtgartenamt* zu Wort und forderte den Erwerb[243] (sic!) der Fläche „zwischen Währingerpark und Flickergasse einerseits und Döblingergürtel und Nussdorferstrasse andererseits, auf der sich gegenwärtig ein aufgelassener israelitischer Friedhof befindet" zum Zwecke der Widmung als öffentliche Grundfläche:

„Es würde dadurch nicht nur der lästige Schmutzwinkel [sic] vor der Nussdorfer-Stadtbahnhaltestelle verschwinden, sondern darüber hinaus in Verbindung mit der bereits bestehenden Währingerparkanlage, ein entsprechender Abschluß der Gürtelgrünflächen geschaffen werden. Durch den Einbau eines *Löschwasserteiches* in den Friedhofsteil an der Nussdorferstrasse und der zwangsläufig im Zuge der Schuttaktion unfachgemäß erfolgten Zuschüttung desselben mit Müll und Schutt, wurde mitten im dicht verbauten Stadtgebiet eine Müllablagerungsstätte der übelsten Sorte [sic] geschaffen, ein Zustand welcher dringendst einer Abänderung bedarf. Bei der Planung wird beabsichtigt den Friedhofcharakter nach Möglichkeit beizubehalten und die vom künstlerischen oder historischen Standpunkt wertvollen Grabsteine, eventuell auch Gräber [sic!] in die Anlage einzubauen."[244]

5.7. RESTITUTION, UMWIDMUNG UND ANLAGE DES „ARTHUR SCHNITZLER-HOFES"

Die Idee, das Friedhofsareal mit jenem des Währinger Parks zu vereinen und in diesem Sinne umzugestalten wurde vor allem vom Bauamt der Stadt Wien noch jahrelang hartnäckig verfolgt. Tatsächlich kam es auch zu entsprechenden Umwidmungen des Flächenwidmungsplanes. Dazu zählte sogar die Eintragung eines Denkmalhaines (sic!) im Bereich der ältesten Gräbergruppe, nördlich des *Tahara*-Hauses.

Die IKG Wien hielt ihr Recht auf Ausübung ihrer religiösen Gesetze immer gegen die Auflösung des Friedhofes, musste allerdings in puncto Bunker-Areal letztlich nachgeben und verzichtete auf diesen Teil des Friedhofes, wiederholte aber immer wieder, dass dies nur und ausschließlich unter der Voraussetzung geschehe, dass die Stadt Wien auf dem Bunker-Areal eine Grünanlage einrichte. Letztlich kam es weder zu einer Abräumung des Friedhofes und zur Umwandlung in eine öffentliche Parkanlage, noch zur Einrichtung einer Grünanlage auf dem Bunker-Areal. Allerdings wurde auf dem zerstörten Friedhofsteil durch die Stadt Wien ein Gebäude errichtet.

Zunächst wurde aufgrund des Beschlusses der Rückstellungskommission beim Landesgericht für Zivilrechtssachen Wien die Einleitung eines Rückstellungsverfahrens mit 8. März 1949 grundbücherlich angemerkt.[245]

Bereits davor hatte die IKG Wien der Stadt Wien ein Angebot zu einem außergerichtlichen Rückstellungsvergleich gemacht, das die Stadt Wien allerdings ablehnte. Die IKG Wien hatte vorgeschlagen, die in Frage stehenden Grundstücke in Wien, Großenzersdorf, Klosterneuburg und Mödling (Friedhöfe, Grundstücke der zerstörten Synagogen sowie ehemaliger jüdischer Stiftungen) in ihr Eigentum rückzustellen bzw. als Rechtsnachfolgerin der zerstörten Gemeinden in ihr Eigentum zu übertragen und forderte von der Stadt Wien, die den diesbezüglichen Vertrag aus der Gründungszeit des Zentralfriedhofes nicht erneuern wollte, als Gegenleistung für den Verzicht auf die jüdischen Abteilungen des Zentralfriedhofes die Überlassung einer Liegenschaft samt Baulichkeiten im Stadtgebiet von Wien zur Einrichtung eines Spitals oder Kinderheimes.[246] Zum jüdischen Friedhof Währing wird explizit festgehalten:

5.7. Restitution, Umwidmung und Anlage des „Arthur Schnitzler-Hofes"

„Wir bemerken, dass die Israel. Kultusgemeinde Wien nicht in der Lage ist, auf die Rückstellung des Israelitischen Friedhofes in Währing, EZ 226 des Grundbuches für die Katastralgemeinde Währing zu verzichten, da nach jüdischem Religionsgesetz die immerwährende und unantastbare Erhaltung bestandener und aufgelassener israelitischer Friedhöfe eine eminente und zwingende religiöse Pflicht ist, welche der Israelitischen Kultusgemeinde Wien in deren Statut, § 3, Abs. 2, lit. d), auferlegt ist." [247]

Am 26. August 1950 reagierte die MA 7 - Kulturamt auf Druck des Stadtrates der Verwaltungsgruppe III, der eine sofortige „Regelung der derzeit unhaltbaren Zustände im Bereiche des Jüdischen Friedhofes Währing" forderte. Die MA 18 - Stadtregulierung befasste sich bereits mit Plänen bezüglich des Friedhofsareals:

„Da ein Rückstellungsverfahren anhängig ist und die Israelitische Kultusgemeinde auf dem Standpunkt steht, dass der Friedhof unbedingt in ihr Eigentum zurückgestellt werden müsse und als Kultstätte nach jüdischem Religionsgesetz erhalten bleiben muss, so wurde übereinstimmend bei einer Besprechung der Vertreter der MA 57 - Liegenschaftsamt und der MA 7 als günstigste zeitweilige Lösung der Wiederaufbau der zerstörten Mauerteile gegen die Döblinger Hauptstraße und Gürtel festgestellt, damit der Anblick der hässlichen Baustelle [sic] verschwindet."[248]

Am 23. April 1951 stellte die MA 18 - Stadtregulierung einen Antrag auf Abänderung des Flächenwidmungsplanes. Die Idee war, das Friedhofsareal mit dem Währinger Park zu vereinigen und nach dessen Vorbild in eine öffentliche Grünanlage umzugestalten:

„An der Ecke Währinger Gürtel – Döblinger Hauptstraße erstreckt sich hinter der Remise der Straßenbahn bis zum Währinger Park ein alter jüdischer Friedhof. 1938 [sic!] wurde er in den Besitz der Gemeinde Wien überschrieben und seither nicht mehr gepflegt [sic]. Während des Krieges wurde im Teil an der Döblinger Hauptstraße ein *Löschteich* angelegt. Hier traten später Geländesenkungen bis auf das Niveau der angrenzenden Straßen ein. Kriegseinwirkungen haben Teile der Einfriedungsmauer zerstört. Nach dem Kriege wurde der *Löschteich* mit Schutt und Abfällen zugeschüttet und der Rest des Baumbestandes mehr oder weniger vernichtet. Der Friedhof stellt heute eine hygienische Gefahrenquelle [sic] dar und bietet einen entweihten, verwahrlosten Anblick. Zur Zeit ist in der Frage der Besitzverhältnisse ein Rückstellungsverfahren anhängig. Die israelitische Kultusgemeinde hat sich jedoch bereit erklärt, den Teil mit dem *Löschteich* kostenlos [sic] der Gemeinde Wien zur Errichtung einer Grünanlage zu überlassen. Sie hält aber für den übrigen Teil ihre Rückstellungsansprüche aufrecht, um, aus religiösen Gründen, den Friedhof als Kultstätte zu erhalten."[249]

Interessanterweise tritt im Zuge jener Verhandlungen seitens der Wiener Stadtverwaltung erstmals der Terminus „Löschteich" auf, der in allen weiteren Verhandlungen beibehalten werden sollte. Von einem „Luftschutz-Bunker" war nie mehr die Rede. Tatsächlich befand sich jedoch an jener Stelle, wo in der NS-Zeit eine Baugrube zum Zwecke der Errichtung eines Luftschutz-Bunkers auf dem Friedhofsareal ausgehoben worden war, nie ein regelrechter Löschteich. Ein offizieller Löschteich wie jene anderen, die in der Stadt Wien während des Bombenkrieges errichtet wurden – betonierte Becken mit hochtechnisierter Ausstattung, Schleusensystemen und ähnlichem – war auf dem Areal des jüdischen Friedhofes Währing jedenfalls nie eingerichtet worden, es existieren nicht einmal Planunterlagen für einen dort geplanten Löschteich in den entsprechenden Archivbeständen. Dennoch ist seit Oktober 1945 in den Quellen von einem „Löschteich" die Rede, nicht mehr aber von einem „Luftschutz-Bunkerbau". Die terminologische Neuregelung mag auf ein Bemühen zurückzuführen sein, den ursprünglichen Zweck der Zerstörungen zu verschleiern bzw. diese – vor allem im Kontext der Rückstellungsverhandlungen – besser argumentierbar zu machen: Während eine hochtechnisierte, militärische Anlage, wie es ein Luftschutz-Bunker für prominente Exponenten des NS-Regimes ist, eindeutig kriegstechnischen Zwecken dient, kann ein Löschteich als zum Schutz der Zivilbevölkerung eingesetzte, notwendige bauliche Maßnahme dargestellt werden. Auch die IKG schwenkte im Zuge der Rückstellungsverhandlungen terminologisch auf „Löschteich" ein. Aus heutiger Sicht handelt es sich bei dem „Löschteich" jedoch eher um einen *urban myth*, der eine offensichtlich apologetische Funktion erfüllt; in diesen Kontext gehört auch das angebliche „Vogelschutz-Gebiet", das nicht nachweisbar ist (vgl. die Darstellung weiter unten in diesem Kapitel).

Da hier, innerhalb des Stadtgebietes, an eine Neubelegung von Gräbern nicht zu denken sei, schlug man eine andere Nutzung des Friedhofsareals vor:

„Die MA 18 sieht deshalb für das Gelände die Anlage einer Grünfläche vor, die zusammen mit dem schon bestehenden Währinger Park zu einer großen, öffentlichen Parkanlage vereinigt werden soll. Dem Wunsche der israelitischen Kultusgemeinde soll durch die Errichtung eines Grabdenkmalhaines um das bestehende Totengräberhaus Rechnung getragen werden. Die Lösung soll ähnlich wie beim Währinger- und Schubertpark erfolgen."[250]

5.7. Restitution, Umwidmung und Anlage des „Arthur Schnitzler-Hofes"

Das hätte bedeutet, die Oberfläche des Friedhofsareals komplett abzuräumen und neu zu gestalten, und nur einige ausgewählte Grabdenkmäler mehr oder weniger willkürlich auf eine kleine Fläche zu verbringen und dort auszustellen.

Die MA 18 beantragte gleichzeitig, die bisherige Widmung „Friedhof" außer Kraft zu setzen und durch die Widmung „Grünland – Erholungsgebiet, öffentliche Parkanlage" zu ersetzen.[251]

Die IKG Wien reagierte auf die Umwidmungspläne empört, lehnte sie sämtlich ab und berief sich auf die ihr durch die Staatsgesetze gewährte Wahrung ihrer Grundrechte: Die Statuten der IKG Wien seien staatsbehördlich genehmigt worden, und damit auch die Unantastbarkeit und immerwährende Erhaltung der jüdischen Friedhöfe:

„Die israelitische Religionsgemeinschaft ist gesetzlich anerkannt und deshalb gelten alle Gesetze und Gebräuche des jüdischen Glaubensbekenntnisses auf Grund des Art. 15 des Staatsgrundgesetzes vom 21. Dezember 1867, RGBl. Nr. 142, über die allgemeinen Rechte der Staatsbürger, als in die österreichische Gesetzgebung rezipiert. Demzufolge haben die israelitische Religionsgemeinschaft in Österreich und die israelitischen Kultusgemeinden das unbeschränkbare Recht auf immerwährende Erhaltung bestandener und aufgelassener israelitischer Friedhöfe."[252]

Die Durchführung der gegenständlichen Umwidmung sei demnach gesetz- und verfassungswidrig. Mit dieser Auffassung sollte sich die IKG Wien aber nicht durchsetzen.

Die Stadtbauamtsdirektion reagierte prompt:

„Artikel 15 des Staatsgrundgesetzes vom 21. 12. 1867, RGBl. 142, besagt zwar, dass jede gesetzlich anerkannte Kirche und Religionsgesellschaft das Recht auf gemeinsame öffentliche Religionsausübung besitzt und ihre inneren Angelegenheiten selbständig verwaltet und im Besitz und Genuß ihrer für Kultus-, Unterrichts- und Wohltätigkeitszwecke bestimmten Anstalten, Stiftungen und Fonds verbleibt, bestimmt jedoch ausdrücklich, <u>dass diese Religionsgesellschaft wie jede Gesellschaft den allgemeinen Staatsgesetzen unterworfen bleibt</u> [Hervorhebung im Original; Anm. TW]"[253],

ließ man in seiner Stellungnahme die MA 18 wissen. Daher bestehe „keinerlei Zweifel, dass die israelitische Kultusgemeinde in der Ausübung ihres Eigentumsrechtes an dem genannten Friedhof an die bestehenden Gesetze gebunden" sei:

„Die Behauptung [der IKG Wien, Anm. TW], alle Gesetze und Gebräuche des jüdischen Glaubensbekenntnisses seien auf Grund des Artikels 15 des Staatsgrundgesetzes als in die österr. Gesetzgebung rezipiert zu betrachten, muß entschieden als unzutreffend zurückgewiesen werden; die Vorstellung, dass alle Gesetze und Gebräuche der in Österreich gesetzlich anerkannten Religionsgemeinschaften (darunter auch mohamedanische) [sic] als Österr. Gesetze Rechtskraft besitzen sollten, ist einfach undenkbar und würde zu kaum vorstellbaren Folgerungen führen. Selbst wenn man auch nur annehmen würde, dass diese Gesetze und Gebräuche nur gegenüber den Angehörigen der betreffenden Religionsgesellschaften Anwendung zu finden hätten, würde dies dem Grundsatz der Gleichheit aller Staatsbürger (Art. 2 des Staatsgrundgesetzes) gröblich widerstreiten. Überhaupt bestünden gegen die Auffassung, dass die israelitische Kultusgemeinde hinsichtlich der in ihrem Eigentum stehenden Friedhöfe eine bessere Rechtsstellung haben sollte, wie andere Religionsgesellschaften hinsichtlich der in deren Eigentum stehenden Friedhöfe bzw. überhaupt gegenüber anderen Rechtspersönlichkeiten, verfassungsmäßige Bedenken. In diesem Zusammenhang wird beispielsweise darauf verwiesen, dass die röm.-kath. Kirche bei der Auflassung des Alt-Währinger Friedhofes und seine Umwandlung in den jetzigen Schubertpark keinerlei Schwierigkeiten bereitet hat."[254]

Nachdem nun die Argumentation kurz zum Thema Schächtverbot abschweift, nicht ohne dabei das Urteil „Tierquälerei" abzugeben, wird mit der Darstellung der Befugnisse der Stadt Wien fortgefahren: Der Flächenwidmungsplan bzw. dessen Abänderung habe den Charakter einer allgemein verbindlichen Norm, durch die der Gemeinderat Vorschriften darüber erlasse, welchen Verwendungen die im Gemeindegebiet gelegenen Liegenschaften zugeführt werden können. Abänderungen dürften nur dann vorgenommen werden, wenn wichtige öffentliche Rücksichten dies erforderten.[255]

Gegen eine Umwidmung wurde der IKG Wien keinerlei rechtliche Handhabe zugestanden, da die Voraussetzungen für die geplante Umwidmung gegeben seien und auch kein Ermessensmissbrauch oder eine willkürliche Überschreitung des Ermessensspielraumes vorliege. Es folgt eine massive Drohung:

„Vorläufig noch nicht zur Debatte steht die spätere tatsächliche Umwandlung des Friedhofes in eine öffentliche Erholungsfläche. Eine solche faktische Umwandlung ist entweder im Einvernehmen mit dem Eigentümer des Friedhofsgeländes, der israelitischen Kultusgemeinde, möglich (falls diese im Zuge des anhängigen Rückstellungsverfahrens das Eigentum zurückerhält), oder aber im Wege der Enteignung [sic!] (§ 41 Abs. 1 BO). Wenn auch der gegenständliche Friedhof derzeit einem öffentlichen Interesse dient, so handelt es sich hiebei doch nur um ein bestimmtes und begrenztes öffentliches Interesse, das nicht gleichwertig ist [sic] in seiner Bedeutung für das öffentliche Leben gegenüber dem einer öffentlichen Erholungsfläche. Nach der herrschenden Rechtsauffassung tritt aber durch die Enteignung in selbstverständlicher Folge die Auflassung des Friedhofes ein. Dadurch, dass die Friedhofsgrundfläche einem anderen öffentlichen Zweck dienstbar gemacht wird, erlischt von selbst [sic] seine bisherige Bestimmung."[256]

Am 18. Mai 1951 hielt die MA 57 - Liegenschaftsamt gegenüber der MA 18 - Stadtregulierung bezüglich des zerstörten Teiles des Friedhofsareals und des Bestehens der IKG Wien auf der Unantastbarkeit eines jüdischen Friedhofes sowie ihres diesbezüglichen Rückstellungsanspruchs fest:

„Diese Rechtsauffassung [der IKG Wien, Anm. TW] widerspricht dem Inhalt des d. a. Berichtes vom 23. 4. 1951, worin ausgeführt ist, dass sich die israelit. Kultusgemeinde bereit erklärt hat, den Teil des Friedhofes mit dem *Löschteich* der Stadt Wien zur Schaffung einer Grünanlage kostenlos [Hervorhebung im Original, Anm. TW] zu überlassen und nur auf die Rückstellung des restlichen Teiles aus religiösen Gründen besteht."[257]

Offenbar war ein solches Angebot seitens der IKG Wien mündlich gemacht worden. Allerdings kannte die MA 57 - Liegenschaftsamt den Zeitpunkt der Erklärung nicht mehr, und war sich auch nicht darüber im Klaren, ob diese von einem dazu ermächtigten Vertreter der IKG Wien ausgesprochen worden war. Sie schlug daher vor, von der IKG eine schriftliche Bestätigung über den Verzicht einzuholen.[258]

In der Gemeinderatssitzung vom 21. September 1951 wurde schließlich der Beschluss gefasst, dass die bisherige Widmung „Friedhof" außer Kraft trete und das Areal nunmehr als *Grünland – Erholungsgebiet* (öffentliche Parkanlage) gewidmet sei.[259]

Im November 1953 waren die Verhandlungen soweit gediehen, dass Feldsberg durch das Vertreter-Kollegium der IKG beauftragt wurde, mit der Stadt Wien außergerichtliche Vergleichsverhandlungen zu verfolgen, um die anhängigen Rückstellungsprozesse möglichst im Vergleichswege zu beenden. Sämtliche „Arisierungen" durch die Gemeinde Wien seien als unredlich im Sinne des 3. Rückstellungsgesetzes anzusehen, wird festgehalten, und auch, dass die Unredlichkeit von der Gemeinde Wien anerkannt sei. Auch dass der sogenannte Kaufpreis nicht der IKG Wien zugekommen war und darüber einzig und alleine die *Zentralstelle für jüdische Auswanderung* verfügt hatte, stand außer Streit.[260] Festgehalten wurde weiters, dass nunmehr die Gemeinde Wien der IKG Wien für den Kauf des Areals des ehemals begonnenen Luftschutz-Bunkers vulgo „Löschwasserteiches" ein Angebot gemacht habe und dass bei der Bewertung des Einheitspreises darauf

Rücksicht genommen wurde, „dass die der Gemeinde Wien zu überlassende Fläche nur [Hervorhebung im Original; TW] als Garten- oder Parkanlage benützt werden darf. Eine Verbauung dieser Fläche für irgendwelche andere Zwecke ist nach dem Flächenwidmungs- und Bebauungsplan der Gemeinde Wien unstatthaft."[261]

Im Februar 1954 drängte die IKG Wien bereits auf einen Vergleich. Feldsberg hielt fest:

„Die Dauer des Rückstellungsverfahrens wird weiters zur Folge haben, dass vor allem der Währinger Friedhof und der Floridsdorfer Friedhof verwahrlost bleiben, ohne dass der Kultusgemeinde die Möglichkeit geboten ist, auf diesen Friedhöfen Investitionen vorzunehmen, die sich heute schon als unaufschiebbar erweisen. [262]

Feldsberg fuhr mit seiner Argumentation zugunsten eines Vergleichsabschlusses fort:

„Bei Rückstellung des Währinger Friedhofes in das Eigentum der Kultusgemeinde wird der als *Löschwasserteich* ausgebaggerte Teil unverkäuflich sein, da der ganze Friedhof widmungsgemäß nur als Luftreservoir (Parkanlage) bestimmt ist. Die Kultusgemeinde wird verpflichtet werden, einen Zaun um das Friedhofsgelände einschließlich des *Löschwasserteiches* zu ziehen. Der Zaun würde ca. 100 m betragen und einen Kostenaufwand von S 30.000.-- erfordern. Im Falle des Abschlusses des Vergleiches ist die Gemeinde Wien bereit, den Zaun auf ihre Kosten herzustellen, sodaß sich also der von ihr gebotene Kaufpreis von S 55.000.-- auf S 85.000.-- erhöht."[263]

All diese Gründe erforderten zwangsläufig den Abschluss eines Rückstellungsvergleiches, so Feldsberg 1954.

Am 23. Juni 1954 erhielt das Grundstück des Friedhofsgebäudes, immer noch im Besitz der Stadt Wien, die neue Grundstücksnummer 1311.[264]

Die Plandarstellung zur Umwidmung des Areals des jüdischen Friedhofes Währing in *Erholungsgebiet (öffentliche Parkanlage)* seitens der Stadt Wien zeigt den Zustand 1951. Der *Arthur Schnitzler-Hof* war damals noch nicht gebaut. Rund um das ehemalige *Tahara-Haus* ist ein sogenannter Grabdenkmalhain eingezeichnet. Er sollte wohl ähnlich gestaltet werden wie jener auf der christlichen Seite des Währinger Friedhofes, damals bereits Währinger Park. Der Plan spiegelt den damaligen Stand der Restitutionsverhandlungen wider, als die Stadt Wien noch plante, das Areal des jüdischen Friedhofes Währing dem Währinger Park anzuschließen und als öffentliche Parkanlage nutzbar zu machen. Das Vorhaben konnte sich im weiteren Verlauf der Restitutionsverhandlungen dank des erfolgreichen Widerstandes der IKG Wien nicht durchsetzen. Die Umwidmung allerdings blieb bestehen;[265] vgl. Abbildung 14.

5.7. Restitution, Umwidmung und Anlage des „Arthur Schnitzler-Hofes"

Aufgrund des Vergleiches vor der Rückstellungskommission beim Landesgericht für Zivilrechtssachen Wien vom 4. Juli 1955 wurde das Eigentumsrecht am jüdischen Friedhof Währing für die Israelitische Kultusgemeinde Wien per 14. Oktober 1955 grundbücherlich einverleibt.[266] Von den ursprünglich 24.055 m² des Friedhofsgrundstückes verpflichtete sich die IKG Wien ein Teilgrundstück im Ausmaß von ca. 2.500 m² ins Eigentum der Stadt Wien zu übertragen. Gleichzeitig verzichtete die IKG Wien auch auf Rückstellung der Liebfrauengründe, des Grundstückes des ehemaligen Tempels in der Pazmanitengasse sowie des Grundstückes des ehemaligen jüdischen Waisenhauses (Max Freiherr von Springer'sche Waisenhaus-Stiftung) in der Goldschlagstraße. Für den Verzicht leistete die Stadt Wien eine Entschädigung, von der wiederum Gegenforderungen der Stadt Wien bezüglich der rückzustellenden Liegenschaften abgezogen wurden, sodass die IKG Wien am Ende 2,240.000,00 Schilling als Gesamtabgeltung erhielt. Im Gegenzug musste sie auf sämtliche zukünftige Forderungen, Ersätze und Kosten aus sieben (!) weiteren Rückstellungsverfahren gegen die Stadt Wien verzichten. Die Übergabe der durch die Stadt Wien rückzustellenden Liegenschaften sollte binnen drei Monaten nach Einsetzen der Rechtswirksamkeit des Rückstellungsvergleiches erfolgen.[267] Besonders brisant erscheinen die Paragraphen 8 und 9 des seitens der IKG Wien vom Präsidenten der IKG Wien, Dr. Emil Maurer (1884–1968), von Karl Lazar als Mitglied des Vertreterkollegiums und von Wilhelm Krell (1902–1973) als Amtsdirektor unterzeichneten Rückstellungsvergleiches:

„VIII. Die Israelitische Kultusgemeinde Wien verpflichtet sich, die auf dem unter Punkt III.), Abs. 1.) [jüdischer Friedhof Währing, Einlagezahl 226 Katastralgemeinde Währing, Anm. TW] genannten Teil der Liegenschaft EZ. 226, Kat. Gemeinde Währing noch bestehende Gräber auf ihre Kosten zu entfernen, und zwar binnen 6 Monaten nach Wiedereinverleibung des Eigentumsrechtes der Stadt Wien an diesem Teil. Weiters erklärt die Israelitische Kultusgemeinde, für den Fall einer Umwidmung dieses Liegenschaftsteiles in Bauland und eine Bebauung durch die Stadt Wien keinerlei Ansprüche an die Stadt Wien zu stellen [sic!]. Die Stadt Wien verpflichtet sich, binnen 3 Monaten nach Übergabe des Währinger Israelitischen Friedhofes in den Besitz der Israelitischen Kultusgemeinde Wien auf Kosten der Stadt Wien eine Friedhofsmauer entlang der Teilungslinie zu errichten.
IX. Die Israelitische Kultusgemeinde Wien hält die Stadt Wien gegen alle etwaigen im Zusammenhang mit dieser Rückstellung stehenden Ansprüche eines Vereines, einer Stiftung oder eines Fonds schad- und klaglos."[268]

1958 wurde das Teilareal des geplanten Luftschutz-Bunkers aufgrund des Abteilungsplanes vom 29. 3. 1955 des Rückstellungsvergleiches vom 4. 7. 1955 und des Bescheides vom

15. 6. 1955 der MA 64 auf Antrag der Stadt Wien vom Grundstück des jüdischen Friedhofes Währing abgetrennt: Das grundbücherlich als Beerdigungsplatz bezeichnete Grundstück 453 wurde in die Grundstücke 453/1 und 453/2, beides Beerdigungsplatz, geteilt, das Grundstück 1120, bezeichnet als Beerdigungsplatz, wurde in die Grundstücke 1120/1 und 1120/2 (2103 m^2), jeweils Beerdigungsplatz, geteilt, und sodann wurden die Grundstücke 453/2 (455 m^2) und 1120/2 lastenfrei abgeschrieben und hierfür die Einlagezahl 2618 eröffnet.[269]

Das abgetrennte Grundstück wurde mit Gemeinderatsbeschluß vom 28. März 1958 in Bauland umgewidmet[270], obwohl im Bescheid der MA 64 für die Abteilung der Liegenschaft aus 1955 noch festgehalten worden war: „Durch diese Abteilung werden keine Bauplätze geschaffen!"[271] Die Widmung wurde auf *Bauland – Wohngebiet, Bauklasse IV, Blockbauweise* festgesetzt. Die bis dahin gültige Widmung *Erholungsgebiet – Öffentliche Parkanlage* trat damit außer Kraft;[272] vgl. Abbildung 15. In den Jahren 1959 bis 1960 wurde auf dieser Fläche der *Arthur Schnitzler-Hof* errichtet.[273]

Im Oktober 1958 wurde bei einem Lokalaugenschein mit Vertretern der IKG Wien sowie der MA 24 auf dem jüdischen Friedhof Währing hinsichtlich des Bunker-Areals festgehalten:

> „Herr Dipl. Ing. Mateyka [von der MA 24; Anm. TW] teilt mit, dass die Ausbaggerung des *Löschwasserteiches* bis auf eine Tiefe des Straßenniveaus (Döbl. Hauptstrasse) erfolgen wird. Das Material, welches sich auf dem Boden des *Löschteiches* befindet, ist aufgeführtes Schuttmaterial aus der Zeit der Bombardierung Wiens. Dieses Material wird durch einen Bagger entfernt werden. Auf Grund der baulichen Vermessung wurde der der Stadt Wien verkaufte Teil, des alten Währinger Friedhofes, durch einen Drahtzaun eingefriedet. Der Drahtzaun liegt auf der friedhofsseitig gelegenen Friedhofsfläche, ca. 1,50 m über die Grenze des *Löschwasserteiches*, es ist also auf eine Weite von 1,50 m noch das alte Friedhofsareal vorhanden; es ist anzunehmen, dass sich auf der 1,5 m breiten der Gemeinde Wien nunmehr gehörigen Friedhofsfläche Gräber befinden, deren Belag auf Grund der Zerstörung durch die Nazis nicht mehr festgestellt werden kann. Es ist aber zu vermuten, dass sich dort noch ca. 800 – 1.000 Grabstellen befinden könnten. [...] Es war vereinbart worden, dass diese Leichen [auf dem tatsächlich ausgebaggerten Bunkerareal; Anm TW] auf Kosten der Israelitischen Kultusgemeinde exhumiert und von der Israelitischen Kultusgemeinde bestattet werden. Es war ausdrücklich festgehalten worden, dass weitere Exhumierungen nicht in Frage kommen werden; nunmehr stellt es sich aber heraus, dass noch weitere Exhumierungen durchgeführt werden müssen. [...] Die exhumierten Leichen werden dann in einem gemeinsamen Grab auf dem Zentralfriedhof 4. Tor zu bestatten sein."[274]

5.7. Restitution, Umwidmung und Anlage des „Arthur Schnitzler-Hofes"

Tatsächlich wurde bei Probegrabungen durch das Friedhofsamt der IKG Wien im Jahr 2002 einwandfrei festgestellt, dass die heute das Areal des *Arthur Schnitzler-Hofes* vom Friedhofsareal abtrennende Betonschalsteinmauer genau auf Grabstellen steht, sodass die darunter befindlichen Grabstellen angeschnitten und teilweise zerstört sind. Es ist anzunehmen, dass bei den Fundamentierungsarbeiten für die Stützmauer, die den Parkplatz des *Arthur Schnitzler-Hofes* begrenzt, eine Reihe von Grabstellen zerstört worden sind; ob es sich hierbei um die oben genannte Anzahl von bis zu eintausend Gräbern handelt, ist nicht festzustellen. Zu klären wäre außerdem, ob sich wohnhausseitig auf der Böschung zum Parkplatz des *Arthur Schnitzler-Hofes* weitere Grabstellen befinden. Nachdem in Probegrabungen friedhofsseitig unter der begrenzenden Betonschalsteinmauer Gräber nachgewiesen wurden, ist denkbar, dass sich diese auf der anderen Seite der Mauer fortsetzen. Gegebenenfalls wären diese Grabstellen entsprechend als solche zu behandeln.

Auf einem Luftbild von 1956[275] ist die Baugrube des Luftschutz-Bunkers zu erkennen, mitsamt dem noch bestehenden Friedhofsstreifen zur Döblinger Hauptstraße hin. Dieser wurde im Zuge der Erbauung des *Arthur Schnitzler-Hofes* zerstört. Die Wege, die rund um die Gräberfelder führen, sind deutlich auszumachen. Ein Luftbild von 1959[276] zeigt die Baugrube des *Arthur Schnitzler-Hofes*. Der Friedhofsstreifen zur Döblinger Hauptstraße hin war zu diesem Zeitpunkt bereits entfernt. Im Zuge dieser Bauarbeiten wurden jedenfalls mehrere hundert Gräber zerstört. Aus dem Jahr 1960 existieren mehrere Aufnahmen[277], die die Bewuchssituation auf dem erhaltenen Friedhofsareal zeigen. Ein Luftbild aus dem Jahr 1964[278] zeigt den *Arthur Schnitzler-Hof* auf dem Areal des jüdischen Friedhofes Währing, samt fertiggestelltem Parkplatz.

Um die bei den Bauarbeiten anfallenden weiteren dislozierten Grabsteine machte sich die IKG Wien Gedanken: Einerseits lagen immer noch Grabsteine auf dem Grund der Luftschtzbunker-Baugrube, andererseits waren viele Grabsteine, die von den durch den Luftschutzbunker-Bau zerstörten Grabstellen stammten, innerhalb des noch existierenden Friedhofes haufenweise aufgestapelt worden. Die *Steinmetzfirma Hagleithner* [die bereits während der NS-Zeit für den Abtransport von Grabsteinen und Grabdenkmälern vom jüdischen Friedhof Währing verantwortlich war; Anm. TW] solle herangezogen werden, um die Verwertbarkeit all dieser Steine und die Kosten für ihren Abtransport festzustellen.[279] Bis heute allerdings liegen haufenweise Grabsteine in den Gräbergruppen 12, 13, 15 und 16 aufgetürmt.

1959 versuchte die IKG Wien Druck zu machen: Bei Abschluss des Rückstellungsvergleiches habe auf dem Luftschutzbunker-Areal ein Bauverbot bestanden. Die Gemeinde Wien habe damals ausdrücklich erklärt, dass eine Verbauung dieser Fläche niemals in Frage komme. Auf dieser Fläche sollte seitens der Stadt Wien eine Parkanlage errichtet werden.

„Als Begründung für das Bauverbot führten die Unterhändler der Gemeinde Wien an, dass die ganze Friedhofsanlage, einschließlich des ausgebaggerten Teiles, als Luftreservoir [sic] gelte und dass die Gemeinde Wien keinesfalls auf dieses Luftreservoir verzichten könne. Drei Jahre nach Abschluß des Rückstellungsvergleiches war bereits die Errichtung eines Wohnhauses auf diesem Grund von der Gemeinde Wien beschlossen. Es musste also schon Monate vorher über die Art und Durchführung des Baues intern bei der Gemeinde Wien verhandelt worden sein. Aus dem vorgehenden Tatbestand geht hervor, dass die Erklärungen der Vertreter der Gemeinde Wien, anlässlich der Verhandlung über den Rückstellungsvergleich, nicht ernst gemeint waren."[280]

Feldsberg machte daher das moralische Recht der IKG Wien geltend, entweder eine Nachzahlung für die Abtretung dieses Grundes zu erhalten, die dessen tatsächlichem Wert als Bauland entspreche, oder dass „wenigstens eine entsprechende Anzahl von Wohnungen in dem zu errichtenden Neubau für die Wohnungssuchenden der Kultusgemeinde unter den allgemein geltenden Bedingungen zur Verfügung gestellt werden."[281]

Ein halbes Jahr später hielt der damalige Amtsdirektor der IKG Wien, Wilhelm Krell, in einer internen Mitteilung an Feldsberg fest:

„Wir müssen dringend entweder beim Bürgermeister oder bei dem zuständigen Stadtrat in der Frage der Reservierung von mindestens 20 bis 30 Wohnungen für Angehörige der Kultusgemeinde in dem Hochhaus, welches auf dem ausgebombten [sic!] Teil des Währinger Friedhofes errichtet wird, vorsprechen. Wir müssen die Angelegenheit mit aller Energie betreiben, sonst werden wir Vorwürfen gegenüberstehen, die nicht unberechtigt sind."[282]

Ältere Bewohner des *Arthur Schnitzler-Hofes* erzählten im Jahr 2007, dass ein Teil des Gebäudes tatsächlich über lange Jahre von jüdischen Mietern bewohnt wurde.[283]

Feldsberg, inzwischen Präsident der IKG Wien, versuchte noch beinahe ein Jahrzehnt später, 1968, andere Wege zu beschreiten. Als Entschädigung für den zu niedrigen Kaufpreis des *Löschteich*-Areals schlug er der Gemeinde Wien vor: einen Baukostenbeitrag zur Wiedererrichtung der zerstörten Zeremonienhalle beim 4. Tor des Zentralfriedhofes auf der neuen jüdischen Abteilung, eine Verrechnung anlässlich des Verkaufes der Augartengründe (der allerdings nicht zustande kam) oder anlässlich des geplanten Verkaufes der Realitäten Zirkusgasse 22, Hirschengasse 22/Schmalzhofgasse 3-5, Hubergasse 8 und Küb am Semmering. Da all das erfolglos blieb, schlug Feldsberg am Ende vor, die Gemeinde Wien solle einen Zuschuss zur Errichtung des Neubaues eines Spitals und Altersheims durch die IKG Wien leisten und ihre moralische Schuld auf diese Weise abtragen. Medien-

5.7. Restitution, Umwidmung und Anlage des „Arthur Schnitzler-Hofes" 87

berichte und zahlreiche Zuschriften hatten den IKG-Präsidenten unter Druck gesetzt, eine öffentlichkeitswirksame Lösung im Sinne der IKG Wien herbeizuführen.[284]

Warum die IKG Wien der Abtretung des Luftschutzbunker-Areals im Rückstellungsvergleich mehr oder weniger widerstandslos zustimmte und auch noch den für sie äußerst ungünstigen Passus des Vertrages: „für den Fall einer Umwidmung dieses Liegenschaftsteiles in Bauland und eine Bebauung durch die Stadt Wien keinerlei Ansprüche an die Stadt Wien zu stellen" unterzeichnete, mag aus der internen Mitteilung des Rechtsbüros der IKG Wien von 1967 verständlich werden. Die Mitteilung schildert den Ablauf der damaligen Vergleichsverhandlung:

„Im Zuge der Verhandlungen wurde von den Vertretern der Kultusgemeinde darauf hingewiesen, dass von der Gemeinde Wien der Bewertung des ausgebaggerten Teiles des Währinger Friedhofes die Eigenschaft Grünland zugrunde gelegt wurde, dass aber die Gemeinde Wien gewiss diese Grundfläche als Baugrund verwenden wird. Diese Bemerkung der Kultusgemeinde haben die Vertreter der Gemeinde Wien mit einem Lächeln beantwortet und auch die Vertreter der Kultusgemeinde haben sich mit [Auguren-]Lächeln der Reaktion der Gemeinde Wien auf den Einwand der Kultusgemeinde angeschlossen. Es herrschte Übereinstimmung zwischen der Kultusgemeinde und der Gemeinde Wien, dass trotz Aufrechterhaltung des Kaufpreises für Grünland die Gemeinde Wien dort bauen wird. Dieses Zugeständnis der Vertreter der Kultusgemeinde war darin begründet, dass die Gemeinde Wien auf die Pachtzinsforderung für das Areal des I. Tores des Wiener Zentralfriedhofes verzichten und das Areal des I. Tores der Kultusgemeinde unentgeltlich zur Benützung überlassen wird."[285]

Das bedeutet, dass die Gemeinde Wien letztlich aus der Enteignung der jüdischen Friedhöfe des Jahres 1942 noch einmal Kapital schlug. Mit dem erzwungenen Kaufvertrag von Juni 1942 war der Vertrag, der zwischen der Gemeinde Wien und der IKG Wien am 12. 1. 1891 abgeschlossen worden war und der die Überlassung, Benutzung und Erhaltung der jüdischen Abteilung beim 1. Tor des Zentralfriedhofes geregelt hatte, aufgelöst worden. Die IKG Wien musste 1942 auf jedwede Entschädigung für die Auflösung, die gemäß § 12 des Vertrages vom 12. 1. 1891 zugesichert worden war, verzichten.[286] Im Zuge der Rückstellungsverhandlungen forderte die Stadt Wien nun von der IKG Wien Pachtzins für den Friedhof am 1. Tor in einer Höhe, welche die finanziellen Möglichkeiten der IKG Wien bei weitem überstiegen. Der daraus entstandene Druck mag tatsächlich das Hauptmotiv dafür gewesen sein, mit der Gemeinde Wien um das Luftschutzbunker-Areal zu handeln.

Der in der Gräbergruppe 17 heute noch vorhandene Zaun, der den abgeräumten Teil des Friedhofes von der nördlich davon gelegenen Gräbergruppe 19 abtrennt, blieb in den

Plänen der MA 21 eingetragen. Der restliche Teil des Friedhofsareals erscheint im Plandokument von 1958 als *Grünland 3a, öffentliche Parkanlage* gewidmet. Vor, also nördlich, der ehemaligen Aufbahrungshalle ist im Flächenwidmungsplan ein kleines Areal als *Grabdenkmalhain* bezeichnet. Allerdings umfasst das so bezeichnete Areal nur einen äußerst geringen Teil des ältesten und wertvollsten Teiles des Friedhofes, praktisch nicht mehr als einige wenige am Rand der Gräbergruppe 4 placierte Grabsteine, während damit sonst die das Gebäude umgebende, unbelegte Fläche bezeichnet ist.[287]

Das Restgrundstück des Friedhofsareals wurde am 2. April 1968 grundbücherlich umgeschrieben: Die beiden Grundstücke 453/1 samt Haus und 1311 Baufläche Haus wurden infolge Vereinigung mit dem Grundstück 1120/1 grundbücherlich gelöscht.[288]

Am 25. Juni 1968 wurde die Bezeichnung des Grundstückes in 1120/1, Friedhof, geändert. Durch Teilung entstand gleichzeitig das neue Grundstück 1120/3, Baufläche.[289] Motiv für diese Umschreibungen war die Verlegung der Grenze zwischen dem 18. und dem 19. Bezirk, mit Gemeinderatsbeschluss vom 22. 3. 1962 begründet mit der Anpassung an die örtliche Verbauung. Dabei sollten die denselben Eigentümern gehörigen Grundstücke bzw. Grundstücksteile zu einheitlichen Grundstücken zusammengezogen werden.[290]

Am 29. Oktober 1974 wurden die Grundstücksnummern 1120/1 und 1120/3 in der Einlagezahl 226 abgeschrieben und dafür die Einlagezahl 2232 der Katastralgemeinde Oberdöbling eröffnet.[291]

1985 wurde die Widmung des Areals wie folgt festgelegt: Das bis dahin als „ehemaliger israelitischer Friedhof Währing" gewidmete Grundstück wurde umgewidmet in *Erholungsgebiet Park* (Epk). Seit dem 25. 10. 2002 ist das Areal des jüdischen Friedhofes Währing per Gemeinderatsbeschluss als *Schutzgebiet Park* (SPK) gewidmet.[292]

Laut einem hartnäckigen Gerücht, das seit Jahren auch in der Fachliteratur verbreitet wird,[293] soll das Areal des jüdischen Friedhofes Währing während der NS-Zeit in ein *Vogelschutz-Gebiet* umgewidmet worden sein. Ein engagierter Mitarbeiter des Kulturamtes der Stadt Wien, Robert Kraus, habe den Friedhof auf diese Weise dem zerstörerischen Zugriff der „Nazis" entzogen und so dessen Rettung bewirkt. Eine der Aufgaben des Forschungsprojektes des *Zukunftsfonds* war es, diese Umwidmung in ein *Vogelschutz-Gebiet* nachzuweisen.

Die MA 21 teilte auf Anfrage mit: „Die von Ihnen gesuchte Umwidmung [des Friedhofes in ein Vogelschutz-Gebiet, Anm. TW] wurde bei uns nicht gefunden und dürfte – da sie auch nirgends in den Bezugsakten erwähnt ist – auch so nicht stattgefunden haben. Die Widmungen beschränken sich auf die erstmalige Festsetzung 1899 (Plandokument 370) und Plandokument 4198 aus dem Jahr 1952."[294]

Auch geben weder die vielzitierten Sitzungsprotokolle der *Ratsherren*[295], so wurden die Wiener Stadträte in der NS-Zeit genannt, noch die Unterlagen privater Vereine[296] wie etwa

5.7. Restitution, Umwidmung und Anlage des „Arthur Schnitzler-Hofes"

des *Tierschutz-Vereines* oder des *Naturschutz-Bundes* auch nur einen einzigen Hinweis auf das angebliche *Vogelschutz-Gebiet*. Es mag wohl sein, dass Kraus diese Umwidmung plante. Umgesetzt wurde sie nicht. Der Friedhof wurde jedenfalls, während er im Besitz der Stadt Wien stand, massiv geschändet und zerstört.

Lediglich ein einziger Hinweis auf einen Versuch, Zerstörungen auf dem Friedhof mithilfe des Argumentes „Naturschutz" zu verhindern, taucht in den vorhandenen Aktenbeständen zum Umgang mit dem Friedhofsareal während der NS-Zeit auf: Als im Zuge der Planung des Luftschutz-Bunkers auf dem Friedhofsareal das *Institut für Denkmalpflege* gegen die Ausbaggerung und Zerstörung des Friedhofes intervenierte, schloss sich dem ein Oberrat Schneider vom Kulturamt der Stadt Wien an, der gegen die Zerstörungen laut Aktenvermerk des *Instituts für Denkmalpflege* „Naturschutzgründe" ins Treffen führte; vgl. Kapitel 5.6. Die Intervention wurde abgeschmettert, der Friedhofsteil ausgebaggert, die Grabstellen und Grabdenkmäler wurden zerstört. Von einer Rettung durch Umwidmung in ein *Vogelschutz-Gebiet* kann also auch hier keine Rede sein. Feststellbar ist hingegen, dass im Zuge der Vergleichsverhandlungen zur Rückstellung des Friedhofsareals seitens der Stadt Wien der Begriff „Luftschutz" neu interpretiert wurde. Nunmehr wurde darunter „gute Luft" verstanden, die man durch Nicht-Rückstellung der Luftschutzbunker-Baugrube angeblich sichergestellt sehen wollte.

Ein Zeitzeuge berichtet über seinen Vater Wolfgang Gröll, während der NS-Zeit *Oberverwaltungsrat* (Leiter der Verwaltungsabteilung) der Gemeinde Wien, folgende Geschichte, die ihm sein Vater immer erzählte, wenn Vater und Sohn gemeinsam am Areal des jüdischen Friedhofes Währing entlang gingen: Anfang der 1940er Jahre seien die jüdischen Friedhöfe in den Besitz der Gemeinde Wien gekommen. Die Frage sei im Raum gestanden: Was tun mit den jüdischen Friedhöfen? Wolfgang Gröll habe ein Gespräch mit dem damaligen Wiener Bürgermeister Blaschke geführt, um diese Frage zu erörtern. Bei dieser Gelegenheit habe er vorgeschlagen, den Friedhof als historisches Denkmal zu bewahren, da es etwas Derartiges schon bald auf der ganzen Welt nicht mehr geben werde. Auch sei dem Sohn immer klar gewesen, dass der *Arthur Schnitzler-Hof* auf einem Teil des jüdischen Friedhofes Währing stehe, und er habe sich immer geärgert, dass die Gemeinde Wien noch in der Nachkriegszeit Gräber zerstört habe.[297]

Bei dem Gerücht, das Areal des jüdischen Friedhofes Währing solle während der NS-Zeit durch die Stadt Wien in ein *Vogelschutz-Gebiet* umgewidmet worden sein, um den Kultort vor Zerstörungen zu retten, handelt es sich ganz offensichtlich um eine in der Nachkriegszeit aufgestellte Schutzbehauptung. Sie ist im Kontext der Bemühungen zu verstehen, Österreich als „Erstes Opfer Hitlerdeutschlands" darzustellen und möglichst viele Handlungen, die einem aktiven oder auch passiven Widerstand gegen das NS-Regime zugerechnet werden könnten, hervorzuheben. Tatsächlich entstand das Gerücht um die

Rettung des jüdischen Friedhofes Währing dank seiner Umwidmung in ein *Vogelschutz-Gebiet* aus der Kombination und Uminterpretation verschiedener realer Tatbestände:

Das Areal wurde in der NS-Zeit nicht vollständig zerstört. Die Stadt Wien hatte maßgeblichen Einfluss auf das Schicksal des Areals in der NS-Zeit. Die Stadt Wien war maßgeblich verantwortlich für die größten Zerstörungen auf dem Areal während der NS-Zeit. Das Areal wurde in der Nachkriegszeit umgewidmet. Das Areal verfügt über einen ausgedehnten Baumbestand. Tiere leben dort weitgehend ungestört. Im angrenzenden Währinger Park beobachten Anrainer besonders viele Vögel und sprechen von einem „Vogelparadies". Die Kombination und Umdeutung dieser Einzelfakten zur beschönigenden Geschichte um die Rettung des Areals ist angesichts der massiven und irreparablen Zerstörungen der NS-Zeit auf dem jüdischen Friedhof Währing frappierend.

6. Status quo

6.1. DER ALLGEMEINZUSTAND IN DEN JAHREN 2007 UND 2008

Zwischen August 2006 und September 2007 war das Areal des jüdischen Friedhofes Währing von meterhohem Gestrüpp überwuchert; der Aufenthalt unter den Bäumen war bei Wind lebensgefährlich.[298] Die Schäden im Grabdenkmalbestand des jüdischen Friedhofes Währing, die aus Zerstörungen der NS-Zeit sowie jahrzehntelanger Vernachlässigung resultieren, sind klar auszunehmen. Leerstellen in den Grabreihen sowie umgelegte Grabsteine weisen auf Exhumierungen hin, aufgetürmte Grabmonumente auf den Bau des Luftschutz-Bunkers. Gruftanlagen stehen seit den Exhumierungen der NS-Zeit offen, da ihre Deckplatten entfernt und vielfach auch zerstört wurden. Die aufgebrochenen und geschändeten Gräber wurden nicht mehr geschlossen. Die mehrere Meter tiefen Schächte stellen eine nicht zu unterschätzende Gefahrenquelle, aber auch ein Spiegelbild der Pietätlosigkeit im Umgang mit dem Kultort dar. Wild aufgegangene Bäume haben Grabdenkmäler statisch beeinträchtigt und zu Fall gebracht. Im Bereich der lange Jahre eingestürzten Westmauer sind Vandalismus und Diebstahl bis weit in die Gräbergruppe 4 hinein konstatierbar. Witterungseinflüsse, Moose und Pilzbefall haben Steinoberflächen stark in Mitleidenschaft gezogen, wobei der Grad der Zerstörung in Abhängigkeit zum Steinmaterial steht.

Zerstörungen aufgrund von Exhumierungen präsentieren sich im Sichtbefund als Lücken im Grabdenkmalbestand. Die Grabstelle des berühmten Reform-Rabbiners Isak Noa Mannheimer (1793–1865) und rechts davon jene seiner Frau Lisette (1798–1858) waren, wie eine Fotografie der Grabstellen aus 1928 deutlich zeigt, eingefasst und systematisch gärtnerisch bepflanzt.[299] Das Grabmal Isak Noa Mannheimers wurde in der NS-Zeit entfernt und durch die IKG Wien zum Zentralfriedhof Tor 1 verbracht. Die IKG Wien hatte die Gebeine Mannheimers exhumiert, um sie vor dem Zugriff des Naturhistorischen Museums Wien zu retten, das die Sammlungsbestände seiner anthropologischen Abteilung in der NS-Zeit anhand von Gebeinen des jüdischen Friedhofes Währing aufstockte. Anstelle von Mannheimers Grabmal ist heute also eine Lücke zu sehen;[300] vgl. Abbildung 16. Der Granitobelisk auf dem Grab von Mannheimers Ehefrau Lisette hingegen ist nach wie vor vorhanden, rechts im Bild.

Das Grabmal Hermann Todeskos (1791–1844) war im ursprünglichen Zustand ein imposanter, gut zweieinhalb Meter hoher Bau aus Granitblöcken und architektonisch äußerst auffallend gestaltet. Die Grabstelle war eingefriedet.[301] Das Grab wurde in der NS-

Zeit zerstört, Grabdenkmal und Einfriedung entfernt. Abbildung 17 zeigt die Stelle des Grabmals von Hermann Todesko im heutigen Zustand.[302] Die einzelnen Bestandteile sind, soweit im Sichtbefund feststellbar, vorhanden, halb ins umgebende Erdreich eingesunken und liegen verstreut zwischen den angrenzenden Grabreihen. Auch die Grabstellen der Familie Epstein – Teixeira de Mattos waren eingefasst.[303] Da hier keine Exhumierungen durchgeführt wurden, präsentiert sich die Familengrablege in ihrer Substanz weitgehend intakt, lediglich Witterungsschäden sind zu konstatieren;[304] vgl. Abbildung 18.

Ein Foto der Gräbergruppe 1 aus dem Jahr 2008 zeigt im Hintergrund deutlich den dichten, dschungelartigen Bewuchs dieses Gräberfeldes, der sich dank mangelnder Beschattung besonders schnell und üppig entwickelt;[305] vgl. Abbildung 19. Viele der auf einem Foto aus dem 1980er Jahren abgebildeten Grabdenkmäler sind inzwischen verschwunden oder weisen starke Zerstörungen durch Witterungseinflüsse auf.[306] Aus dem Flächenwidmungsplan von 1985 ist deutlich ersichtlich, dass sich im Bereich der Gräbergruppe 1 noch ein zusammenhängender Baumbestand befand, der heute komplett fehlt;[307] vgl. Abbildung 20. Die südwestliche Ecke des Areals ist heute unbeschattet, daher dicht von Wildwuchs bedeckt und praktisch unzugänglich.

6.2. INVENTARISIERUNG 2007

6.2.1. *Durch die IKG Wien Exhumierte*

Die durch die IKG Wien Exhumierten konnten aufgrund der Exhumierungsprotokolle von Ernst Feldsberg, soweit sie in den Beständen des Archivs der IKG Wien erhalten geblieben sind, erfasst werden. Die Grabstellen der Exhumierten wurden in ihrem Status quo dokumentiert und in der Inventar-Datenbank verzeichnet. Insgesamt konnten 129 Personen als durch die IKG Wien exhumiert festgestellt werden. Davon wurden 41 Personen zum alten jüdischen Teil des Wiener Zentralfriedhofes bei Tor 1 überführt, die beiden Rabbiner Mannheimer und Horowitz bekamen dort Ehrengräber der IKG Wien, neun Personen wurden in neuen Gräbern wiederbestattet und 30 in bereits bestehenden Familiengrabstätten. 88 Personen wurden zum neuen jüdischen Teil des Wiener Zentralfriedhofes bei Tor 4 überführt. Von ihnen wurden 63 Personen in den ursprünglich nur provisorischen Grabreihen der Gruppe 14a, Reihe 13 (Grab 1 bis 25, insgesamt 39 Personen) und 14 (Grab 1 bis 16, insgesamt 24 Personen), und 24 Personen in regulären Gräbern in den übrigen Gräberfeldern wiederbestattet, bei einer Grabstelle schließlich ist deren aktuelle Lage unbekannt. Bei drei Personen wurden die Grabstellen auf dem jüdischen Friedhof Währing geöffnet, aber wieder zugeschüttet, ohne Leichen zu entfernen; vgl. Anhang 11.1.

Der Status quo auf dem jüdischen Friedhof Währing stellt sich folgendermaßen dar:
Exhumiert wurden durch die IKG Wien in Gruppe 1: vier Personen, in Gruppe 2: zwei Personen, in Gruppe 3: drei Personen, in Gruppe 4: 32 Personen, in Gruppe 5: 18 Personen, in Gruppe 7: sechs Personen, in Gruppe 8: fünf Personen, in Gruppe 10: eine Person, in Gruppe 11: zwölf Personen, in Gruppe 12: sieben Personen, in Gruppe 13: zwei Personen, in Gruppe 14: zwei Personen, in Gruppe 15: fünf Personen, in Gruppe 16: zwei Personen, in Gruppe 17: sieben Personen, in Gruppe 18: fünf Personen, in Gruppe 19: eine Person, in Gruppe 20: zehn Personen, in Gruppe 21: fünf Personen. Von den Exhumierungen am stärksten betroffen sind damit die ältere Prominentengruppe 4, die jüngere Prominentengruppe 18, die älteren, mittleren und neueren Gruftanlagengruppen 1, 11 und 20, die ältere Gruppe der Fremden (Gruppe 3), sowie die religiöse Gruppe 5. In den Gräbergruppen 7, 8, 12, 13, 14, 15, 16 und 17 wurde vor allem auf Veranlassung von Angehörigen exhumiert.

15 Personen finden sich später auf der Wunschliste des Naturhistorischen Museums Wien, darunter der Rabbiner Lazar Horowitz, die Honoratioren der Wiener Judenschaft bzw. der IKG Wien Israel Hönig von Hönigsberg, Michael Lazar Biedermann, Nathan Adam Arnstein, Aron Leidesdorf und seine Ehefrau Ludowika, der Urgroßvater Hugo von Hofmannsthals, Isak Löw Hofmann von Hofmannsthal und seine Ehefrau Theresia, sowie Mitglieder der Familien Figdor und Wertheim. Acht Personen finden sich dann noch auf der Nachtrags-Wunschliste des Museums: Jonas und Josefine Königswarter, drei Mitglieder der Familie Pollak von Rudin aus deren Familiengruft auf dem jüdischen Friedhof Währing, sowie drei weitere Personen. De facto konnten also durch die Exhumierungsaktion der IKG Wien 23 Personen vor dem Zugriff des Naturhistorischen Museums Wien gerettet werden.

Durch die Exhumierungen wurden acht Grabdenkmäler zertrümmert, 41 fehlen, vier wurden entfernt und an der neuen Grabstelle wieder aufgestellt, darunter das Grabmal des Rabbiners Isak Noa Mannheimer, dreizehn Grabdenkmäler wurden entfernt und tragen in den Akten den Vermerk „wiederverwendet" (allerdings nicht am aktuellen Bestattungsort der Exhumierten), zwei Grabsteine sind nicht identifizierbar, 34 Grabsteine liegen in der Nähe der ursprünglichen Grabstelle (sechs davon allerdings zerbrochen), vier Einzelsteine stehen noch im Bereich der exhumierten Grabstelle, sechs Gruftanlagen mit den Grabangaben von 23 Personen sind erhalten. Insgesamt sind noch 56 Grabmonumente von durch die IKG Wien Exhumierten intakt auf dem Areal vorhanden. Von den Grabmonumenten mit hoher Priorität in Hinblick auf eine Sanierung sind gegenwärtig vier zertrümmert, drei fehlen, und 29 sind noch intakt vorhanden. 28 Grabmonumente werden einer mittleren Sanierungspriorität zugeordnet, von denen ein Stein fehlt und zwei zertrümmert sind.

6.2.2. Durch das Naturhistorische Museum Wien Exhumierte

Die Auswahlkriterien der IKG Wien für die Exhumierungen sind nachvollziehbar, handelt es sich doch einerseits um Personen, deren Exhumierung von Familienangehörigen gewünscht war, und andererseits um solche, die die IKG selbst als bedeutend einstufte. Jene des Naturhistorischen Museums Wien hingegen sind schwieriger einzuordnen, finden sich neben den Namen prominenter jüdischer Familien doch auch solche, deren Bedeutung weder wirtschaftlich, sozial, religiös noch kulturhistorisch erklärbar ist. Merkwürdig erscheint die Auswahl spätestens bei jenen vielen Personen mit dem Familiennamen „Pollak", die von den Autoren der „Wunschlisten" sämtlich der geadelten jüdischen Familie Pollak von Rudin zugeordnet werden – eine Annahme, die, wie ein Blick auf Herkunftsorte und Berufe der Verzeichneten offenbart, so nicht stimmen kann. Der Name „Pollak" bedeutet nichts anderes als „aus Polen" und wurde von jüdischen Familien ähnlich häufig gewählt wie die vergleichbar häufigen Namen Müller, Meier, Huber usw. bei nichtjüdischen Familien. In bezug auf die Exhumierungslisten des Naturhistorischen Museums Wien scheint hier der Wunsch Vater des Gedankens gewesen zu sein. Die Vorgangsweise mutet jedenfalls dilettantisch an. Nichtsdestoweniger hinterließ sie mit den zahlreichen geöffneten Grabstellen eine Spur der Zerstörung auf dem jüdischen Friedhof Währing.

Auf den ersten Blick feststellbar ist die Diskrepanz zwischen den Zahlenangaben der Exhumierten in den verschiedenen Quellen: den Listen der geplanten Enterdigungen, den Exhumierungsprotokollen, dem Inventarbuch des Naturhistorischen Museums, und hier wieder zwischen Eintrag und Austragung, sowie den Ergebnissen der Erhebungen im Rahmen der vorliegenden Untersuchung. Auf den Wunschlisten waren insgesamt 523 Gräber zur Exhumierung vorgesehen (Wunschliste 1: 341 Personen insgesamt, Wunschliste 2 „Nachtrags-Wunschliste": 182 Personen gesamt). Nach Lokalaugenscheinen und Erhebungen über die tatsächlichen technischen Möglichkeiten der Enterdigungen reduzierten sich die Wunschlisten für Phase Eins und Zwei der Exhumierungen auf 348 Gräber. Aufgrund der erhaltenen Exhumierungsprotokolle können insgesamt 215 Enterdigungen festgestellt werden. Sie sind allerdings nur lückenhaft überliefert. Eine in jüngster Zeit im Rahmen der Erforschung der Geschichte der Abteilung für Archäologische Biologie und Anthropologie des Naturhistorischen Museums Wien angelegte Liste der Exhumierten des jüdischen Friedhofes Währing verzeichnet 155 Personen.[308] Im Inventarbuch der Somatologischen Sammlung der Abteilung für Archäologische Biologie und Anthropologie des Naturhistorischen Museums Wien wurden 359 Inventarnummern als vom jüdischen Friedhof Währing stammend eingetragen. Weitere Akten des Museums von Februar 1943 sprechen von „nahezu 200" Exhumierten, eine Zahl, die „sich weiter vermehren" werde. Im Übergabeprotokoll des Museums an die IKG Wien aus dem Jahr 1947 werden 222 Schachteln mit Knochen vom jüdischen Friedhof Währing genannt. In Gruppe 14a am 4. Tor des Zentralfriedhofes in der neuen jüdischen Abteilung wurden, soweit laut Inschriftenverzeichnis der IKG Wien zu den provisorischen Grabplatten feststellbar, 221 Personen aus dem Museumsbestand wiederbestattet. Herrn Wolfgang Eder sei an dieser Stelle für seine äußerst engagierte Mithilfe bei der Auffindung dieser Grabstellen ebenso gedankt wie den Mitarbeitern der Friedhofsverwaltung der IKG Wien am 4. Tor des Zentralfriedhofes in der neuen jüdischen Abteilung.

In Gruppe 14a am 4. Tor des Zentralfriedhofes finden sich auch jene Grabstellen, in denen die IKG Wien die durch das Naturhistorische Museum Wien rückgestellten Schachteln mit Gebeinen vom jüdischen Friedhof Währing bestattete. Sie sind durch kleine, stark verwitterte Schiefertafeln markiert. Soweit sich aus der Abfolge der Grabstellen schließen lässt, wurden zunächst Gebeine in größeren Familienverbänden wiederbestattet; die Bezeichnungen der Sammelgrabstellen lauten, in der Reihenfolge der Belegung: Reihe 14, Grab 17 bis 19: 8 Mitglieder der Familie Granichstädten, 6 Mitglieder der Familie Geiringer (vgl. Abschnitt Wunschlisten), 4 Mitglieder der Familie Hofmann von Hofmannsthal; Reihe 15, Grab 1 bis 28: 28 Mitglieder der Familie Leidesdorf, 19 Mitglieder der Familie Benvenisti, 23 Mitglieder der Familie Wertheim, 9 Mitglieder der Familie Russo, 11 Mitglieder der Familie de Majo, 8 Mitglieder der Familie Goldschmidt, 14 Mitglieder der Familie Fein, 16 Mitglieder der Familie Edle von Wertheimstein, 6 Mitglieder der Familie Lang, 10 Mitglieder der Familie Einö(h)rl, 8 Mitglieder der Familie Arnstein sowie Samson Josef Wertheim, 13 Mitglieder der Familie Biedermann, 10 Mitglieder der Familie Hönigsberg, 4 Mitglieder der Familie Eppinger, 6 Mitglieder der Familie Adutt. Anschließend wurden Kleinfamilien und Einzelpersonen bestattet; hier waren auf den Grabtafeln die siebzehn einzelnen Namen und Sterbedaten angegeben (nicht alle sind heute erhalten bzw. lesbar). In Reihe 14 wurden somit laut Grabinschriftenplatten-Verzeichnis 18 Personen aus dem Museumbestand wiederbestattet, in Reihe 15 203 Personen.

Die Pauschalangaben zu jenen Familien, von denen zahlreiche Mitglieder exhumiert wurden, sind insoferne problematisch, als sich nur schwer nachvollziehen lässt, wer genau die in Gruppe 14a Wiederbestatteten sind. Im Falle jener Personen, die in den Exhumierungsprotokollen des Museums namentlich angeführt sind, ist gesichert, dass sie auch wirklich exhumiert wurden. Weitere Familienmitglieder finden sich jedoch auf der Wunschliste und danach auf der Nachtrags-Wunschliste des Museums. Hier ist nicht mehr klar, wer nun tatsächlich exhumiert wurde, da die gegebenenfalls dazugehörigen Exhumierungsprotokolle nicht überliefert sind. Jedenfalls stimmen die Zahlenangaben zu den in Gruppe 14a laut Grabinschriftenplatten Bestatteten nicht mit der Anzahl der in den erhaltenen Exhumierungsprotokollen Angeführten überein. Liegen in Gruppe

14a weniger Personen, als in den Exhumierungsprotokollen angeführt sind, so sind wohl Gebeine verloren gegangen. Ist aber auf den Grabinschriftenplatten eine größere Personenzahl genannt, als sich aus den Exhumierungsprotokollen erschließt, liegt die Vermutung nahe, dass durch das Museum weitere Personen enterdigt wurden, die auf seinen Wunschlisten verzeichnet waren. Daß das Museum irgendwelche Dritte, die nirgends verzeichnet wurden – an denen also offenbar primär gar kein Interesse bestand – enterdigt hätte, erscheint hingegen eher unlogisch. Letztlich ist also wegen der ungenauen Personenangaben auf den aktuellen Grabstellen nicht nachvollziehbar, wer tatsächlich in den Sammelgräbern in Gruppe 14a wiederbestattet wurde – beziehungsweise, wessen Gebeine im Zuge von Objektverlagerungen verloren gegangen sind.

Wenn die verheirateten Frauen ihren Herkunftsfamilien zugeordnet werden, ergibt sich folgendes Bild: Die Mitglieder folgender Familien wurden laut Protokollen exhumiert, eine gleiche Anzahl von Personen scheint auf den Inschriftentafeln in Gruppe 14a auf: Leidesdorf, Hofmannsthal, Arnstein, Lang, Wertheim, de Majo, Goldschmidt. Mit an Sicherheit grenzender Wahrscheinlichkeit kann man bei folgenden Familien annehmen, dass jene Personen, die exhumiert wurden, auch tatsächlich in Gruppe 14a wiederbestattet wurden: Arnstein, Wertheim. Bei den übrigen Familien sind möglicherweise mehr Familienmitglieder exhumiert worden (siehe Wunschlisten sowie aktuellen Zustand der Grabsteine auf dem jüdischen Friedhof Währing), als anhand erhaltener Exhumierungsprotokolle festellbar ist, daher lässt sich auch nicht sagen, welche Einzelpersonen tatsächlich in Gruppe 14a wiederbestattet wurden; vgl. Anhang 11.2. Daraus ergeben sich Fragen, wie: Ninna Herzel geb. Fein wurde mit Sicherheit exhumiert. Sie bekam kein Einzelgrab in Gruppe 14a. Wurde sie als ein Familienmitglied der Familie Fein im Familiensammelgrab bestattet? Die gleiche Situation liegt bei Josefine Kaufmann geb. Benvenisti vor. Gingen ihre Gebeine verloren, oder wurde sie in der Sammelgrabstelle der Familie Benvenisti wiederbestattet? Im Falle der Familie Figdor verzeichnen die Exhumierungsprotokolle drei Personen: Fanny und Nathan – ihre Knochen waren laut Protokollen im Grab völlig zerbrochen. Sie wurden daher möglicherweise in ihren ursprünglichen Gräbern belassen. Michael Figdor wurde mit Sicherheit enterdigt, allerdings ist heute bei 14a kein Grab vorhanden.

Das oben ausgeführte Ergebnis bedeutet, dass, falls die Angabe des Inventarbuches des Museums korrekt ist und falls pro Person eine Inventarnummer vergeben worden ist, schon im Zeitraum bis 1947 die Gebeine von 137 Personen verschwunden waren – sei es aufgrund von Kriegseinwirkungen, Bergungsmaßnahmen oder anderen Ereignissen. Die Diskrepanz zwischen übergebenen und wiederbestatteten Gebeinen beträgt eine Person. Von Michael Figdor muss gesagt werden, dass der Verbleib seiner Gebeine ungeklärt ist.

Die Diskrepanz zwischen gewünschten und tatsächlich vorgenommenen Exhumierungen resultiert aus verschiedenen Umständen: viele Grabnummern fehlten entweder in den Wunschlisten oder waren falsch, Leichen konnten nicht gefunden werden oder waren völlig verwest und für eine Exhumierung nicht geeignet, durch Baumwuchs oder das Gewicht des darüber errichteten Grabdenkmals waren viele Gebeine unzugänglich oder auch völlig zerstört, einige Personen waren zum Zeitpunkt der Exhumierungsarbeiten des Museums bereits durch die IKG Wien exhumiert und wieder bestattet worden (siehe oben), durch die Bauarbeiten am Luftschutz-Bunker waren Grabstellen zerstört bzw. unzugänglich gemacht worden, oder Gräber waren wegen der Größe von Bäumen über den Grabstellen selbst nicht zu öffnen.[309] Gezielte Exhumierungen von Einzelpersonen in der Gräbergruppe 12 waren nicht möglich, da diese Gruppe als einer der Gratis-Beerdigungsplätze für Arme benutzt worden war; dabei waren einerseits die Grabstellen wesentlich dichter belegt worden – bis zu drei Leichen liegen in einem Grab –, andererseits waren die verwendeten, billigen Sandstein-Grabsteine bereits in der NS-Zeit bis zur Unleserlichkeit abgewittert. Auch Fälle, in denen auf einem Grab mehrere Grabsteine stehen, wurden festgestellt. Aus all diesen Gründen waren die vom Naturhistorischen Museum Wien in Aussicht genommenen Enterdigungen in solchen Fällen mangels Identifizierungsmöglichkeiten vereitelt worden.[310]

Bei einer Überprüfung der Bestände der Osteologischen Sammlung der Abteilung für Archäologische Biologie und Anthropologie des Naturhistorischen Museums Wien im Jahr 1991 fanden sich 28 Schädel und Totenmasken jüdischer KZ-Opfer, darunter aber keine weiteren Gebeine vom jüdischen Friedhof Währing. Die aufgefundenen Schädel wurden am 10. November 1991 an die IKG Wien übergeben und noch im selben Jahr am Zentralfriedhof in der neuen jüdischen Abteilung beim 4. Tor wiederbeerdigt.[311]

Laut der Leiterin der Abteilung für Archäologische Biologie und Anthropologie des Naturhistorischen Museums, Maria Teschler-Nicola, ist es äußerst unwahrscheinlich, dass sich heute noch Gebeine, die vom jüdischen Friedhof Währing stammen, in den Beständen ihrer Abteilung befinden könnten: Alle im Inventar und auch auf Schachtelbeschriftungen als „von Juden stammend" ausgewiesenen Knochen seien zur Bestattung übergeben worden. Es sei auch nicht möglich, dass Knochen vom jüdischen Friedhof Währing unter einem anderen Titel als „von Juden stammend" inventarisiert wurden, denn in der NS-Zeit selbst sei eine solche Provenienz nicht verschleiert worden, und auch nach 1945 wäre ohne Angabe des Fundortes die wissenschaftliche Bearbeitung des Materials nicht möglich gewesen, auch hätte niemand die Angabe des Fundortes gefälscht, um eine Provenienz zu verschleiern. Die Möglichkeit, dass Knochen, die vom jüdischen Friedhof Währing stammen, noch in der NS-Zeit an das Anthropologische Institut der Universität Wien übergeben worden wären und sich daher noch in den dortigen Sammlungsbeständen befinden könnten, sei unwahrscheinlich, denn die anthropologischen Abteilungen am Museum und an der Universität Wien hätten miteinander stark konkurriert, und daher seien sicherlich keine Knochen von einer dieser Stellen an die andere abgetreten worden. Sogenannte Rassegutachten seien an der Universität außerdem bereits ab 1938 durchgeführt worden, im Museum hingegen erst ab 1941.[312]

Manche Fragen müssen bis dato unbeantwortet bleiben: Was geschah mit der *Stiassny*-Familiengruft, in Gruppe 1, Reihe 1, Nummer 63? Sie steht heute offen. Mitglieder der Familie Stiassny standen aber weder auf den Wunschlisten des Museums, noch tauchen sie in den Exhumierungsprotokollen von Kultusgemeinde oder Museum auf. Wer hat die Gruft geöffnet, und wann? Aus welchen Motiven? Ob die Särge und Leichen noch vorhanden sind, lässt sich durch Sichtbefund nicht klären.

6.2.3. *Exhumierte und zerstörte Gräber im Bereich des geplanten Luftschutz-Bunkers*

Wie aus den Tätigkeitsberichten des Friedhofsamtes der IKG Wien über die bei den Baggerarbeiten geborgenen bzw. verlustig gegangenen Gebeine der auf dem Areal des geplanten Luftschutz-Bunkers Bestatteten hervorgeht, befanden sich nach Abschluss der Baggerarbeiten immer noch Knochenreste in der ausgehobenen Grube auf dem Friedhofsareal; zudem blieben Knochen an den Deponiestellen zurück. Das bedeutet, dass sowohl auf dem Areal des heutigen „Arthur Schnitzler-Hofes" zumindest bis zum Baubeginn des Gebäudes noch Knochenreste vorhanden waren, als auch im Bereich folgender, in den Akten angegebener Wiener Plätze (Wien 16, Yppenplatz, Wien 22, Pragerstraße, Wien 10, Laubplatz, Wien 6, Westbahnhof, Wien 18, Semperstraße, hinter dem Friedhof) noch Knochen vom jüdischen Friedhof Währing in der Erde liegen müssten.[313]

Die IKG Wien hielt die Namen derjenigen, deren Grabstätten von den Arbeiten am Bunker betroffen waren bzw. dabei zerstört wurden, soweit sie aufgrund der Inventarisierungsarbeiten des Archivars der IKG Wien, Pinkas Heinrich, bekannt waren fest, um sie in einer eigenen Kartei im Friedhofsamt der IKG Wien am 4. Tor des Zentralfriedhofes zu verwahren. Explizit wird im dazugehörigen Dokument festgestellt, dass dabei nur die Namen derjenigen erfasst werden konnten, die auch einen Grabstein besaßen.[314] Alle anderen zerstörten Grabstellen blieben undokumentiert. Um sie zu eruieren, müsste im Rahmen eines eigenen großangelegten Forschungsprojektes der Belag des jüdischen Friedhofes in seiner Gesamtheit anhand der Matriken und Totenbeschauprotokolle der Wiener Stadtverwaltung ergänzt werden. Da diese Verzeichnisse chronologisch angelegt sind, ohne Rücksicht oder besondere Ordnung nach Religionszugehörigkeit, bedeutet dies einen außerordentlich großen Zeit- und Arbeitsaufwand, da dazu sämtliche heute noch verfügbaren Unterlagen für die rund einhundert Jahre der Gesamtbelegzeit des Friedhofes nach Toten jüdischen Glaubens durchgesehen werden müssen. Laut Auskunft des Matrikenamtes der IKG Wien kann jedoch von einer Gesamtzahl der auf dem jüdischen Friedhof Währing Bestatteten von mindestens 30.000 Personen ausgegangen werden.[315] Notgedrungen beschränkten sich die Gräbererhebungen des Forschungsprojektes daher auf die in der Inventarisierung von 1905–1907 verzeichneten Personen und Daten, die Pinkas Heinrich anhand erhaltener Grabsteine bekannt waren. Gerade bei den Zahlenangaben zum Ausmaß der Zerstörungen muss hier der Umstand berücksichtigt werden, dass summa summarum mit Sicherheit ein Vielfaches der bisher feststellbaren Anzahl an Gräbern den Zerstörungen zum Opfer gefallen ist; vgl. Anhang 11.3.

Die Zerstörungen beschränken sich nicht auf die weggebaggerten Areale in den Gräbergruppen 14, 17, 20 und 21, sondern erstrecken sich bis in die Gräbergruppen 12, 13, 15 und 16: Hunderte von Grabstellen wurden dort durch die Ablagerung von Schutt und Ausbaggerungsmaterial sowie abgetragener Grabsteine vor allem der Gruppe 21 beschädigt oder zerstört. Bei der bis heute in den erhaltenen Gräbergruppen 12, 13, 15 und 16 sichtbaren, nie beseitigten Anhäufung der abgetragenen Grabsteine wurden außerdem viele ursprünglich dort aufgestellte Grabsteine umgeworfen, beschädigt und disloziert, sodass viele der ursprünglichen Grabpositionen auch in diesen Gräbergruppen seither vor Ort nicht mehr feststellbar sind, sondern nur mehr aufgrund von Archivmaterial annähernd rekonstruiert werden können; vgl. Anhang 11.4.

6.2.4. Metallteile

Auf dem jüdischen Friedhof Währing wurden alle metallenen Grabzeichen im Zuge der von der Gestapo angeordneten Metallsammlungen zu Beginn des Jahres 1943 entfernt. Auf dem gesamten Areal blieb lediglich eine einzige, kleinformatige Darstellung des Uroborus in Bronze vollständig intakt erhalten, die offenbar bei der NS-Metallsammlungs-Aktion übersehen wurde. Daneben existieren nur mehr Fragmente und Spuren der ursprünglichen Schmuckelemente aus Metall. Metallene Grabzeichen waren in erster Linie auf Obelisken aus poliertem Granit sowie aus Marmor angebracht, wie die an diesen Grabsteinen sichtbaren Löcher der Halterung der Grabornamente deutlich zeigen. Metallene Grabeinfassungen wurden zum größeren Teil entfernt, zu einem kleineren Teil sind diese jedoch nach wie vor, meist unvollständig, erhalten. Ein einziges gusseisernes Grabmal ist auf dem Areal des jüdischen Friedhofes Währing erhalten geblieben.

7. Schlussbemerkung

Gegenwärtig ist der Erhaltungszustand des bestehenden Areals denkbar schlecht. Zu den Zerstörungen der nationalsozialistischen Zeit kommen an den Grabmälern schwerwiegende Schäden durch Abräumaktionen und Vandalismus sowie durch Umwelteinflüsse wie sauren Regen, Frost und Bewuchs. Die Grabsteine aus Sandstein sind bis zur Unkenntlichkeit abgewittert, anderswo sind tonnenschwere Steine, zerbrochen, meterhoch aufgetürmt. Die Weganlagen sind mehrheitlich überwachsen und nicht mehr begehbar, die Beschilderungen wurden größtenteils entfernt, sodass eine Orientierung auf dem Areal ohne Hilfe unmöglich ist.

Bis heute ist es nicht gelungen, die Sanierung der Schäden sowie eine regelmäßige Pflege des Bewuchses auf dem Areal dauerhaft sicherzustellen. Die Israelitische Kultusgemeinde Wien ist mit der Verwaltung von mehr als 40 Friedhöfen überlastet und kann die Sanierung und Erhaltung des jüdischen Friedhofes Währing – immerhin der drittgrößte jüdische Friedhof Österreichs und sicherlich einer der kulturhistorisch wertvollsten – nicht ohne Unterstützung leisten. Die Verantwortung für den schlechten Zustand des Areals ihr alleine anlasten wollen hieße überdies, die Schuld für die Folgen des NS-Regimes ausgerechnet dessen Opfern zuzuschreiben. Im öffentlichen Bewusstsein der Stadt jedenfalls fiel der bemerkenswerte jüdische Friedhof in Vergessenheit. Viele gutgemeinte Initiativen in den Jahrzehnten seit 1945 blieben punktuelle Aktionen, und der Verfall schreitet ungehindert fort. Inzwischen ist die Situation tatsächlich prekär – ohne baldige Sanierungsmaßnahmen und kontinuierliche Betreuung ist dieses Kulturdenkmal endgültig verloren. Es bleibt zu hoffen, dass die jüngst vollzogene parlamentarische Einigung vom 9. November 2010 letztlich auch zur dauerhaften Rettung des jüdischen Friedhofes Währing führen wird. Mit dem vorliegenden Buch wird es wenigstens möglich, all jener Personen, deren Grabstellen und Grabdenkmäler in der NS-Zeit zerstört wurden, wieder namentlich und persönlich zu gedenken. Möge dies ein erster Schritt sein, dem *Heiligen Ort* seine Würde zurückzugeben.

8. Quellen

Bezirksgericht Döbling, Grundbuch (teilw. heute Wiener Stadt- und Landesarchiv):
Hauptbuch und Urkundensammlung:
Grundbuch Döbling, Katastralgemeinde Währing, Einlagezahl 226.
Grundbuch Döbling, Katastralgemeinde Oberdöbling, Einlagezahl 2232, Grundstücksnummern 1120/1, 1120/2, 1120/3, 1120/4.

Bundesamt für Eich- und Vermessungswesen:
Zl. 01514, Franziszäischer Kataster.
Katastralmappe Oberdöbling.
Bestand Luftbilder.

Bundesdenkmalamt, Archiv:
NS-Materialien, Karton 3, Jüdische Friedhöfe.
NS-Materialien, Karton 4, Jüdische Friedhöfe und Grabsteine (1935–1943) Faszikel 5.

Central Archives for the History of the Jewish People, Hebrew University, Jerusalem:
Bestand A/W, Altes Archiv der Israelitischen Kultusgemeinde Wien:
A/W 69,1: I. Protokolle über Vorstandssitzungen. 1798–1849.
A/W 452: XIX. Friedhofs- und Beerdigungsangelegenheiten. 1942–1943. Erfassung von Schrott und Metallen auf jüdischen Friedhöfen.
A/W 732,7: XIX. Friedhofs- und Beerdigungsangelegenheiten. 1909. Geschichte der Friedhöfe der IKG Wien. Im Auftrage des Kultusvorstandes aktenmäßig dargestellt von Sigmund Husserl. A. Die Verwaltung des Beerdigungswesens. B. Der Rossauer Friedhof (Seegasse). C. Der Währinger Friedhof. D. Der Zentralfriedhof. E. Der Floridsdorfer Friedhof.
A/W 732,8: Die Wiener Juden im Jahre 1809. Zur Eröffnung der Erzherzog-Karl-Ausstellung. 1909.
A/W 1102/8: Adler, Jakob a. Begräbnis; Grabinschrift; Graberhaltung b. Isr. Allianz. 1896–1916.
A/W 1102/53: Biedermann, M. L. (Grufterhaltung). 1899–1900.
A/W 1102/122: Kuffner, Leopold (Grabsteinerhaltung). 1875, 1885.
A/W 1460: Währinger Friedhof betr. die Herstellung gärtnerischer Anlagen und die Pflege derselben. 1903-1916.

A/W 1513: Grabstättenverzeichnis (mit Angabe der Grabnummer, des Namens des Verstorbenen, des Sterbejahrs und der Art des Grabsteins). 186?.

A/W 1514: Dr. Heinrich: Währinger Friedhof, Zentralfriedhof (betr. die Aufnahme der Grabinschriften auf dem Währinger Friedhof und die Anlage eines Gräberprotokolls, sowie die Überprüfung von Grabinschriften bei Errichtung neuer Grabmonumente). 1905–1909.

A/W 1515: XIX. Friedhofs- und Beerdigungsangelegenheiten. 1941–1942, 1857. Exhumierung von Leichen auf dem Währinger Friedhof wegen des beabsichtigten Baus eines Luftschutzraumes auf dem Friedhofsgelände.

A/W 1733: VIII. Unterricht. L. Wissenschaftliche Institutionen. 3. Historische Kommission. 1927. Ludwig Babo: Das jüdische Alt-Wien.

A/W 2217: XXVII. Addenda B. Selbständige Organisationen und Institutionen, alphabetisch. Chewra Kadischa. 1911. Bernhard Wachstein: Die Gründung der Wiener Chewra Kadischa im Jahre 1763. Max Grunwald: Zur Familiengeschichte einiger Gründer der Wiener Chewra Kadischa: die Familie Arnstein.

A/W 2371: XXVII. Addenda B. Selbständige Organisationen und Institutionen, alphabetisch. Chewra Kadischa im XVIII. Bezirke in Wien. 1902–1911.

A/W 2990: Friedhof Währing. 1874–1884. a. Vermessung und Aufnahme des Friedhofs, sowie Neunummerierung der Gräber. 1874. b. Erhöhung der Einfriedungsmauer. 1876. 1870. c. Bauprojekt der Neuen Wiener Tramwaygesellschaft. 1883–1884.

A/W 3022: Varia 1938–1944.

A/W 3044: III: Akten und Schriftstücke. A. Chronologisch geordnete Schriftstücke. 11. 10. 1641.

A/W 3062: III: Akten und Schriftstücke. A. Chronologisch geordnete Schriftstücke. 1784.

A/W 3117: Verzeichnis der wichtigsten Originaldokumente aus dem Leben Herrn I. L. Hofmann, Edlen v. Hofmannsthal, vom Jahre 1785 bis zum Jahre 1845, geordnet von Herrn Berger. 1845.

A/W 3190,1: XXVII. Addenda B. Selbständige Organisationen und Institutionen, alphabetisch. Chewra Kadischa für Oberdöbling und Umgebung. 1890.

A/W 3190,2: XXVII. Addenda B. Selbständige Organisationen und Institutionen, alphabetisch. Chewra Kadischa für Oberdöbling und Umgebung. 1891.

A/W 3190,3: XXVII. Addenda B. Selbständige Organisationen und Institutionen, alphabetisch. Chewra Kadischa für Oberdöbling und Umgebung. 1892.

8. Quellen

Heeresgeschichtliches Museum:
Bestände Luftbilder, Pläne, Fotografien.

Institut für Zeitgeschichte der Universität Wien, Archiv:
DO 854 NL-73/Loewy, Nachlaß Albert Loewy, Mappe 107.

Israelitische Kultusgemeinde Wien, Website:
www.ikg-wien.at, Abfragen Friedhofsdatenbank, letzter Zugriff 24. 2. 2011.

Israelitische Kultusgemeinde Wien, Neues Archiv:
Anlaufstelle, Karton Kultusangelegenheiten.
Anlaufstelle, Karton Kultusgegenstände.
Anlaufstelle, Karton Restitution.
Depot Czerningasse, Karton AD-GV-Rückstellungen Wien I, B 2 AD XXVI A, d.
Depot Czerningasse, Karton Stiftungen NS-Zeit XXXII, A, d.
IKG Wien, B 19 AD XXVII c,d Feldsberg-Akte.

Jüdisches Museum Wien, Archiv:
Bestand Fotografien, Jüdischer Friedhof Währing, Fotos 1928.

Naturhistorisches Museum Wien, Abteilung für Archäologische
Biologie und Anthropologie:
Osteologische Sammlung, Korrespondenz 1938, 1939, 1943, 1946, 1947.
Osteologische Sammlung, Inventarbuch AA 15.100 – 21.316.
Somatologische Sammlung, Inv. Nr. 2601: Dr. Wastl, Inventar des Döblinger Judenfriedhofes in Wien, 1942.
Somatologische Sammlung, Inv. Nr. 2669: Briefwechsel und Aufzeichnungen über die Grabungen am Jüdischen Friedhof Währing.

Österreichisches Staatsarchiv, Kriegsarchiv:
Beständ Luftbilder, Pläne, Fotografien.

Stadt Wien, Magistratsabteilung 21:
Bestand israelitischer Friedhof Währing.

Stadt Wien, Magistratsabteilung 37:
Währing.

Stadt Wien, Magistratsabteilung 41:
Währing.

Wiener Stadt- und Landesarchiv:
Bestand Media Wien.
Bestand Ratsherren, B 1, Stenographische Berichte 1939–1945, B 2, Beschluß-Protokolle der öffentlichen Sitzungen 1939–1945.
Historischer Atlas von Wien. Hg. v. Wiener Stadt- und Landesarchiv, Ludwig Boltzmann Institut für Stadtgeschichtsforschung. Wissenschaftliche Gesamtleitung Felix Czeike/ Renate Banik-Schweitzer/ Ferdinand Opll. 4. Lieferung. Wien-München 1990 und 5. Lieferung. Wien-München 1994.
Kartographische Sammlung.
Fotosammlung, Bestand Fotoarchiv Gerlach.

Wien Museum, Topographische Sammlung:
Bestand Fotografien.
Bestand Bezirkspläne.

9. Literatur

ADLER, Renate K./ Nils Ch. Engel/ Heinz Högerle/ Gil Hüttenmeister/ Nina Michielin/ Adolf Sayer: In Stein gehauen. Lebensspuren auf dem jüdischen Friedhof in Rexingen. Dokumentation des Friedhofs und des Schicksals der 300 Jahre in Rexingen ansässigen jüdischen Gemeinde. Stuttgart 1997.

ADUNKA, Evelyn: Die vierte Gemeinde. Die Geschichte der Wiener Juden von 1945 bis heute. Berlin-Wien 2000. (= Geschichte der Juden in Wien, hg. v. Institut für Geschichte der Juden in Österreich, St. Pölten 6)

ANSPRUCH der Steine. Jüdischer Friedhof Berlin Schönhauser Allee. Inventarisation und Erforschung. Duisburg-Berlin 2000.

BAMBERGER, Naftali Bar-Giora: Die jüdischen Friedhöfe in Wandsbek. Hamburg 1997.

Rekonstruktion eines schematischen BELEGPLANES des jüdischen Friedhofes Währing. Im Auftrag der Israelitischen Kultusgemeinde Wien, technische Abteilung. Projektleitung Tina Walzer in Zusammenarbeit mit Vermessungsbüro Ing. Karl Knotzer, Groß-Petersdorf. Wien 2002.

BELL, Bethany: Jewish Cemetery Waehring. BBC World Service Radio March 2006.

BELL, Bethany: Waehringer Jewish cemetery. BBC World Television 30. März 2006.

BELLER, Steven: Wien und die Juden 1867–1938. Wien-Köln-Weimar 1993.

BERKLEY, George E.: Vienna and Its Jews. The Tragedy of Success 1880s–1980s. Cambridge 1988.

BERNSTEIN, Richard: A Cemetery Mirroring the History of a City's Jews. New York Times, 13. Mai 2003.

Jüdischer Friedhof Währing, BESTANDSAUFNAHME 2008. Projektwoche am Institut für Konservierungswissenschaften und Restaurierung-Technologie der Universität für Angewandte Kunst, 6.–10. Oktober 2008, Leitung Marija Milcin/ Tina Walzer, unter Mitwirkung von Andreas Rohatsch, Technische Universität Wien. Unveröffentlichter Forschungsbericht. Wien 2008.

Sozialgeschichte der Juden in Wien 1784–1874. BIOGRAFISCHE Datenbank des jüdischen Friedhofes Währing. Projektleitung Tina Walzer. Unveröffentlichtes Forschungsprojekt des Bundesministeriums für Wissenschaft und Forschung am Institut für Geschichte der Juden in Österreich. Wien 1995–2001.

BOTSTEIN, Leon: Judentum und Modernität. Essays zur Rolle der Juden in der deutschen und österreichischen Kultur 1848 bis 1938. Wien-Köln 1991.

BOTZ, Gerhard/ Ivar Oxaal/ Michael Pollak (Hg.): Eine zerstörte Kultur. Jüdisches Leben und Antisemitismus in Wien seit dem 19. Jahrhundert. Buchloe 1990.

BOYER, John W.: Culture and Crisis in Vienna. Chicago-London 1995.

BOYER, John W.: Political Radicalism in Imperial Vienna. Origins of the Christian Social Movement, 1848-1897. Chicago 1981.

BREITFELD, Oliver/ Michael STUDEMUND-HALÉVY/ Almut WEINLAND: Archiv aus Stein. 400 Jahre Jüdischer Friedhof Königstraße. Hamburg 2007.

BROCKE, Michael: Der alte Jüdische Friedhof zu Frankfurt am Main. Unbekannte Denkmäler und Inschriften. Sigmaringen 1996.

BROCKE, Michael/ Hartmut MIRBACH: Grenzsteine des Lebens. Auf jüdischen Friedhöfen am Niederrhein. Duisburg 1988.

BROCKE, Michael/ Aubrey POMERANCE: Steine wie Seelen. Der alte jüdische Friedhof Krefeld. Grabmale und Inschriften. Krefeld 2003. (= Krefelder Studien 11)

BUKEY, Evan Burr: Hitlers Österreich. Eine Bewegung und ein Volk. Zürich 2001.

BUNZL, John/ Bernd MARIN: Antisemitismus in Österreich. Sozialhistorische und soziologische Studien. Innsbruck 1983.

BUNZL, John: Der lange Arm der Erinnerung. Jüdisches Bewußtsein heute. Wien-Köln-Graz 1987.

BÜRGERTUM in der Habsburgermonarchie. Hg. v. Ernst Bruckmüller/ Ulrike Döcker/ Hannes Stekl/ Peter Urbanitsch. Wien-Köln 1990.

BURNICKI, Jan: Steine der Erinnerung. Der Konflikt um den Frankfurter Börneplatz und die „Gedenkstätte am Neuen Börneplatz für die von Nationalsozialisten vernichtete dritte jüdische Gemeinde in Frankfurt am Main". Unveröff. Magisterarbeit. Frankfurt am Main 2000.

CZEIKE, Felix: Historisches Lexikon Wien in 5 Bänden. Wien 1992.

DUIZEND-JENSEN, Shoshana: Jüdische Gemeinden, Vereine, Stiftungen und Fonds. „Arisierung" und Restitution. Wien-München 2004. (= Veröffentlichungen der Österreichischen Historikerkommission. Vermögensentzug während der NS-Zeit sowie Rückstellungen und Entschädigungen seit 1945 in Österreich. Hg. v. Clemens Jabloner u. a. Bd. 21/2)

EHL, Petr/ Arno PAŘÍK/ Jiří FIEDLER: Old Bohemian and Moravian Jewish Cemeteries. Prag 1991.

EMBACHER, Helga: Die Restitutionsverhandlungen mit Österreich aus der Sicht jüdischer Organisationen und der Israelitischen Kultusgemeinde. Wien-München 2003. (=Veröffentlichungen der Österreichischen Historikerkommission. Vermögensentzug während der NS-Zeit sowie Rückstellungen und Entschädigungen seit 1945 in Österreich. Hg. v. Clemens Jabloner u. a. Bd. 27)

EMSENHUBER, Elisabeth: Die Wiener Juden in der zweiten Hälfte des 19. Jahrhunderts. Soziale und familiäre Aspekte. Wien: Phil. Diss 1982.

ETZOLD, Alfred: Ein Berliner Kulturdenkmal von Weltgeltung. Der jüdische Friedhof Berlin-Weissensee. Berlin 2006. (= Jüdische Miniaturen 38)

FEIN, Erich: Die Steine reden. Gedenkstätten des österreichischen Freiheitskampfes. Mahnmale für die Opfer des Faschismus. Eine Dokumentation. Wien 1975.

FIEDLER, Jiří: Jewish Sights of Bohemia and Moravia, Prague 1991.

FRAENKEL, The Jews of Austria. Essays on their Life, History and Destruction. London 1967.

FUCHS, Albert: Geistige Strömungen in Österreich 1867–1918 [Nachdruck]. Wien 1996.

GÄLZER, Ralph: Alte Dorfkirchhöfe in Österreich. Zeugen unserer Kultur – Wege zu ihrer Erhaltung. Gaaden 2003.

GÄLZER, Ralph/ Ilona GÄLZER: Gärten des Friedens. Ländliche Kirchhöfe und Friedhöfe in Niederösterreich. Gaaden 2006.

GEMPERLE, Stefan: Jüdische Identitäten in Wien zwischen 1848 und 1938. Wien: Phil. Dipl.arbeit 1992.

GENÉE, Pierre: Wiener Synagogen 1825–1938. Wien 1987.

GOLD, Hugo (Hg.): Die Juden und Judengemeinden Mährens in Vergangenheit und Gegenwart. Ein Sammelwerk. Brünn 1929.

GOLD, Hugo (Hg.): Gedenkbuch der untergegangenen Judengemeinden des Burgenlandes. Tel Aviv 1970.

GOLD, Hugo (Hg.): Geschichte der Juden in Österreich. Tel Aviv 1971.

GOLD, Hugo (Hg.): Geschichte der Juden in Wien. Tel Aviv o. J.

GOMBRICH, Ernst H.: Jüdische Identität und jüdisches Schicksal. Hg. v. Emil Brix und Frederick Baker. Wien 1997.

GRAETZ, Heinrich: Geschichte der Juden vom Beginn der Mendelssohnschen Zeit (1750) bis in die neueste Zeit (1848). Leipzig 1900.

HALLER, Annette: Der jüdische Friedhof an der Weisegasse in Trier und die mittelalterlichen jüdischen Grabsteine im Rheinischen Landesmuseum Trier. Trier 2003.

HANÁK, Péter: Jews and the Modernization of Commerce in Hungary, 1760–1848, In: Michael K. Silber (Hg.): Jews in the Hungarian Economy 1760–1945. Jerusalem 1992, S. 23–39.

HÄUSLER, Wolfgang: Konfessionelle Probleme in der Wiener Revolution von 1848, In: Wolfgang Häusler (Hg.): Das Judentum im Revolutionsjahr 1848. Wien 1974 (Studia Judaica Austriaca 1), S. 64–77.

HEINEMANN, Hartmut/ Christa WIESNER: Der jüdische Friedhof in Alsbach an der Bergstraße. Wiesbaden 2001. (= Schriften der Kommission für die Geschichte der Juden in Hessen 18)

HEINEMANN, Hartmut: Die jüdischen Friedhöfe in Hessen. In: Denkmalpflege in Hessen Jg. 2 (1997), S. 32–39.

HERZIG, Arno: The Process of Emancipation from the Congress of Vienna to the Revolution of 1848/49. In: Leo Baeck Institute Year Book Jg. 37 (1992), S. 61–69.

HLAVAC, Christian/ Stefan SCHMIDT/ Tina WALZER: Jüdischer Friedhof Wien-Währing. Vergangenheit und Zukunft eines historischen Grünraumes, In: Stadt + Grün Jg. 11 (2008), Heft November, S. 28–33.

HÜTTENMEISTER, Gil/ Lea ROGG: Der jüdische Friedhof in Hegenheim. Basel 2004.

HÜTTENMEISTER, Nathanja/Christiane E. MÜLLER: Umstrittene Räume: Jüdische Friedhöfe in Berlin. Große Hamburger Straße und Schönhauser Allee. Berlin 2005. (=Minima Judaica 5)

IGGERS, Wilma (Hg.): Die Juden in Böhmen und Mähren. Ein historisches Lesebuch. München 1986.

JARRASSÉ, Dominique: Guide du patrimoine Juif Parisien. Paris 2003.

The JEWS of Czechoslovakia. Historical Studies and Surveys. Bd. 1–3. Philadelphia-New York 1971ff.

JOHN, Michael/ Albert LICHTBLAU: Schmelztiegel Wien einst und jetzt. Zur Geschichte und Gegenwart von Zuwanderung und Minderheiten. Wien 1993.

Das österreichische JUDENTUM. Voraussetzungen und Geschichte. Hg. v. Anna Drabek/ Wolfgang Häusler/ Kurt Schubert/ Karl Stuhlpfarrer/ Nikolaus Vielmetti. Wien-München 1974.

KÄNDLER, Eberhard/ Gil HÜTTENMEISTER: Der jüdische Friedhof Harburg. Hamburg 2004.

KAPLAN, Marion/ Beate Meyer (Hg.): Jüdische Welten. Juden in Deutschland vom 18. Jahrhundert bis in die Gegenwart. Göttingen 2005.

KEIL, Martha: „...enterdigt aus dem Währinger Friedhof. Der jüdische Friedhof in Wien-Währing während des Nationalsozialismus. In: Wiener Geschichte. Jahrbuch des Vereins für Geschichte der Stadt Wien 2005, S. 7–20.

KLENOVSKÝ, Jaroslav: Historic Sites of Jewish Mikulov. Mikulov 2000.

KLENOVSKY, Jaroslav: Jewish Monuments In Brno. A Brief History of the Brno Jewish Community. Brno 1995.

KOPPENFELS, Johanna: Jüdische Friedhöfe in Berlin. Berlin 2005.

KÜNZL, Hannelore: Jüdische Grabkunst von der Antike bis heute. Darmstadt 1999.

KULTURDENKMAL. Sonderbeilage zum Jüdischen Friedhof Währing. Die Presse, 3. September 2005.

LICHTBLAU, Albert (Hg.): Als hätten wir dazugehört. Österreichisch-jüdische Lebensgeschichten aus der Habsburgermonarchie. Wien-Köln-Weimar 1999.

LICHTBLAU, Albert: Antisemitismus und soziale Spannungen in Berlin und Wien 1867–1914. Berlin 1994.
LÖW, Ákos: Die soziale Zusammensetzung der Wiener Juden nach den Trauungs- und Geburtsmatrikeln 1784–1848. Wien 1951.
MAYER, Sigmund: Die Wiener Juden 1700–1900. Kommerz, Kultur, Politik. Wien-Berlin 1917.
MAYER, Sigmund: Ein jüdischer Kaufmann 1831–1911. Lebenserinnerungen. Leipzig 1911.
Mc CAGG, William O.: A History of Habsburg Jews, 1670–1918. Bloomington 1989.
McCAGG, William O.: Jewish Wealth in Vienna, 1670–1918, In: Michael K. Silber (Hg.): Jews in the Hungarian Economy 1760–1945. Jerusalem 1992, S. 53–91.
McCAGG. William O.: Austria's Jewish Nobles, In: Leo Baeck Institute Year Book Jg. 34 (1989), S. 163–186.
MEISSNER, Hans/ Kornelius FLEISCHMANN: Die Juden von Baden und ihr Friedhof. Baden 2002.
MELINZ, Gerhard/ Gerald HÖDL: „Jüdisches" Liegenschaftseigentum in Wien zwischen Arisierungsgsstrategien und Rückstellungsverfahren. Wien-München 2004. (= Veröffentlichungen der Österreichischen Historikerkommission. Vermögensentzug während der NS-Zeit sowie Rückstellungen und Entschädigungen seit 1945 in Österreich. Hg. v. Clemens Jabloner u. a. Bd. 13)
MELINZ, Gerhard/ Susan ZIMMERMANN (Hg.):Wien-Prag-Budapest: Blütezeit der Habsburgermetropolen. Urbanisierung, Kommunalpolitik, gesellschaftliche Konflikte (1867–1918). Wien 1996.
MOSES, Leopold: Die Juden in Niederösterreich. Wien 1935.
MÜLLER, Christiane E.: Enthüllungen am guten Ort. Was die Grabmalinschriften an der Schönhauser Allee 23–25 (ver)bergen. In: Leben mit der Erinnerung. Jüdische Geschichte in Prenzlauer Berg. Berlin 1997, S. 209–229.
Ausstellung: ORTE der Erinnerung. Die jüdischen Friedhöfe Hamburg-Altona und Wien-Währing. Kuratiert von Michael Studemund-Halévy und Tina Walzer. Stadtteilarchiv Ottensen, Hamburg-Altona, 2.–17. 7. 2010.
OXAAL, Ivar/ Michael POLLAK/ Gerhard BOTZ (Hg.): Jews, Antisemitism, and Culture in Vienna. London-New York 1987.
OXAAL, Ivar/ Walter R. WEITZMANN: The Jews of Pre-1914 Vienna. An Exploration of Basic Sociological Dimensions. In: Leo Baeck Institute Year Book Jg. 30 (1985), S. 395–434.
PANZINI, Franco: Memoria e natura. Il recupero del cimitero ebraico di Pesaro. In: Progetti. Architettura, restauro, design nella provincia di Ancona Nr. 12 [o. J.], S. 88–95.
PAŘÍK, Arno/ Vlastimila HAMÁČKOVÁ/ Dana CABANOVÁ/ Petr KLIMENT: Prager jüdische Friedhöfe. Prag 2003.

Jüdischer Friedhof Währing. PARKPFLEGEWERK. Im Auftrag der IKG Wien. Ausführung: Büro Landschaftsarchitektur DI Stefan Schmidt, bearbeitet von DI Melanie Anderwald/ DI Gitta Kranebitter/ DI Gerhard Rennhofer/ DI Stefan Schmidt. Historische Recherche, Auswertung, Text Tina Walzer. Grabungen Bundesdenkmalamt Abteilung für Bodendenkmale DI Martin Krenn, Grabungsleitung Mag. Ute Scholz. Unveröffentlichtes Gutachten. Wien 2008–2009.

PAULEY, Bruce F.: Eine Geschichte des österreichischen Antisemitismus. Von der Ausgrenzung zur Auslöschung. Wien 1993.

PLEYEL, Peter: Friedhöfe in Wien vom Mittelalter bis heute. Wien 1999.

PLIESSNIG, Martin: Die alte israelitische Abteilung des Zentralfriedhofs. Geschichte jüdischer Friedhöfe in Wien, Umgang mit jüdischem Kulturgut, Konservierung eines Grabdenkmals. Unveröffentlichtes Vordiplom am Institut für Konservierungswissenschaften und Restaurierung-Technologie der Universität für Angewandte Kunst. Wien 2009.

PROTOKOLL der Kabinettsitzung der Bundesregierung der Bundesrepublik Deutschland vom 31. 8. 1956, zur Verfügung gestellt vom Bundesinnenministerium Berlin, Friedrich Körner, Leitung Sektion Religionsangelegenheiten, 5. 9. 2001.

PULZER, Peter: The Rise of Political Antisemitism in Germany and Austria. Cambridge 1988.

RABINOVICHI, Doron: Instanzen der Ohnmacht. Wien 1938–1945. Der Weg zum Judenrat. Frankfurt am Main 2000.

RICHARZ, Monika: Die Entwicklung der jüdischen Bevölkerung. In: Steven M. Lowenstein u. a. (Hg.): Deutsch- jüdische Geschichte der Neuzeit. Bd. 3: Umstrittene Integration 1871–1918. München 1997, S. 13–38.

RITTERBAND, Charles: Wiens vergessener jüdischer Friedhof. Ein Kulturdenkmal des Biedermeiers ist dem Verfall überlassen. Neue Zürcher Zeitung 15. Februar 2006, S. 5.

ROTH, Ernst: Zur Halachah des jüdischen Friedhofs. In: UDIM. Zeitschrift der Rabbinerkonferenz der Bundesrepublik Deutschland, Bd. 4 (1974), S. 97–120 und Bd. 5 (1974/75), S. 89–124.

ROUTIL, Robert: Anthropologische Abteilung. In: N. N.: Das Naturhistorische Museum im Krieg. In: Annalen des Naturhistorischen Museums Wien Jg. 56 (1948), S. 1–17, dort S. 8–9.

ROZENBLIT, Marsha: Die Juden Wiens 1867–1914. Assimilation und Identität. Wien u. a. 1989.

RUDIN, Walter: So hab ich's erlebt. Von Wien nach Wisconsin – Erinnerungen eines Mathematikers. München-Wien 1998.

SAFRIAN, Hans/ Hans WITEK: Und keiner war dabei. Dokumente des alltäglichen Antisemitismus in Wien 1938. Wien 1988.

SALAMANDER, Rachel: Die jüdische Welt von gestern 1860–1938. Text- und Bild-Zeugnisse aus Mitteleuropa. München 1998.

SCHMIDTBAUER, Peter: Zur sozialen Situation der Wiener Juden im Jahre 1857. In: Kurt Schubert (Hg.): Der Wiener Stadttempel 1826–1976. Wien 1978. (= Studia Judaica Austriaca 6), S. 57–89.

SILBER, Michael K.: A Jewish Minority in a Backward Economy: an Introduction, In: Michael K. Silber (Hg.): Jews in the Hungarian Economy 1760–1945. Jerusalem 1992, S. 53–91.

SPIEL, Hilde: Fanny von Arnstein oder Die Emanzipation. Ein Frauenleben an der Zeitenwende 1758–1818. Frankfurt am Main 1962.

STEINES, Patricia: Hunderttausend Steine. Grabstellen großer Österreicher jüdischer Konfession. Wien 1993.

STERNFELD, Albert: Betrifft: Von Österreich betroffen. Wien 2001.

STUDEMUND-HALÉVY, Michael/Gaby Zürn: Zerstört die Erinnerung nicht. Der Jüdische Friedhof Königstrasse in Hamburg. Hamburg-München 2002.

STUDIO Salmoni associati: L' antico cimitero ebraico di Ancona recuperato. In: Progetti. Architettura, restauro, design nella provincia di Ancona Nr. 17 [o. J.], S. 36–43.

TESCHLER-NICOLA, Maria/Margit BERNER: Die Anthropologische Abteilung des Naturhistorischen Museums in der NS-Zeit; Berichte und Dokumentation von Forschungs- und Sammlungsaktivitäten 1938–1945. In: Untersuchungen zur Anatomischen Wissenschaft in Wien 1938–1945. Senatsprojekt der Universität Wien. Hg. v. Akademischen Senat der Universität Wien. Wien 1998, S. 333–358.

TIETZE, Hans: Die Juden Wiens. Geschichte – Wirtschaft – Kultur. Unveränderter Nachdruck. Wien 1987.

UGUCCIONI, Riccardo Paolo: Studi sulla communità ebarica die Pesaro. Pesaro 2003. (= Quaderni della Fondazione Scavolini 12)

UMGANG mit historischen Friedhöfen. Kassel 1984 (= Kasseler Studien zur Sepulkralkultur 3).

VERAN, Traude: Das steinerne Archiv. Der alte Judenfriedhof in der Rossau. Wien 2002.

VEREIN für die Erhaltung der Synagogen und des Friedhofs Endingen-Lengnau (Hg.): Der Judenfriedhof Endingen – Lengnau. Gräberverzeichnis. 2 Bde. Baden 1993.

VIERPARTEIENANTRAG im Verfassungsausschuss des österreichischen Nationalrates vom 9. November 2010; in: Parlamentskorrespondenz Nr. 872 vom 09.11.2010, http://www.parlament.gv.at/PAKT/PR/JAHR_2010/PK0872/

WALZER, Tina: Alles Millionäre und Hausierer? Eine sozialgeschichtliche Betrachtung der Wiener Juden im 19. Jahrhundert. In: DAVID – Jüdische Kulturzeitschrift Jg. 12 (2000), Nr. 46, S. 19–25.

WALZER, Tina: Vom Böhmerwald aus in die Welt. Einblicke in die Geschichte der Familie Fürth. In: DAVID – Jüdische Kulturzeitschrift Jg. 17 (2005), Nr. 67, S. 48–50.

WALZER, Tina: Bund oder Land? Ein weiteres Jahr im Streit um die Erhaltung des jüdischen Friedhofes Währing, In: DAVID – Jüdische Kulturzeitschrift, Jg. 19 (2007), Heft 75, S. 56–59.

WALZER, Tina: Ehrengräber für jüdische Persönlichkeiten in Wien. In: Illustrierte Neue Welt August/September 2005, S. 34–35.

WALZER, Tina: Erhebungen über Massengräber, Mahnmale, Gedenkstätten und Gedenksteine in Österreich. Unveröffentlichtes Gutachten im Auftrag der IKG Wien. Wien 2002.

WALZER, Tina: Von Großhändlern und Gehilfen. Aspekte der Sozialgeschichte Wiener jüdischer Familien im 19. Jahrhundert. In: Sabine Hödl/ Martha Keil (Hg.): Die jüdische Familie in Vergangenheit und Gegenwart. Berlin 1999, S. 107–121.

WALZER, Tina: Inventar des jüdischen Friedhofes Währing. Status quo und Klassifikation der Grabstellen und Grabdenkmäler. Forschungsprojekt im Auftrag des Zukunftsfonds der Republik Österreich. Wien 2008–2010.

WALZER, Tina: Der jüdische Friedhof Währing– Eine Fotodokumentation. In: DAVID – Jüdische Kulturzeitschrift Jg. 13 (2001), Nr. 49, S. 11–16.

WALZER, Tina: Der jüdische Friedhof Währing. Historische Entwicklung, aktueller Zustand, Perspektiven. In: Währinger jüdischer Friedhof. Vom Vergessen überwachsen. Weitra 2008, S. 11–23.

WALZER, Tina: Der jüdische Friedhof Währing. Ort der Erinnerung und Denkmal einer untergegangenen Welt. Unser Währing, Jg. 43 (2008), Heft 4, S. 3–30.

WALZER, Tina: Der jüdische Friedhof Währing und seine Erhaltung. Eine Bestandsaufnahme. In: DAVID – Jüdische Kulturzeitschrift Jg. 19 (2006), Nr. 69, S. 46–47.

WALZER, Tina: Der jüdische Friedhof Währing. Abbild jüdischen Lebens. In: AUFBAU Jg. 71 (2005), Heft 5, S. 30f.

WALZER, Tina: Die jüdische Ansiedlung in Wien im 19. Jahrhundert. In: Unser Währing Jg. 39 (2004), Heft 4, S. 14–22.

WALZER, Tina: Die jüdischen Friedhöfe in Hamburg-Altona, Berlin-Weissensee und Wien-Währing auf dem Weg zum UNESCO-Weltkulturerbe? In: DAVID – Jüdische Kulturzeitschrift Jg. 20 (2008), Heft 78, S. 32–35.

WALZER, Tina: Die jüdischen Friedhöfe in Österreich. Zustand, Entwicklung, Perspektiven. In: Zeit und Ewigkeit. Erhaltung religiöser Kulturgüter. Beiträge zur 21. Tagung des Österreichischen Restauratorenverbandes. St. Pölten 2009 (= Mitteilungen des Österreichischen Restauratorenverbandes 12), S. 116–121.

WALZER, Tina: Jüdisches Niederösterreich erfahren – eine Reise durch das Weinviertel der vergangenen 150 Jahre. In: DAVID – Jüdische Kulturzeitschrift Jg. 16 (2004), Nr. 62, S. 51–55.

WALZER, Tina: Mährische Juden in Wien 1784–1874. In: DAVID – Jüdische Kulturzeitschrift Jg. 13 (2001), Nr. 48, S. 27–34.

WALZER, Tina: Schlossherren auf Zeit: Die Familie Löw in Matzen, Niederösterreich. In: DAVID – Jüdische Kulturzeitschrift Jg. 16 (2004), Nr. 61, S. 3–5.

WALZER, Tina: Die schriftlichen und bildlichen historischen Quellen zur räumlichen und gestalterischen Entwicklung des jüdischen Friedhofes Währing. Parkpflegewerk Jüdischer Friedhof Währing, Teil 1. Unveröffentlichtes Gutachten für Büro Landschaftsarchitektur DI Stefan Schmidt im Auftrag der Israelitischen Kultusgemeinde Wien. Wien 2009.

WALZER, Tina: Textunterlage für die Lehrerfortbildung. In: Währinger jüdischer Friedhof. Vom Vergessen überwachsen. Weitra 2008, S. 147–159.

WALZER, Tina: Die Toten ins Leben integrieren. Das Komitee zur Erhaltung des jüdischen Friedhofes Klosterneuburg – in Memoriam Walter Lauber. In: DAVID – Jüdische Kulturzeitschrift Jg. 20 (2008), Heft 77, S. 4–5.

WALZER, Tina: Der Währinger jüdische Friedhof, Denkmal einer untergegangenen Welt. Wien 2005. (= Unser Währing, Jg. 40 (2005), Heft 1)

WALZER, Tina: Der Währinger jüdische Friedhof. Historische Entwicklung, Zerstörungen der NS-Zeit, Status quo. Unveröffentlichter Forschungsbericht im Auftrag des Zukunftsfonds der Republik Österreich. Wien 2007.

WALZER, Tina: Weißbuch über Pflegezustand und Sanierungserfordernisse der jüdischen Friedhöfe in Österreich. Mit einer Kostenübersicht von Wolfgang Hirt. 6 Bände. Unveröffentlichtes Gutachten im Auftrag der IKG Wien. Wien 2001–2002.

WALZER, Tina: Weißbuch über Pflegezustand und Sanierungserfordernisse der jüdischen Friedhöfe in Österreich, Aktualisierung 2008. Unveröffentlichtes Gutachten im Auftrag der IKG Wien. Wien 2008.

WALZER, Tina/Michael STUDEMUND-HALÉVY/ Almut WEINLAND: Orte der Erinnerung. Wien-Währing, Hamburg-Altona. Hamburg 2010. (= Archiv aus Stein 3: Der jüdische Friedhof Altona)

WALZER, Tina/Stephan Templ: Unser Wien. „Arisierung" auf Österreichisch. Berlin 2001.

WASHINGTONER Abkommen zwischen der Bundesregierung der Republik Österreich, dem Verband der Israelitischen Kultusgemeinden Österreichs und der Regierung der Vereinigten Staaten von Amerika, Januar 2001.

WEINER, Lewis: Of Emperors, Jews and Match Factories. In: Review of the Society for the History of Czechoslovak Jews 6 (1993/94), S. 41–52.

WIESEMANN, Falk: Sepulcra Judaica. Bibliographie zu jüdischen Friedhöfen und zu Sterben, Begräbnis und Trauer bei den Juden von der Zeit des Hellenismus bis zur Gegenwart. Essen 2005.

WISTRICH, Robert S.: Die Juden Wiens im Zeitalter Franz Josephs. Wien-Köln-Weimar 1999. (= Anton Gindeley Reihe zur Geschichte der Donaumonarchie und Mitteleuropas 4)

10. Abkürzungsverzeichnis

AVA	Allgemeines Verwaltungsarchiv im Österreichischen Staatsarchiv, Wien
BA-EV	Bundesamt für Eich- und Vermessungswesen, Wien
BDA	Österreichisches Bundesdenkmalamt, Wien
BMU	Bundesministerium für Unterricht, Wien
CAHJP	Central Archives for the History of the Jewish People, Jerusalem
GB-D	Grundbuch, Bezirksgericht Döbling
IKG	Israelitische Kultusgemeinde
IZG	Institut für Zeitgeschichte der Universität Wien
JMW	Jüdisches Museum Wien
MA	Stadtverwaltung Wien, Magistratsabteilung
NHM	Naturhistorisches Museum Wien
ÖNB-B	Österreichische Nationalbibliothek, Bildarchiv, Wien
ÖStA	Österreichisches Staatsarchiv, Wien
WM	Wien Museum
WSLA	Wiener Stadt- und Landesarchiv

11. Anmerkungen

1 Im Folgenden abgekürzt als: IKG Wien
2 Vgl. Parlamentskorrespondenz Nr. 872 vom 09.11.2010, http://www.parlament.gv.at/PAKT/PR/JAHR_2010/PK0872/, Zugriff zuletzt 26. 2. 2011
3 Tina Walzer: Der Währinger jüdische Friedhof. Historische Entwicklung, Zerstörungen der NS-Zeit, Status quo. Forschungsprojekt des Zukunftsfonds der Republik Österreich Projekt P-06-0019, in Kooperation mit der Israelitischen Kultusgemeinde Wien. August 2006–September 2007
4 Darüber hinaus wurde damit begonnen, systematisch alle übrigen Grabstellen aufzunehmen. Diese Arbeit wird nun in einem Forschungsauftrag des Zukunftsfonds der Republik Österreich zur Anlage eines historisch-kunsthistorischen Gesamtinventars fortgesetzt; Tina Walzer: Inventar des jüdischen Friedhofes Währing. Status quo und Klassifikation der Grabstellen und Grabdenkmäler. Forschungsprojekt des Zukunftsfonds der Republik Österreich P 08-0334 (2008–2010)
5 Walzer, Tina: Die schriftlichen und bildlichen historischen Quellen zur räumlichen und gestalterischen Entwicklung des jüdischen Friedhofes Währing. Parkpflegewerk Jüdischer Friedhof Währing, Teil 1. Unveröffentlichtes Gutachten für Büro Landschaftsarchitektur DI Stefan Schmidt im Auftrag der Israelitischen Kultusgemeinde Wien. Wien 2009
6 Hofkanzlei Antrag 22. 9. 1783 Zl. 1680; zitiert nach Central Archives for the History of the Jewish People, Jerusalem, Archiv der Israelitischen Kultusgemeinde Wien, A/W 732,7 Sigmund Husserl, Geschichte der Friedhöfe der IKG Wien. Unveröffentlichter Bericht im Auftrag der IKG Wien. Wien 1909, Teil c) Der Friedhof in Währing, S. 1 (im Folgenden zitiert als: CAHJP, A/W 732,7, Husserl, Friedhöfe der IKG Wien, Teil c)
7 Note der k.k. nö. Landesregierung 17. 5. 1784 Zl. 3670; zitiert nach CAHJP, A/W 732,7, Husserl, Friedhöfe der IKG Wien, Teil c, S. 2f
8 Hofkanzlei-Protokoll 1783 Seite 584, Majestätsgesuch der Wiener Judenschaft vom 22.12. 1783; zitiert nach CAHJP, A/W 732,7, Husserl, Friedhöfe der IKG Wien, Teil c, S. 1f.
9 Erlaß der n.ö.Landesregierung 9. 1. 1784 Zl. 175; zitiert nach CAHJP, A/W 732,7, Husserl, Friedhöfe der IKG Wien, Teil c, S. 2
10 Grundbuch über die Überländegründe der k.k. Religionsfonds-Herrschaft Oberdöbling beim k.k. Bezirksgericht Döbling, S. 848; zitiert nach CAHJP, A/W 732,7, Husserl, Friedhöfe der IKG Wien, Teil c, S. 3
11 Eingabe der Vertreter der Wiener Judenschaft bei der k.k. Polizei-Oberdirektion 3. 3. 1829, der k.k. n.ö. Landesregierung vom Wiener Magistrat vorgelegt 14. 3. 1829 Zl. 212; zitiert nach CAHJP, A/W 732,7, Husserl, Friedhöfe der IKG Wien, Teil c, S. 4 sowie 8f.
12 CAHJP, A/W 732,7, Husserl, Friedhöfe der IKG Wien, Teil c, S. 4f.
13 Tahara, hebr., bezeichnet das Prinzip der rituellen Reinheit. Der Begriff wird auch für die

rituelle Leichenwaschung verwendet, die in den dazu vorgesehenen Gebäuden, den Tahara-Häusern, auf den Friedhöfen durchgeführt wird. Kornhäusel errichtete vor allem auch den Stadttempel in der Seitenstettengasse für die sich allmählich konstituierende Israelitische Kultusgemeinde Wien in den 1820er Jahren – heute die einzige erhaltene Synagoge Wiens, die aus der Zeit der 3. Wiener jüdischen Gemeinde, also vor der NS-Zeit, noch erhalten ist, und eines der bemerkenswertesten Beispiele eines aufgeklärten Tempels im klassizistischen Stil weltweit.

14 Wien Museum, Topographische Sammlung, Bestand Bezirkspläne, I.N. 105.987/3: Plan, Wiens nächste Umgebung, Währing und Weinhaus, 1827, Ausschnitt (im Folgenden zitiert als: WM)

15 Eingabe der Vertreter der Wiener Judenschaft an die k.k.Polizei-Oberdirektion 3.3.1829, der k.k. n.ö. Landesregierung vom Wiener Magistrat vorgelegt 14. 3. 1829 Zl. 212; zitiert nach CAHJP, A/W 732,7, Husserl, Friedhöfe der IKG Wien, Teil c, S. 8ff.

16 Äußerung des Wiener Magistrates an die k.k. n.ö. Landesregierung 16. 5. 1829 Zl. 16788; zitiert nach CAHJP, A/W 732,7, Husserl, Friedhöfe der IKG Wien, Teil c, S. 10f.

17 Äußerung des Kreisamtes für das Viertel unter dem Wienerwald in Wr. Neustadt an die k.k. n.ö. Landesregierung 28. 5. 1829 Zl. 13042; zitiert nach CAHJP, A/W 732,7, Husserl, Friedhöfe der IKG Wien, Teil c, S. 11ff.

18 Bericht der k.k. Polizei-Oberdirektion an die k.k. n. ö. Landesregierung 12. 7. 1833 Zl. 788 aus 1833 zu Zl. 588 aus 1829; zitiert nach CAHJP, A/W 732,7, Husserl, Friedhöfe der IKG Wien, Teil c, S. 14ff.

19 Revers der Vertreter der Wiener Judenschaft an k.k. Fortifikations-Distrikts-Direktion 6. 2. 1834; zitiert nach CAHJP, A/W 732,7, Husserl, Friedhöfe der IKG Wien, Teil c, S. 23-29

20 Grundbuch Währing; zitiert nach CAHJP, A/W 732,7, Husserl, Friedhöfe der IKG Wien, Teil c, S. 35f.

21 Bundesamt für Eich- und Vermessungswesen, Zl. 01514: Franziszäischer Kataster, Reambulierungsmappe, Blatt 2 und 3, 1860-1870, Ausschnitt (im folgenden zitiert als: BA-EV)

22 CAHJP, A/W 732,7, Husserl, Friedhöfe der IKG Wien, Teil c, S. 38. Nichtsdestoweniger konstatierten Exhumierungsprotokolle im Auftrag des Naturhistorischen Museums in der NS-Zeit, dass sehr wohl mehrere Beerdigungsniveaus auf dem Friedhofsareal vorhanden sind, was dazu führte, dass einige der für „rassekundliche Forschungen" ins Auge gefassten Gebeine nicht exakt identifiziert werden konnten und daher, „für die Forschung unbrauchbar", glücklicherweise in den Grabstellen belassen werden mussten.

23 CAHJP, A/W 732,7, Husserl, Friedhöfe der IKG Wien, Teil c, S. 39-44

24 Ebda., S. 44f.

25 Bereits 1736 war in Wien eine erste sefardische Gemeinde gegründet worden. Die Möglichkeit für den Zuzug von Juden aus dem Osmanischen Reich, überwiegend Sefarden, hatte der Friedensvertrag von Passarowitz (21. 7. 1718) geschaffen. Dies ist umso bemerkenswerter, als die – mehrheitlich aschkenasische – *Zweite Wiener jüdische Gemeinde* zuvor, 1670, aus Wien vertrieben worden und Juden danach (mit Ausnahme der wenigen „Hoffaktoren") offiziell der Aufenthalt in Wien nicht gestattet war. In einem amtlichen Erlass vom 17. 6. 1778 wird

nun auch offiziell eine *Türkisch-Israelitische Gemeinde* angesprochen, deren Statuten hier geregelt sind. Die „provisorischen Statuten" der mehrheitlich aschkenasischen *Israelitischen Kultusgemeinde Wien* hingegen wurden erst wesentlich später, 1852, genehmigt. Sefardische und aschkenasische Gemeinden unterscheiden sich vor allem in Ritus, Tradition und Geschichte.

26 CAHJP, A/W 732,7, Husserl, Friedhöfe der IKG Wien, Teil c, S. 45
27 Ebda, S. 46.
28 Ebda, S. 47.
29 Auskunft IKG Wien, Matrikenstelle 2005.
30 Hebr.; dt. *Beerdigungsbruderschaft*. Die *Chewra Kadischa*, praktisch der Nukleus jedes jüdischen Gemeindewesens, der die Sorge für alle sozialen Aspekte des Gemeinwesens oblag, und zwar neben dem Bestattungswesen vor allem Krankenbetreuung bzw. Spitalswesen und Unterstützung bedürftiger Mitglieder der Gemeinschaft, verwaltete durch die Spendentätigkeit der Mitglieder, die die Erfüllung dieser Fürsorgeaufgaben ermöglichten, mitunter bedeutende Vermögenswerte. Ihre innere Organisation blieb Außenstehenden verborgen, Mitglied zu werden bedurfte eines komplizierten Auswahlverfahrens und Aufnahmeprozesses, es zu sein war eine hohe Ehre und Auszeichnung innerhalb der Gemeinschaft. Die *Chewra Kadischa* einer jüdischen Gemeinde konnte in Denken und Verhalten sehr elitäre Ausprägungen annehmen. Durch die Staats- und Verwaltungsreformen des späten 18. bzw. frühen 19. Jahrhunderts wurde auch für jüdische Gemeinschaften eine Art offizielles, geordnetes und an Strukturen der staatlichen Verwaltungen angelehntes Gemeinwesen vorgegeben. Diese offiziell anerkannten neuen Kultusgemeinden gerieten bei ihrem Entstehen in Widerspruch zu den älteren Gemeindeorganisationsformen der *Chewra Kadischa* und strebten danach, diese zu entmachten, die Verwaltung des Vermögens aus deren Händen in ihre eigenen zu überführen und den Einfluss der elitären Gruppe zugunsten der demokratischen Organisationsformen nachstrebenden Gruppenvertretung zurückzudrängen. Schlagend wurden solche Konflikte, wenn es um die Schließung eines jüdischen Friedhofes und die Anlage eines Nachfolgeareals ging. Während die *Chewra Kadischa* für ein Grundstück in ihrer alleinigen Verfügungsgewalt eintrat, beanspruchte zunächst die Kultusgemeinde die Oberhoheit über den Friedhof; später überlegte die Kultusgemeinde Kooperationen mit staatlichen Stellen bzw. Kommunalverwaltungen, konkret die Einmietung auf Kommunalfriedhöfen anstatt der Grundeigentümerschaft über separate Friedhofsareale. Der Diskussionsprozess markiert den Übergang von einer ghettoisierten sozialen Minderheit hin zu einer staatlich anerkannten Glaubensgemeinschaft.
31 CAHJP, A/W 732,7, Husserl, Friedhöfe der IKG Wien, Teil c, S. 46
32 Im Unterschied zum jüdischen Friedhof Währing gelang es der IKG Wien hier nicht mehr, einen Eigentumstitel an der jüdischen Abteilung des Zentralfriedhofes zu erreichen. Sie musste sich mit der vertragsmäßigen Sicherstellung auf die Dauer des Bestandes des Zentralfriedhofes begnügen; vgl. CAHJP, A/W 732,7 Sigmund Husserl, Geschichte der Friedhöfe der IKG Wien. Unveröffentlichter Bericht im Auftrag der IKG Wien. Wien 1909, Teil d) Der Zentralfriedhof, S. 4

33 CAHJP, A/W 732,7, Husserl, Friedhöfe der IKG Wien, Teil c, S. 50
34 Ebda, S. 52.
35 Ebda, S. 52f.
36 Ebda, S. 62.
37 Magistrat der Stadt Wien, Note an IKG Wien 23. 6. 1891 Zl. 462387; zitiert nach CAHJP, A/W 732,7, Husserl, Friedhöfe der IKG Wien, Teil c, S. 54. Vgl. auch den Aktenvorgang dazu in CAHJP, A/W 2990 c.
38 Kultusvorstand der IKG Wien an Magistrat der k.k. Reichshaupt- und Residenzstadt Wien 20. 7. 1892; zitiert nach CAHJP, A/W 732,7, Husserl, Friedhöfe der IKG Wien, Teil c, S. 54f.
39 CAHJP, A/W 1102/53, Vorstand der Israelitischen Cultus-Gemeinde Wien Quittung Biedermann Hermann und Julie – Reinach 26. 10. 1899
40 CAHJP, A/W 1102/122, Leopold (Lippmann) Kuffner Stiftbrief beim Vorstand der IKG Wien 27. 7. 1875 Zl. 21849
41 Kultusvorstand der IKG Wien an Magistrat der k.k. Reichshaupt- und Residenzstadt Wien 24. 10. 1898 Zl. 5836; zitiert nach CAHJP, A/W 732,7, Husserl, Friedhöfe der IKG Wien, Teil c, S. 45
42 Zitiert nach CAHJP, A/W 732,7, Husserl, Friedhöfe der IKG Wien, Teil c, S. 58
43 Rede Bürgermeister Karl Lueger in der Gemeinderatssitzung 27. 6. 1905; zitiert nach CAHJP, A/W 732,7, Husserl, Friedhöfe der IKG Wien, Teil c, S. 59
44 Stadtverwaltung Wien, Magistratsabteilung 21, Zl. 5774, Plan, Antrag des Stadtrates, Abänderung der Bebauungsbestimmungen der ehemaligen Gaswerksgründe, 1914, Situationsplan, Ausschnitt
45 BA-EV, Katastralmappe, Oberdöbling, Blatt 8, 1914–1946, Ausschnitt
46 CAHJP, A/W 1460, Vorstand der IKG Wien, Protokoll über den am 26. Juni 1905 stattgefundenen Lokalaugenschein am Währinger Friedhofe undatiert
47 CAHJP, A/W 2990 a., Wilhelm Stiassny an Vorstand der IKG Wien 1. 2. 1874
48 Der genannte Boskowitz-Plan ist in den Beständen CAHJP, A/W, dem alten Archiv der IKG Wien, nicht mehr vorhanden.
49 CAHJP, A/W 2990 a., Wilhelm Stiassny an Vorstand der IKG Wien 29. 11. 1874. Bedauerlicherweise ist auch der von Stiassny angefertigte Plan nicht mehr in den Beständen CAHJP, A/W vorhanden. Patricia Steines übergab in den 1990er Jahren ihre Arbeitsnotizen zum jüdischen Friedhof Währing dem Wiener Stadt- und Landesarchiv: In diesen Unterlagen findet sich die Bemerkung, sie habe alte Pläne des Friedhofes in den Beständen des CAHJP gefunden und bereite nun eine Publikation über den Friedhof vor. Diese Publikation ist bisher nicht erschienen, und die Pläne sind im Archiv nicht vorhanden.
50 CAHJP, A/W 1513 Grabstättenverzeichnis. Beginnend mit Reihe 2 der Gruppe 1 werden der Reihe nach die vorhandenen, offenbar sichtbaren und identifizierbaren Grabstätten aufgelistet und die Art des Grabmales skizziert, allerdings sind die Angaben sehr lücken- und vielfach auch fehlerhaft.
51 Pinkas Heinrich (29. 11. 1869 – 2. 12. 1932), geboren in Jassy in Rumänien, zuständig nach Kostel in Mähren, Dr. phil. für rabbinische, philosophische und semitische Philologie, ledig,

wohnte in Wien 2, Schreigasse 16, bestattet am Zentralfriedhof Tor 4, 14a-9-44; CAHJP, A/W 1514, Personalbogen für Dr. Pinkas Heinrich undatiert

52 CAHJP, A/W 1514, Antrag Friedhofs-Amt an Vertreter-Kollegium der IKG Wien 25. 5. 1905
53 CAHJP, A/W 1514, Friedhofs-Amt der IKG Wien Bericht 4. 7. 1905 zu Zl. 5685/1905
54 CAHJP, A/W 1514, Friedhofs-Amt der IKG Wien Bericht betr. Neu-Nummerierung der Grabsteine auf dem Währinger Friedhofe 3. 4. 1906
55 CAHJP, A/W 1514, Heinrich Bericht an Friedhofs-Amt der IKG Wien 21. 4. 1907
56 Vgl. CAHJP, A/W 1514
57 CAHJP, A/W 1514, Bericht Nummer 24 über die Vorarbeiten für das Gräberprotokoll vom Währinger Friedhof Monat Dezember 1907, IKG Wien Zl. 14685 Präs. 31. Dez. 1907, Heinrich an Friedhofs-Amt der IKG Wien 31. 12. 1907
58 CAHJP, A/W 1514, Briefentwurf Heinrich an Vertreterkollegium der IKG Wien undatiert
59 CAHJP, A/W 1460, N. N. Antrag auf Kostenbewilligung undatiert
60 Fleischer errichtete am Zentralfriedhof, in der älteren jüdischen Abteilung bei Tor 1, zahlreiche Grabmonumente, auch sein eigenes befindet sich dort. Mit der Gestaltung jüdischer Friedhöfe und deren Denkmal-Charakter setzte er sich intensiv auseinander.
61 Ebda.
62 CAHJP, A/W 1460, N. N. Beiträge für die Ausgestaltung des isr. Friedhofes zu Währing, Liste undatiert
63 So Patricia Steines, Bestand WSLA Steines; CAHJP, A/W 1460, Protokoll IKG Wien und Molnár 13. 3. 1903
64 CAHJP, A/W 1460, Protokoll IKG Wien und Molnár 13. 3. 1903
65 CAHJP, A/W 1460, J. O. Molnár an Max Fleischer 28. 5. 1904
66 CAHJP, A/W 1460, IKG Wien Entwurf Zeitungsinserat 3. 3. 1904
67 Hier ist vor allem an die Israelitische Abteilung des Kommunalfriedhofes Döbling zu denken, des Wiener Prominenten-Friedhofes, wohin gerade die großbürgerlich-geadelten jüdischen Familien ihre Vorfahren umbetten ließen, um ihren gesellschaftlichen Aufstieg zu demonstrieren; so die Familien Todesko, Lieben, Wertheimstein.
68 CAHJP, A/W 1460, IKG Wien Präsidium an Nachkommen von am Währinger Friedhof in Gruftanlagen Bestatteten 3. 4. 1903
69 CAHJP, A/W 1460, IKG Wien Kassabeleg 21. 6. 1905
70 CAHJP, A/W 1460, IKG Wien an Vorstand der türkisch israelitischen Gemeinde (Sefardim) 10. 4. 1905
71 CAHJP, A/W 732,7, Husserl, Friedhöfe der IKG Wien, Teil c, S. 60
72 CAHJP, A/W 1460, Friedhofs-Amt der IKG Wien Protokoll mit Leopold Schifferes 31. 5. 1903
73 CAHJP, A/W 1460, Max Fleischer an Alfred Stern, Vizepräsident der IKG Wien 8. 4. 1903
74 CAHJP, A/W 1460, Anna Aumann an IKG Wien 18. 5. 1903
75 CAHJP, A/W 1460, Wilhelm Stiassny an IKG Wien Friedhofsverwaltung 19. 5. 1905
76 CAHJP, A/W 1460, IKG Wien Plenum 14. 5. 1905
77 CAHJP, A/W 1460
78 CAHJP, A/W 1460, IKG Wien Protokoll Lokalaugenschein 16. 5. 1905

79 CAHJP, A/W 1515: Exhumierung von Leichen auf den Währinger Friedhof 1914–42, Situationsplan 1857, Ausschnitt (Schnitt A-B)
80 Tina Walzer, Foto, Döblinger Hauptstrasse, Geländeverlauf, Höhenunterschied zum Friedhof, Zustand Juli 2008
81 BA-E, Zl. 01514: Franziszäischer Kataster, Duplikatsmappe, Blatt 5, 1875, Ausschnitt
82 Stadtverwaltung Wien, Magistratsabteilung 8, Wiener Stadt- und Landesarchiv, Kartographische Sammlung, Allgemeine Reihe, 3.2.1. P 1, Karten und Pläne/16. Jh. – 21. Jh., Zl. 1068: Situationsplan für die Erweiterung des Währinger Friedhofes, August 1854, Ausschnitt
83 CAHJP, A/W 1515, Exhumierung von Leichen auf den Währinger Friedhof 1914–42, Situationsplan 1857, Ausschnitt
84 WSLA, Sammlungen, Kartographische Sammlung, Allgemeine Reihe, 3.2.1.P 1, Karten und Pläne/16. Jh. – 21. Jh., Zl. 364-4: Situationsplan des Währinger Friedhofes, Dezember 1868, Ausschnitt
85 WSLA, Sammlungen, Kartographische Sammlung, Allgemeine Reihe, 3.2.1. P 1, Karten und Pläne/16. Jh. – 21. Jh., Zl. 1068: Allgemeiner Friedhof, Höhenplan, 1906, Ausschnitt
86 Stadtverwaltung Wien, Magistratsabteilung 37, Währing, EZ 1275, Adaptierung der Leichenkammer 18. Semperstrasse 64, 1931, Ausschnitt
87 Tina Walzer, Foto, Ehemaliger Eingang westlich des Friedhofsgebäudes, Zustand Februar 2011
88 Jüdisches Museum Wien, Archiv: Foto, Jüdischer Friedhof Währing, Eingang, 1928 (im Folgenden zitiert als: JMW)
89 Tina Walzer, Foto, Eingang zum jüdischen Friedhof Währing, Zustand Februar 2011
90 WM, Topographische Sammlung, Bestand Photographie, I.N. 27.920: Foto, jüdischer Friedhof Währing, Totengräberhaus, um 1880
91 Tina Walzer, Foto, Blick von der U-Bahnlinie 6 Haltestelle Nussdorf, Zustand Februar 2011, sowie Tina Walzer, Foto, Erweiterung des Friedhofes 1856, Zustand Februar 2011
92 CAHJP, A/W 1515: Exhumierung von Leichen auf den Währinger Friedhof 1914–42, Situationsplan 1857, Ausschnitt
93 WSLA, Sammlungen, Kartografische Sammlung, Allgemeine Reihe, Zl. 364-1, Projekt zur Erweiterung des Friedhofes, 9. 3. 1852
94 Zu den halachischen Aspekten jüdischer Friedhöfe vgl. Ernst Roth: Zur Halacha des jüdischen Friedhofs. In: UDIM. Zeitschrift der Rabbinerkonferenz in der Bundesrepublik Deutschland. Hrsg. von der Rabbinerkonferenz. (1974) IV, S. 97–119; Fortsetzung (1974/75) V, S. 89–124. sowie Andreas Gotzmann: Die religionsgesetzlichen Grundlagen des jüdischen Friedhofes. In: Deutsche Kunst und Denkmalpflege Jg. 48 (1990), Heft I, S. 61–72
95 Historischer Atlas von Wien, Wien 1863 mit Vororten 1856–1868, Maßstab 1:10.000, Ausschnitt. In: Historischer Atlas von Wien. Hg. v. Wiener Stadt- und Landesarchiv, Ludwig Boltzmann Institut für Stadtgeschichtsforschung. Wissenschaftliche Gesamtleitung Felix Czeike/ Renate Banik-Schweitzer/ Ferdinand Opll. Kartographische und technische Leitung Erich Kopecky. 4. Lieferung. Wien-München 1990
96 BA-EV, Zl. 01514: Franziszäischer Kataster, Duplikatsmappe, Blatt 1, 1859, Ausschnitt

97 WM, Topographische Sammlung, Bestand Bezirkspläne, Währing, I.N. 78.422: Plan, Häuser-, Gassen- und Straßen-Plan von Währing, mit allen Hausnummern, den neuen Orientierungsnummern und den neuen Gassenbenennungen. Bearb. v. Michael Winkler. Wien 1870, Maßstab 1 Wr. Zoll = 35 Wr. Klafter, Ausschnitt.

98 WM, Topographische Sammlung, Bestand Photographien, I.N. 27.920: Foto, jüdischer Friedhof Währing, Totengräberhaus, um 1880

99 WM, Topographische Sammlung, Bestand Bezirkspläne, Währing, I.N. 1.675: Plan des 18. Bezirkes der k.k. Reichshaupt- und Residenzstadt, Juni 1892, R. Lechners k. u. k. Hof- und Universitätsbuchhandlung (W. Müller), Wien 1892, Maßstab 1 : 15.000, Ausschnitt

100 Historischer Atlas von Wien, Der Wald- und Wiesengürtel und die Höhenstraße der k.k. Reichshaupt- und Residenzstadt Wien, 1905, Ausschnitt. In: Historischer Atlas von Wien. Hg. v. Wiener Stadt- und Landesarchiv, Ludwig Boltzmann Institut für Stadtgeschichtsforschung. Wissenschaftliche Gesamtleitung Felix Czeike/ Renate Banik-Schweitzer/ Ferdinand Opll. Kartographische und technische Leitung Erich Kopecky. 5. Lieferung. Wien-München 1994

101 BA-EV, Katastralmappe, Währing, Blatt 5, 1903–1914, Ausschnitt

102 CAHJP, A/W 1460, Währinger Friedhof betr. die Herstellung gärtnerischer Anlagen und die Pflege derselben, 1903–1916, Rundschreiben IKG Wien an Angehörige, undatiert

103 CAHJP, A/W 1460, Währinger Friedhof betr. die Herstellung gärtnerischer Anlagen und die Pflege derselben, 190 1916, Referatsbogen Plenarsitzung IKG Wien 9. 7. 1903

104 CAHJP, A/W 1460, Währinger Friedhof betr. die Herstellung gärtnerischer Anlagen und die Pflege derselben, 1903–1916, J. O. Molnár, Kostenvoranschlag über die parkähnliche Verschönerung des israelitischen Friedhofes Währing in Wien 3. 3. 1903

105 Die Schreibweisen der einzelnen Pflanzennamen finden sich wie angeführt im Original; sie weichen zum Teil von heute gebräuchlichen botanischen Bezeichnungen ab.

106 CAHJP, A/W 1515, Exhumierung von Leichen auf den Währinger Friedhof 1941–42, Planskizze zu den Friedhof-Erweiterungen, undatiert, Übersicht

107 CAHJP, A/W 1460, Währinger Friedhof betr. die Herstellung gärtnerischer Anlagen und die Pflege derselben, 1903–1916, J. O. Molnár, Kostenvoranschlag über die parkähnliche Verschönerung des israelitischen Friedhofes Währing in Wien 6. 3. 1903

108 CAHJP, A/W 1460, Währinger Friedhof betr. die Herstellung gärtnerischer Anlagen und die Pflege derselben, 1903–1916, Steiner, Mai 1903

109 CAHJP, A/W 1460, Währinger Friedhof betr. die Herstellung gärtnerischer Anlagen und die Pflege derselben, 1903–1916, Aktennotiz Markus Jeiteles 31. 5. 1903

110 CAHJP, A/W 1460, Währinger Friedhof betr. die Herstellung gärtnerischer Anlagen und die Pflege derselben, 1903–1916, Aktennotiz Vertretersitzung IKG Wien 4. 10. 1903; Beschluss des Vertreterkollegiums 4. 10. 1903

111 CAHJP, A/W 1460, Währinger Friedhof betr. die Herstellung gärtnerischer Anlagen und die Pflege derselben, 1903–1916, Protokoll der Lokal-Kommission auf dem Währinger israel. Friedhofe IKG Wien 12. 2. 1904

112 Ebda.

11. Anmerkungen

113 Alle erst ab 1850; CAHJP, A/W 1460, Währinger Friedhof betr. die Herstellung gärtnerischer Anlagen und die Pflege derselben, 1903–1916, Molnár an Fleischer 16. 2. 1904
114 CAHJP, A/W 1460, Währinger Friedhof betr. die Herstellung gärtnerischer Anlagen und die Pflege derselben, 1903–1916, Aktennotiz IKG Wien 24. 2. 1904
115 CAHJP, A/W 1460, Währinger Friedhof betr. die Herstellung gärtnerischer Anlagen und die Pflege derselben, 1903–1916, Babette Hofmann an IKG Wien 8. 3. 1904
116 CAHJP, A/W 1460, Währinger Friedhof betr. die Herstellung gärtnerischer Anlagen und die Pflege derselben, 1903–1916, Molnár an IKG Wien 20. 3. 1904
117 CAHJP, A/W 1460, Währinger Friedhof betr. die Herstellung gärtnerischer Anlagen und die Pflege derselben, 1903–1916, Molnár an Fleischer 28. 5. 1904
118 CAHJP, A/W 1460, Währinger Friedhof betr. die Herstellung gärtnerischer Anlagen und die Pflege derselben, 1903–1916, Kollaudierungsprotokoll 7. 6. 1904
119 Ebda.
120 CAHJP, A/W 1460, Währinger Friedhof betr. die Herstellung gärtnerischer Anlagen und die Pflege derselben, 1903–1916, Protokoll IKG Wien Sekretariat 23. 12. 1904
121 CAHJP, A/W 1460, Währinger Friedhof betr. die Herstellung gärtnerischer Anlagen und die Pflege derselben, 1903–1916, Molnár Statistik über den Friedhof der IKG Wien im 19. Bezirk Semperstraße 15. 2. 1905
122 In Tabellen von Molnárs Hand taucht als Mengenangabe neben dem „m²" für Quadratmeter die Angabe „mi" auf. Aus dem Kontext erhellt, dass es sich dabei entweder um ein Längenmaß, oder um ein Raummaß handeln müsste. Es konnte jedoch nicht belegt werden, ob es zutreffend ist, diese Abkürzung mit m³ für Kubikmeter gleichzusetzen. Denkbar wäre genauso, dass der Schreiber „mi" im Gegensatz zu „m²" anwendet und in diesem Falle das als „i" zu lesende Zeichen für die Zahl 1 steht; somit könnte es sich auch um eine Angabe der zu bearbeitenden Laufmeter handeln, die, um sie vom ebenfalls angegebenen Flächenmaß zu unterscheiden, in den Summenaufstellungen besonders hervorgehoben werden soll. In Österreich wurde mit Gesetz vom 23. 7. 1871 das metrische System verbindlich eingeführt. Es ist davon auszugehen, dass sich Architekten an diese gesetzliche Vorgabe zu halten hatten.
123 CAHJP, A/W 1460, Währinger Friedhof betr. die Herstellung gärtnerischer Anlagen und die Pflege derselben, 1903–1916, Protokoll Besprechung IKG Wien 5. 4. 1905
124 Die Glashäuser werden, soweit die erhaltenen Akten Auskunft erteilen, erst in Zusammenhang mit den Umgestaltungsarbeiten erwähnt, scheinen aber bereits davor existiert zu haben. Wann sie errichtet wurden, wer sie bewirtschaftete, und wozu genau sie benutzt wurden, geht aus dem Aktenmaterial nicht hervor. Funktion und Betrieb der Glashäuser müssen daher bis zum Auftauchen neuer Quellen als ungeklärt bezeichnet werden.
125 CAHJP, A/W 1460, Währinger Friedhof betr. die Herstellung gärtnerischer Anlagen und die Pflege derselben, 1903–1916, Plenum 14. 5. 1905
126 CAHJP, A/W 1460, Währinger Friedhof betr. die Herstellung gärtnerischer Anlagen und die Pflege derselben, 1903–1916, Protokoll Lokalaugenschein IKG Wien Friedhof Währing 16. 5. 1905
127 CAHJP, A/W 1460, Währinger Friedhof betr. die Herstellung gärtnerischer Anlagen und die

Pflege derselben, 1903–1916, Allgemeine und spezielle Bedingnisse für die Erhaltung der gärtnerischen Anlagen am Währinger Friedhof undatiert

128 CAHJP, A/W 1460, Währinger Friedhof betr. die Herstellung gärtnerischer Anlagen und die Pflege derselben, 1903–1916, Molnár an IKG Wien 26. 5. 1905
129 Vgl. Anm. 119
130 CAHJP, A/W 1460, Währinger Friedhof betr. die Herstellung gärtnerischer Anlagen und die Pflege derselben, 1903–1916, Plenum IKG Wien 28. 5. 1905
131 CAHJP, A/W 1460, Währinger Friedhof betr. die Herstellung gärtnerischer Anlagen und die Pflege derselben, 1903–1916, Kollaudierungsprotokoll der Partie III und IV 26. 6. 1905
132 Die Inschriftenplatten wurden später dem *Alten Jüdischen Museum Wien* übergeben und sind seit dem *Zweiten Weltkrieg* verschollen.
133 CAHJP, A/W 1460, Währinger Friedhof betr. die Herstellung gärtnerischer Anlagen und die Pflege derselben, 1903–1916, Protokoll Präsidium IKG Wien 27. 6. 1905
134 Ebda.
135 Vgl. Anm. 221, 222, 226.
136 JMW, Archiv, Bestand Photographien, Foto Jüdischer Friedhof Währing, 1928
137 Tina Walzer, Foto, Gruppe 18, Reihe 1, Zustand Februar 2011
138 Auf einem Luftbild von 1938 ist der dichte Baumbestand deutlich zu erkennen, ebenso das Glashaus im östlichen Bereich des Areals. Der Friedhof hat hier noch Ausdehnung und Gestalt der Wende zum 20. Jahrhundert; vgl. Stadt Wien, Magistratsabteilung 41, Luftbild, Wien 1938-21-138, Okt./Nov. 1938, Ausschnitt (im Folgenden zitiert als: MA 41)
139 Institut für Zeitgeschichte der Universität Wien, Archiv, DO 854 NL-73/Loewy, Nachlaß Albert Loewy, Mappe 107, IKG Wien Technische Abteilung Bericht 25. 6. 1953 (im Folgenden zitiert als: IZG)
140 Vgl. beispielsweise Brocke, Michael: Der alte Jüdische Friedhof zu Frankfurt am Main. Unbekannte Denkmäler und Inschriften. Sigmaringen 1996
141 Vgl. Embacher, Helga: Die Restitutionsverhandlungen mit Österreich aus der Sicht jüdischer Organisationen und der Israelitischen Kultusgemeinde. Wien-München 2003. (=Veröffentlichungen der Österreichischen Historikerkommission. Vermögensentzug während der NS-Zeit sowie Rückstellungen und Entschädigungen seit 1945 in Österreich. H. g. v. Clemens Jabloner u. a. 27), S. 274ff. (im Folgenden zitiert als: Embacher, Restitutionsverhandlungen)
142 Vgl. Embacher, Restitutionsverhandlungen, S. 274ff.
143 Vgl. Embacher, Restitutionsverhandlungen, S. 277
144 Grundbuch, Bezirksgericht Döbling, Katastralgemeinde Währing, Einlagezahl 226, Hauptbuch, B-Blatt, Tageszahl 1102/42; vgl. zur Einschätzung dieses Vorganges auch Embacher, Restitutionsverhandlungen, S. 277ff. (im Folgenden zitiert als GB-D)
145 GB-D, Katastralgemeinde Währing, Einlagezahl 226, Urkundensammlung, Tageszahl 1102/42
146 GB-D, Katastralgemeinde Währing, Einlagezahl 226, Urkundensammlung, Tageszahl 1102/42; Dr. Josef Löwenherz (1884–1960) war der Amtsdirektor der IKG Wien in der NS-Zeit und wurde in der Periode des *Ältestenrates* zum *Judenältesten* bestimmt.
147 Vgl. dazu auch Embacher, Restitutionsverhandlungen, S. 281

148 CAHJP, A/W 452: XIX. Friedhofs- und Beerdigungsangelegenheiten. 1942–1943. Erfassung von Schrott und Metallen auf jüdischen Friedhöfen, Rundschreiben Reichsvereinigung der Juden in Deutschland 18. 11. 1942
149 Ebda.
150 Österreichisches Bundesdenkmalamt, Archiv, NS-Materialien, Karton 3, Bestand Erfassung von Schrott und Metallen auf jüdischen Friedhöfen 24. 11. 1942 – 1. 4. 1943 (im Folgenden zitiert als: BDA)
151 CAHJP, A/W 452: XIX. Friedhofs- und Beerdigungsangelegenheiten. 1942–1943. Erfassung von Schrott und Metallen auf jüdischen Friedhöfen, Löwenherz an Gestapo 29. 12. 1942
152 CAHJP, A/W 452: XIX. Friedhofs- und Beerdigungsangelegenheiten. 1942–1943. Erfassung von Schrott und Metallen auf jüdischen Friedhöfen, Löwenherz Aktenvermerke 4. 1. 1943 sowie 4. 2. 1943. Die im Rundschreiben von 1942 angesprochene Auflistung vorhandener Metallteile findet sich nicht in den erhaltenen Beständen des alten Archivs der IKG Wien. Es existieren, soweit bekannt, keine systematischen Aufzeichnungen über die ursprünglich an den Grabdenkmälern angebrachten Metall-Ornamente.
153 Leopold Moses (1888–1943, Archivar der Israelitischen Kultusgemeinde Wien) leitete das *Alte Jüdische Museum Wien*. Dieses war 1895 auf Initiative von Bernhard Wachstein (1868–1935) und Max Grunwald (1871–1953) gegründet worden und eines der ersten seiner Art weltweit. Die Idee zu einem jüdischen Museum entstand als eine der Reaktionen auf die *Haskala*, im Bemühen, die jüdische Volkskunde als akademische Disziplin zu etablieren. Das Konzept eines „jüdischen Volkes" sollte im Laufe des 19. Jahrhunderts die als unmodern empfundene Definition jüdischer Identität über die Religionszugehörigkeit ersetzen und stellt insoferne einen Vorläufer der Ideen des Zionismus dar.
154 Ernst Feldsberg (1894–1970), von Beruf Bankbeamter, Überlebender des Konzentrationslagers Theresienstadt, war zwischen 1932 und 1938 Kultusvorsteher der *Union Österreichischer Juden*, in der NS-Zeit sowie der unmittelbaren Nachkriegszeit Leiter des Friedhofsamtes der IKG Wien und wurde 1963 deren Präsident. In den beiden letztgenannten Funktionen bemühte er sich jahrzehntelang intensiv um die Erhaltung und Sicherung sowie das Auffinden jüdischer Grabstellen.
155 CAHJP, A/W 1515: XIX. Friedhofs- und Beerdigungsangelegenheiten. 1941–1942, 1857. Exhumierung von Leichen auf dem Währinger Friedhof wegen des beabsichtigten Baues eines Luftschutzraumes auf dem Friedhofsgelände
156 CAHJP, A/W 1515: XIX. Friedhofs- und Beerdigungsangelegenheiten. 1941–1942, 1857, IKG Wien Niederschrift über das Ergebnis der Augenscheinsverhandlung vom 6. 6. 1941
157 Ebda.
158 Ebda.
159 CAHJP, A/W 1515: XIX. Friedhofs- und Beerdigungsangelegenheiten. 1941–1942, 1857, Tätigkeitsbericht über die auf dem Währinger Friedhof durchgeführten Beerdigungen S. 1–38, 18. 6. 1941–3. 1. 1942
160 CAHJP, A/W 1515: XIX. Friedhofs- und Beerdigungsangelegenheiten. 1941–1942, 1857, Feldsberg an Moses 25. 6. 1941

161 IKG Wien, Anlaufstelle, Karton Kultusangelegenheiten, Mappe Verzeichnisse der Exhumierten
162 CAHJP, A/W 1515: XIX. Friedhofs- und Beerdigungsangelegenheiten. 1941–1942, 1857, Feldsberg Exhumierungsprotokolle 15. 12. 1941, S. 35
163 CAHJP, A/W 1515: XIX. Friedhofs- und Beerdigungsangelegenheiten. 1941–1942, 1857, N. N. (Moses) an Friedhofsamt 17. 7. 1941
164 CAHJP, A/W 1515: XIX. Friedhofs- und Beerdigungsangelegenheiten. 1941–1942, 1857, Feldsberg an Moses 22. 7. 1941
165 CAHJP, A/W 1515: XIX. Friedhofs- und Beerdigungsangelegenheiten. 1941–1942, 1857, Korrespondenz Feldsberg Moses 1941
166 Naturhistorisches Museum Wien, Abteilung für Archäologische Biologie und Anthropologie, Osteologische Sammlung, Inventarbuch AA 15.100 – 21.316
167 Es handelt sich um eine Erwerbung aus dem Jahr 1942, als die Anthropologische Abteilung des Naturhistorischen Museums vom Anatomischen Institut der Universität Posen 29 Schädel und Gipsabgüsse von „Juden" sowie 15 Schädel von „Polen" als sogenannte Schauobjekte kaufte. Die Totenmasken sowie ein Teil der Schädel stammten von jüdischen KZ-Opfern, der restliche Teil der Schädel von polnischen Widerstandskämpfern. Die als „jüdisch" etikettierten Skelette wurden 1991 an die IKG Wien übergeben und wiederbestattet. Die „polnischen" Skelette befanden sich 1998 noch im Museum, das ankündigte, im September 1998 mit Vertretern der polnischen Botschaft in Wien Gespräche bezüglich der Ausscheidung dieser Objekte aus den Sammlungsbeständen des Museums führen zu wollen; vgl. Teschler-Nicola, Maria/Margit Berner: Die Anthropologische Abteilung des Naturhistorischen Museums in der NS-Zeit; Berichte und Dokumentation von Forschungs- und Sammlungsaktivitäten 1938–1945. In: Untersuchungen zur Anatomischen Wissenschaft in Wien 1938–1945. Senatsprojekt der Universität Wien. Hg. v. Akademischen Senat der Universität Wien. Wien 1998, S. 337f. (im Folgenden zitiert als: Teschler-Nicola/Berner, Senatsprojekt)
168 NHM, Abteilung für Archäologische Biologie und Anthropologie, Osteologische Sammlung, Inventarbuch AA 15.100 – 21.316
169 Interview TW mit Margit Berner 8. 6. 2007
170 NHM, Abteilung für Archäologische Biologie und Anthropologie, Osteologische Sammlung, Inventarbuch AA 15.100 – 21.316, N. N. Übernahmebestätigung 24. April 1947
171 Interview TW mit Maria Teschler-Nicola 7. 2. 2007
172 Richard Pittioni (1906–1985), Historiker, Archäologe, Vorstand des Instituts für Ur- und Frühgeschichte der Universität Wien.
173 NHM, Abteilung für Archäologische Biologie und Anthropologie, Korrespondenz 1939, Pittioni an Wastl 24. 3. 1939
174 Hans Kummerlöwe (1903–1995), unter dem NS-Regime Leiter der wissenschaftlichen Staatsmuseen.
175 NHM, Abteilung für Archäologische Biologie und Anthropologie, Korrespondenz 1939, Pittioni an NHM 24. 3. 1939; auch Teschler-Nicola/Berner, Senatsprojekt, S. 337, Quelle: ÖStA, AVA, BMU, NHM, Fasz. 3206, Zl. IV-4b-349.290
176 BDA, Archiv, NS-Materialien, Karton 4, Ministerium für Innere und Kulturelle Angelegenheiten Plattner an Kommissarischen Leiter des NHM 4. 12. 1939

177 BDA, Archiv, NS-Materialien, Karton 4, Seiberl Aktenvermerk 15. 9. 1939
178 BDA, Archiv, NS-Materialien, Karton 4
179 Viktor Christian (1885–1963), unter dem NS-Regime SS-Hauptsturmführer.
180 Josef Weninger (1886–1959), Anthropologe, Leiter des Anthropologischen Instituts der Universität Wien bis 1938 und nach 1945.
181 Interview TW mit Maria Teschler-Nicola 23. 1. 2007
182 Vgl. die biografischen Anmerkungen zu Wastl weiter unten in diesem Kapitel.
183 Duizend-Jensen, Shoshana: Jüdische Gemeinden, Vereine, Stiftungen und Fonds. „Arisierung" und Restitution. Wien-München 2004. (= Veröffentlichungen der Österreichischen Historikerkommission. Vermögensentzug während der NS-Zeit sowie Rückstellungen und Entschädigungen seit 1945 in Österreich. Hg. v. Clemens Jabloner u. a. 21/2), S. 181
184 CAHJP, A/W 3022: Varia 1938–1944, Feldsberg an Gemeindeverwaltung des Reichsgaues Wien 3. 8. 1942
185 Benjamin Murmelstein (1905–1989). In den vergangenen Jahren, als das elfstündige Interview, das Claude Lanzmann im Zuge der Arbeiten am Dokumentarfilm *Shoa* mit Murmelstein drehte, erstmals in den Kinos zu sehen war, wurde seine Rolle unter dem NS-Regime heftig diskutiert.
186 NHM, Abteilung für Archäologische Biologie und Anthropologie, Somatologische Sammlung, Inv. Nr. 2669, Murmelstein an Christian 18. 8. 1942
187 Aus einer Analyse der aufgelisteten Namen ergibt sich, dass sich die Auswahl der zur Enterdigung erwünschten Personen offenbar nach dem Bekanntheitsgrad der Person richtete, der Zugriffsmöglichkeiten auf detaillierte biografische Informationen eröffnete, sowie nach der Anzahl ebenfalls auf dem jüdischen Friedhof Währing bestatteter Familienangehöriger des Prominenten bzw. nach der Anzahl der dort beerdigten Generationen seiner Familie.
188 NHM, Abteilung für Archäologische Biologie und Anthropologie, Somatologische Sammlung, Inv. Nr. 2669, Murmelstein an Christian 18. 8. 1942
189 NHM, Abteilung für Archäologische Biologie und Anthropologie, Somatologische Sammlung, Inv. Nr. 2669, Zl. B 37203, N. N. handschriftlicher Aktenvermerk undatiert
190 Es handelt sich um einen Teil des Bestandes NHM, Abteilung für Archäologische Biologie und Anthropologie, Somatologische Sammlung, Inv. Nr. 2669; Teschler und Berner erwähnen das Dokument als Teil des Briefes Murmelstein an Christian 18. 8. 1942 aus dem Bestand Somatologische Sammlung, Inv. Nr. 2669; vgl. Teschler-Nicola/Berner, Senatsprojekt, S. 337
191 NHM, Abteilung für Archäologische Biologie und Anthropologie, Somatologische Sammlung, Inv. Nr. 2669, N. N. Aktenvermerk undatiert
192 NHM, Abteilung für Archäologische Biologie und Anthropologie, Somatologische Sammlung, Inv. Nr. 2669, N. N. kommentierte Wunschlisten undatiert, S. 10
193 CAHJP, A/W 1515: XIX. Friedhofs- und Beerdigungsangelegenheiten. 1941–1942, 1857, Tätigkeitsbericht über die auf dem Währinger Friedhof durchgeführten Beerdigungen S. 7 18. 6. 1941
194 IKG Wien, Website, www.ikg-wien.at, Abfrage Friedhofsdatenbank 2007
195 NHM, Abteilung für Archäologische Biologie und Anthropologie, Somatologische Sammlung, Inv. Nr. 2669, N. N. Skizze eines Schädels undatiert

196 NHM, Abteilung für Archäologische Biologie und Anthropologie, Somatologische Sammlung, Inv. Nr. 2669, Exhumierungsprotokolle jüdischer Friedhof Währing 25. 2. 1943, S. 57
197 NHM, Abteilung für Archäologische Biologie und Anthropologie, Somatologische Sammlung, Inv. Nr. 2669, Exhumierungsprotokolle jüdischer Friedhof Währing undatiert, S. 50
198 Foto Tina Walzer, Zustand April 2007
199 NHM, Abteilung für Archäologische Biologie und Anthropologie, Somatologische Sammlung, Inv. Nr. 2669, Exhumierungsprotokolle jüdischer Friedhof Währing undatiert, S. 28f. Die Bezeichnung „des noch vollständigen Verwesungsprozesses" findet sich so in der Quelle; gemeint ist damit offenbar ein noch nicht abgeschlossener Verwesungsprozess.
200 NHM, Abteilung für Archäologische Biologie und Anthropologie, Somatologische Sammlung, Inv. Nr. 2669, N. N. Exhumierungsprotokolle jüdischer Friedhof Währing 26. 8. 1942 bis 25. 2. 1943
201 NHM, Abteilung für Archäologische Biologie und Anthropologie, Korrespondenz 1943, Direktion 13. 3. 1943
202 NHM, Abteilung für Archäologische Biologie und Anthropologie, Korrespondenz 1943, fol. 333f, N. N. Typoskript, undatiert mit handschriftlicher Notiz „An Hofrat Michel 17. II. 43"
203 Interview TW mit Maria Teschler-Nicola 7. 3. 2007
204 N. N.: Das Naturhistorische Museum im Krieg. In: Annalen des Naturhistorischen Museums Wien 56 (1948), S. 1
205 Ebda., S. 2
206 NHM, Abteilung für Archäologische Biologie und Anthropologie, Korrespondenz 1946, BMU an NHM 14. 12. 1946
207 NHM, Abteilung für Archäologische Biologie und Anthropologie, Korrespondenz 1947, Robert Routil, Liste der seit 1939 in den Besitz der Anthropologischen Abteilung des naturhistorischen Staatsmuseums übergegangenen Materialien 6. 1. 1947
208 Interview TW mit Maria Teschler-Nicola 7. 2. 2007
209 Teschler-Nicola/Berner, Senatsprojekt, S. 333f. Quelle: ÖStA, AdR 04, Gauakt Nr. 76660
210 Teschler-Nicola/Berner, Senatsprojekt, S. 346
211 Teschler-Nicola/Berner, Senatsprojekt, S. 352f.
212 Teschler-Nicola/Berner, Senatsprojekt, S. 348
213 Teschler-Nicola/Berner, Senatsprojekt, S. 355
214 NHM, Abteilung für Archäologische Biologie und Anthropologie, Korrespondenz 1947, Robert Routil, Liste der seit 1939 in den Besitz der Anthropologischen Abteilung des naturhistorischen Staatsmuseums übergegangenen Materialien 6. 1. 1947
215 Routil, Robert: Anthropologische Abteilung. In: N. N.: Das Naturhistorische Museum im Krieg. In: Annalen des Naturhistorischen Museums Wien 56 (1948), S. 9
216 Zur Bilanz der tatsächlich Enterdigten vergleiche die Darstellung in Kapitel 6, Status quo. Dort auch zur Wiederbestattung der übergebenen Gebeine am Zentralfriedhof in der neuen jüdischen Abteilung beim 4. Tor in Gruppe 14a.

217 BDA, Archiv, NS-Materialien, Karton 4, Gemeinde Wien Bauabteilung an Institut für Denkmalpflege 15. 7. 1941
218 CAHJP, A/W 1515: XIX. Friedhofs- und Beerdigungsangelegenheiten. 1941–1942, 1857, Feldsberg Tätigkeitsbericht über die durchgeführte Massenenterdigung auf dem Währinger Friedhof 15. 8. 1941; auch BDA, Archiv, NS-Materialien, Karton 4, Seiberl an Reichsstatthalter Juli 1941. Zur Plandarstellung des geplanten Luftschutzbunkers vgl. WSLA, Sammlungen, Fotosammlung, Bestand Fotoarchiv Gerlach, 3.3.2. FC – Positive/1925- 2. H. 20. Jh., Zl. C 8417 M, 1941, Zeichnung, Luftschutzanlage Döblinger Hauptstraße am ehemaligen israelitischen Friedhof. Abbildung 18: Modell der geplanten Bunkeranlage; vgl. WSLA, Sammlungen, Fotosammlung, Bestand Fotoarchiv Gerlach, 3.3.2. FC – Positive/1925- 2. H. 20. Jh., Zl. C 8644 M, Frühjahr 1941, Modell für die Errichtung eines Luftschutzkellers auf einem Teil des ehemaligen Währinger israelitischen Friedhofes
219 CAHJP, A/W 1515: XIX. Friedhofs- und Beerdigungsangelegenheiten. 1941–1942, 1857, Feldsberg Tätigkeitsbericht über die durchgeführte Massenenterdigung auf dem Währinger Friedhof 15. 8. 1941
220 CAHJP, A/W 1515: XIX. Friedhofs- und Beerdigungsangelegenheiten. 1941–1942, 1857, Feldsberg Tätigkeitsbericht über die durchgeführte Massenenterdigung auf dem Währinger Friedhof 20. 8. 1941
221 IKG Wien, B 19 AD XXVII c,d Feldsberg-Akte, Feldsberg Bericht über den Stand der Vergleichsverhandlungen, welche zwischen der Israelitischen Kultusgemeinde und der Gemeinde Wien wegen Rückstellung diverser Realitäten und Liegenschaften geführt werden 10. 11. 1953
222 WSLA, Sammlungen, Kartographische Sammlung, Allgemeine Reihe, 3.2.1. P 2, Großmaßstäbliche Aufnahmen Wiens/19. Jh. – 20. Jh., Zl. 309, Generalstadtplan 1946 nach dem Stande im Oktober 1943
223 WSLA, Sammlungen, Fotosammlung, Bestand Fotoarchiv Gerlach, 3.3.2.FC – Positive/1925- 2. H. 20. Jh., C 8882-M, 28.08.1941: „Bauarbeiten an einem Luftschutzkeller auf einem Teil des ehemaligen Israelitischen Friedhofs", Detailaufnahme der Baustelle
224 WSLA, Sammlungen, Fotosammlung, Bestand Fotoarchiv Gerlach, 3.3.2.FC – Positive/1925- 2. H. 20. Jh., C 8883-M, 28.08.1941: „Bauarbeiten an einem Luftschutzkeller auf einem Teil des ehemaligen Israelitischen Friedhofs", Detailaufnahme der Baustelle
225 NHM, Abteilung für Archäologische Biologie und Anthropologie, Somatologische Sammlung, Inv. Nr. 2669, N. N. kommentierte Wunschlisten undatiert S. 24ff.
226 CAHJP, A/W 1515: XIX. Friedhofs- und Beerdigungsangelegenheiten. 1941–1942, 1857, Feldsberg Tätigkeitsbericht über die durchgeführte Massenenterdigung auf dem Währinger Friedhof 15. 8. 1941
227 Ebda.
228 WSLA, Sammlungen, Fotosammlung, Bestand Fotoarchiv Gerlach, 3.3.2. FC – Positive/1925- 2. H. 20. Jh., Zl. C 8881-M, 28.08.1941: „Bauarbeiten an einem Luftschutzkeller auf einem Teil des ehemaligen Israelitischen Friedhofs"
229 BDA, Archiv, NS-Materialien, Karton 4, Seiberl Aktenvermerk 27. 6. 1941

230 BDA, Archiv, NS-Materialien, Karton 4, Seiberl an Reichsstatthalter Juli 1941
231 Möglicherweise ist hier einer der Ursprünge für den Mythos von der Rettung des jüdischen Friedhofes Währing durch Umwidmung in ein Vogelschutzgebiet zu suchen; vgl. Kapitel 5.7.
232 BDA, Archiv, NS-Materialien, Karton 4, Seiberl Aktenvermerk 21. 7. 1941
233 BDA, Archiv, NS-Materialien, Karton 4, Zykan 19. 7. 1941
234 BDA, Archiv, NS-Materialien, Karton 4
235 CAHJP, A/W 1515: XIX. Friedhofs- und Beerdigungsangelegenheiten. 1941–1942, 1857, Feldsberg Tätigkeitsbericht über die durchgeführte Massenenterdigung auf dem Währinger Friedhof 15. 8. 1941
236 IKG Wien, B 19 AD XXVII c,d Feldsberg-Akte, Feldsberg Bericht über den Stand der Vergleichsverhandlungen, welche zwischen der Israelitischen Kultusgemeinde und der Gemeinde Wien wegen Rückstellung diverser Realitäten und Liegenschaften geführt werden 10. 11. 1953
237 CAHJP, A/W 1515: XIX. Friedhofs- und Beerdigungsangelegenheiten. 1941–1942, 1857, Feldsberg Tätigkeitsbericht über die durchgeführte Massenenterdigung auf dem Währinger Friedhof 15. 8. 1941
238 Ebda.
239 Ebda.
240 Ebda.
241 MA 21, Bestand jüdischer Friedhof Währing, MA II/1 an MA IV/4 1. 10. 1945
242 Ebda.
243 Das Areal befand sich zu diesem Zeitpunkt grundbücherlich im Eigentum der Stadt Wien
244 MA 21, Bestand jüdischer Friedhof Währing, MA IV/7 an MA IV/4 26. 10. 1945
245 GB-D, Katastralgemeinde Währing, Einlagezahl 226, Hauptbuch, B-Blatt, Tageszahl 500/1949
246 MA 21, Bestand jüdischer Friedhof Währing, IKG Wien an MA 57 5. 1. 1948
247 Ebda.
248 MA 21, Bestand jüdischer Friedhof Währing, MA 7 an MA 18 26. 8. 1950
249 MA 21, Bestand jüdischer Friedhof Währing, MA 18 an Gemeinderatsausschuß VI, Stadtsenat und Gemeinderat 23. 4. 1951
250 Ebda.
251 MA 21, Bestand jüdischer Friedhof Währing, MA 18 an Gemeinderatsausschuß VI, Stadtsenat und Gemeinderat 23. 4. 1951, Antrag
252 MA 21, Bestand jüdischer Friedhof Währing, IKG Wien an MA 18 16. 7. 1951
253 MA 21, Bestand jüdischer Friedhof Währing, Magistrat der Stadt Wien, Stadtbauamtsdirektion an MA 18 22. 8. 1951
254 Ebda.
255 Ebda.
256 Ebda.
257 MA 21, Bestand jüdischer Friedhof Währing, MA 57 an MA 18 18. 5. 1951
258 Ebda.
259 MA 21, Bestand jüdischer Friedhof Währing, MA 18 4. 2. 1952

11. Anmerkungen

260 IKG Wien, B 19 AD XXVII c,d Feldsberg-Akte, Feldsberg Bericht über den Stand der Vergleichsverhandlungen, welche zwischen der Israelitischen Kultusgemeinde und der Gemeinde Wien wegen Rückstellung diverser Realitäten und Liegenschaften geführt werden 10. 11. 1953
261 Ebda.
262 IKG Wien, B 19 AD XXVII c,d Feldsberg-Akte, Feldsberg Nachtrag zu dem Bericht vom 10. November 1953 über den Stand der Vergleichsverhandlungen, welche zwischen der Israelitischen Kultusgemeinde und der Gemeinde Wien wegen Rückstellung diverser Realitäten und Liegenschaften 3. 2. 1954
263 Ebda.
264 GB-D, Katastralgemeinde Währing, Einlagezahl 226, Hauptbuch, A-Blatt, Tageszahl 2440/1954
265 MA 21, Plan Stadt Wien, Plandokument 2276, Abänderung des Flächen- und Bebauungsplans für das Gebiet des alten israelitischen Friedhofes, 1951, Ausschnitt.
266 GB-D, Katastralgemeinde Währing, Einlagezahl 226, Hauptbuch, B-Blatt, Tageszahl 3992/1955
267 GB-D, Katastralgemeinde Währing, Einlagezahl 226, Hauptbuch, B-Blatt, Tageszahl 3992/1955, sowie Urkundensammlung zu B-Blatt, Tageszahl 2924/58, Vergleichsausfertigung 4. 7. 1955
268 Ebda.
269 GB-D, Katastralgemeinde Währing, Einlagezahl 226, Hauptbuch, A-Blatt, Tageszahl 2924/58 sowie dazu Urkundensammlung, Aufsandungserklärung 28. 6. 1957
270 MA 21, Planabteilung, Bestand MA 18 Stadtbauamt Plandokument 3318, Stadtplanblatt IV/5 und Zl. Reg/XIX/29/57 12. 5. 1958 Abänderung des Flächenwidmungs- und Bebauungsplanes für das Gebiet am Anfang der Döblinger Hauptstraße Ecke Währinger Gürtel im 18. und 19. Bezirk (Katastralgemeinden Währing und Ober-Döbling)
271 GB-D, Katastralgemeinde Währing, Einlagezahl 226, Urkundensammlung, Tageszahl 2924/58, MA 64 Zl. 1988/55, Hervorhebungen im Original
272 MA 21, Planabteilung, Bestand MA 18 Stadtbauamt Plandokument 3318, Stadtplanblatt IV/5 und Zl. Reg/XIX/29/57 12. 5. 1958 Abänderung des Flächenwidmungs- und Bebauungsplanes für das Gebiet am Anfang der Döblinger Hauptstraße Ecke Währinger Gürtel im 18. und 19. Bezirk (Katastralgemeinden Währing und Ober-Döbling)
273 BA-EV, Katastralmappe, Oberdöbling, Blatt 8, 1946-1964, Ausschnitt.
274 IKG Wien, B 19 AD XXVII c,d Feldsberg-Akte, Feldsberg Protokoll über den Lokalaugenschein „Währinger Friedhof, Löschwasserteich" am 15. Oktober 1958, 8 Uhr 30 undatiert. Ob Gebeine aus den beim Hausbau zerstörten Grabstellen tatsächlich je bei Tor IV am Wiener Zentralfriedhof wiederbestattet worden sind, ist aufgrund der vorhandenen Quellen nicht nachvollziehbar.
275 BA-EV, Luftbild, Gemeinde Wien Zl. 1956007, Streifen 8, Bildnummer 10564, 29.3.1956, Ausschnitt.
276 WSLA, Sammlungen, Fotosammlung, Bestand Media Wien, Zl. FL 639: Luftbild, August 1959

277 Österreichische Nationalbibliothek, Bildarchiv, Zl. 172. 874 B, Jüdischer Friedhof Wien Währing, Aufnahmen Siegenfeld, 6.3.1960
278 WSLA, Sammlungen, Fotosammlung, Bestand Media Wien, Zl. FL-5400: Luftbild, 23. 2. 1964.
279 IKG Wien, B 19 AD XXVII c,d Feldsberg-Akte, Feldsberg Protokoll über den Lokalaugenschein „Währinger Friedhof, Löschwasserteich" am 15. Oktober 1958, 8 Uhr 30 undatiert
280 IKG Wien, B 19 AD XXVII c,d Feldsberg-Akte, Feldsberg Memorandum 26. 2. 1959. Interessanterweise wechselt Feldsberg hier, in einer Phase der Auseinandersetzungen und Desillusionierung, in seiner Terminologie von „Löschteich" wieder zurück zu „Luftschutz-Bunker".
281 Ebda.
282 IKG Wien, B 19 AD XXVII c,d Feldsberg-Akte, Amtsdirektion Interne Mitteilung an Feldsberg 16. 12. 1959
283 TW Interview mit Bewohnern des „Arthur Schnitzler-Hofes" 15. 4. 2007
284 IKG Wien, B 19 AD XXVII c,d Feldsberg-Akte, Feldsberg Aktennotiz über eine Besprechung mit Stadtrat Dkfm. Alfred Hintschig (Rathaus, Stiege VI, 1. Stock, Zimmer 326) am 6. Juni 1968 6. 6. 1968
285 IKG Wien, B 19 AD XXVII c,d Feldsberg-Akte, IKG Wien Rechtsbüro Interne Mitteilung an Amtsdirektion 2. 11. 1967
286 Vgl. GB-D, Katastralgemeinde Währing, Einlagezahl 226, Urkundensammlung, Tageszahl 1102/42
287 MA 21, Planabteilung, Bestand MA 18 Stadtbauamt Plandokument 3318, Stadtplanblatt IV/5 und Zl. Reg/XIX/29/57 12. 5. 1958 Abänderung des Flächenwidmungs- und Bebauungsplanes für das Gebiet am Anfang der Döblinger Hauptstraße Ecke Währinger Gürtel im 18. und 19. Bezirk (Kat.Gem. Währing und Ober-Döbling)
288 GB-D, Katastralgemeinde Währing, Einlagezahl 226, Hauptbuch, A-Blatt, Tageszahl 1397/68 und 1398/68
289 GB-D, Katastralgemeinde Währing, Einlagezahl 226, Hauptbuch, A-Blatt, Tageszahl 2621/68
290 GB-D, Katastralgemeinde Währing, Einlagezahl 226, Urkundensammlung, Tageszahl 2622/68
291 GB-D, Katastralgemeinde Währing, Einlagezahl 226, Hauptbuch, A-Blatt, Tageszahl 4140/74
292 Mündliche Mitteilung von Herrn Senatsrat DI Klaus Vatter, MA 21a 18. 10. 2006
293 Ursprünglich Steines, Patricia: Hunderttausend Steine. Grabstellen großer Österreicher jüdischer Konfession. Wien 1993; übernommen bei Veran, Traude: Das steinerne Archiv. Der alte Judenfriedhof in der Rossau. Wien 2002 und zuletzt bei Keil, Martha: „...enterdigt aus dem Währinger Friedhof. Der jüdische Friedhof in Wien-Währing während des Nationalsozialismus. In: Wiener Geschichte. Jahrbuch des Vereins für Geschichte der Stadt Wien 2005, S. 7–20.
294 Email Nachricht MA 21a Klaus Vatter an Tina Walzer 12. 10. 2006
295 Das einzige *Ratsherrenprotokoll,* das sich überhaupt mit jüdischen Friedhöfen befasst, berichtet lediglich vom beschlossenen Erwerb der jüdischen Friedhöfe durch die Stadt Wien; vgl. WSLA, Ratsherren, B 2, Beschlussprotokoll der 13. Ratsherrensitzung am 8. 1. 1942. Der *Stadtkämmerer* (Finanzstadtrat) Hanke berichtet unter Post 2 der Tagesordnung „zur Regelung

11. Anmerkungen

der Frage der jüdischen Friedhöfe in Wien", unter anderem auch zum jüdischen Friedhof Währing, über den er feststellt, sein weiterer Bestand könne nicht länger geduldet werden und der Kreis IX der NSDAP habe seine Beseitigung verlangt.

296 Vereine konnten von den Behörden mit der Betreuung eines, allerdings von Amts wegen gewidmeten, Vogelschutzgebietes betraut werden; vgl. „Der Vogelfreund". Offizielles Organ des Zentralverbandes der Vogelfreunde für Vogelschutz und Vogelpflege Jg. 3 (1938), Nr. 27, S. 1. Auch der Wiener Tierschutzverein war auf alten Stadtkarten als Betreiber eines Vogelschutzgebietes in Neuwaldegg, auf dem Heuberg, eingetragen. Die Verfasserin dankt dem freundlichen Hinweis von Ernst Bauernfeind, NHM, Vogelsammlung.

297 Interview TW mit Florian Gröll 17. 12. 2007

298 Aufgrund der Unzugänglichkeit der Grabstellen konnten die im Rahmen des vorliegenden Forschungsprojektes geplanten Arbeiten nur dank der Unterstützung freiwilliger Helfer durchgeführt werden.

299 JMW, Archiv, Bestand Photographien, Foto Jüdischer Friedhof Währing, 1928

300 Tina Walzer, Foto, Gruppe 5, Reihe 1, Mannheimer, Zustand Februar 2011

301 JMW, Archiv, Bestand Photographien, Foto Jüdischer Friedhof Währing, 1928

302 Tina Walzer, Foto, Gruppe 4, Zustand Februar 2011

303 JMW, Archiv, Bestand Fotographien, Foto Jüdischer Friedhof Währing, 1928

304 Tina Walzer, Foto, Gruppe 1, Epstein, Zustand Oktober 2008

305 Tina Walzer, Foto, Gruppe 1, Zustand Oktober 2008

306 WSLA, Fotosammlung allgemein, 3.3.1.FD Dias/20. Jh., Zl. D-21: Jüdischer Friedhof – Überblick [ohne Angaben]

307 MA 21, Plandokument 5874, Aufhebung und Neufestsetzung des Flächenwidmungsplanes, 1985, Ausschnitt.

308 NHM, Abteilung für Archäologische Biologie und Anthropologie, Liste der tatsächlich vom jüdischen Friedhof Währing ins naturhistorische Museum verbrachten Personen

309 NHM, Abteilung für Archäologische Biologie und Anthropologie, Somatologische Sammlung, Inv. Nr. 2669, N. N. kommentierte Wunschlisten undatiert

310 NHM, Abteilung für Archäologische Biologie und Anthropologie, Somatologische Sammlung, Inv. Nr. 2669, N. N. kommentierte Wunschlisten undatiert, S. 22

311 Teschler-Nicola/ Berner, Senatsprojekt, S. 334

312 Interview TW mit Maria Teschler-Nicola 23. 1. 2007

313 CAHJP, A/W 1515: XIX. Friedhofs- und Beerdigungsangelegenheiten. 1941–1942, 1857, Feldsberg Tätigkeitsbericht über die durchgeführte Massenenterdigung auf dem Währinger Friedhof 15. 8. 1941

314 Ebda.

315 Auskunft IKG Wien, Matrikenstelle 2005

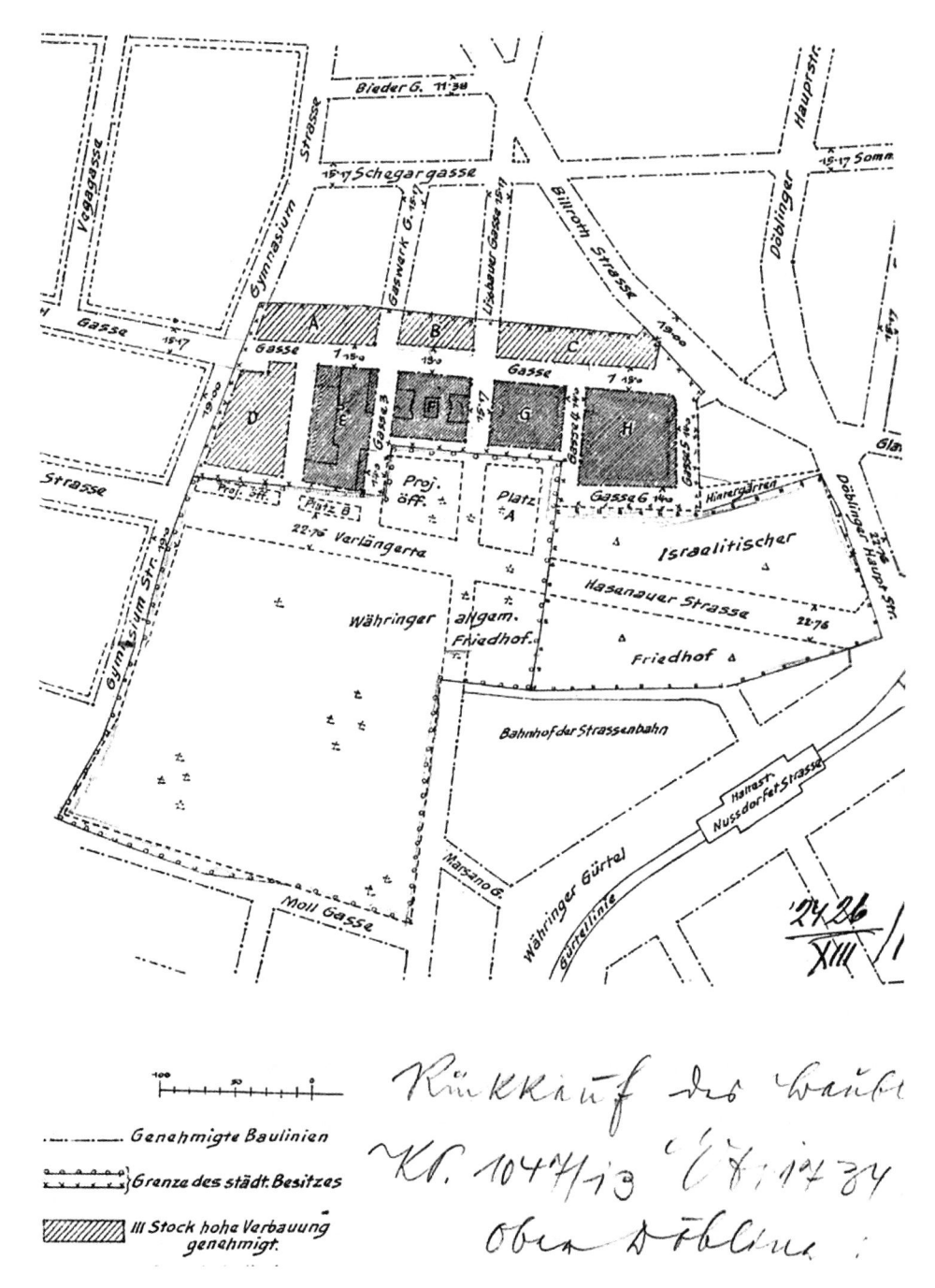

Abbildung 1: Die geplante Verlängerung der Hasenauerstraße über das Areal des jüdischen Friedhofes Währing; Plandarstellung, 1914. Mit freundlicher Genehmigung: Stadtverwaltung Wien, Magistratsabteilung 21.

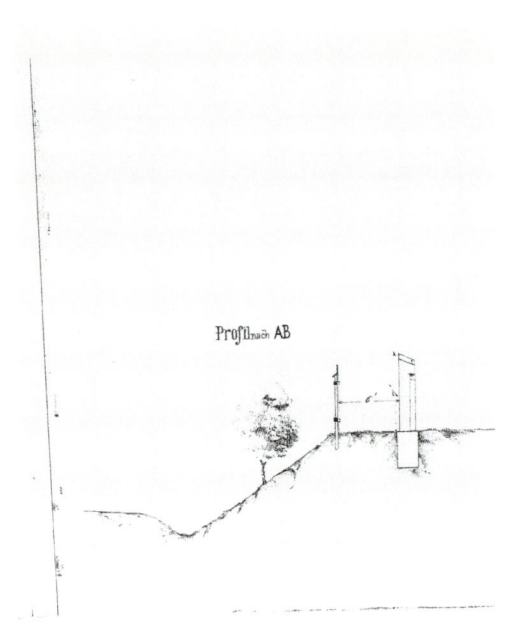

Abbildung 2: Geländesituation entlang der Döblinger Hauptstraße mit Holzlattenzaun und fundamentierter Mauer; Profildarstellung, 1857. Mit freundlicher Genehmigung: Israelitische Kultusgemeinde Wien, Anlaufstelle.

Abbildung 3: Döblinger Hauptstraße, Geländeverlauf, Höhenunterschied zum Friedhof, Zustand Februar 2011. Foto: Tina Walzer.

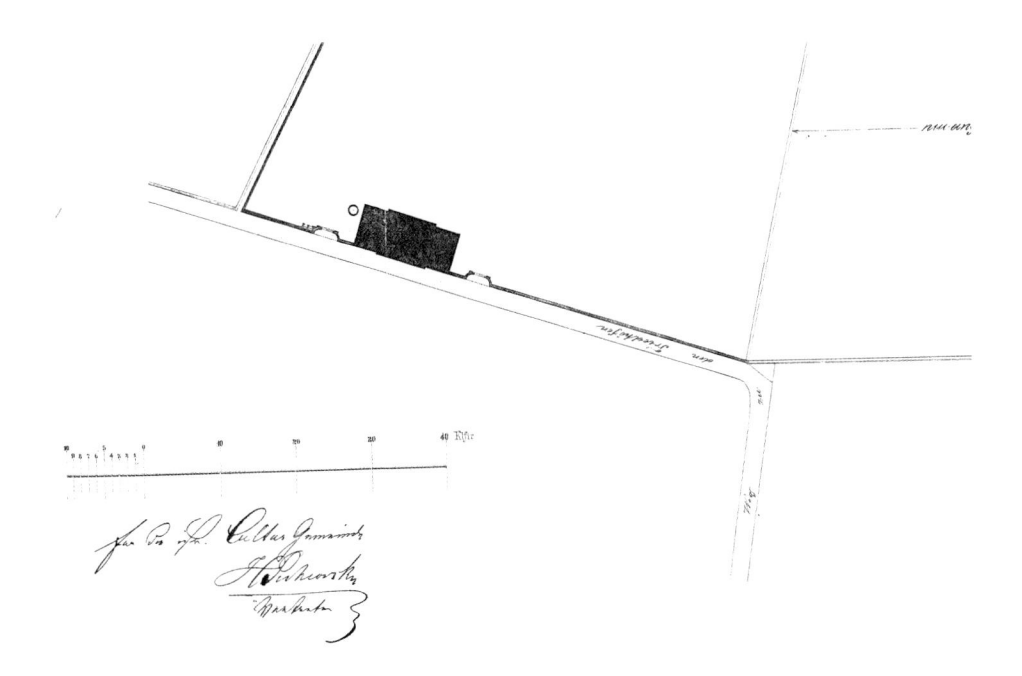

Abbildung 4: *Tahara*-Haus mit Mittelrisalit; Situationsplan, 1857. Mit freundlicher Genehmigung: Israelitische Kultusgemeinde Wien, Anlaufstelle.

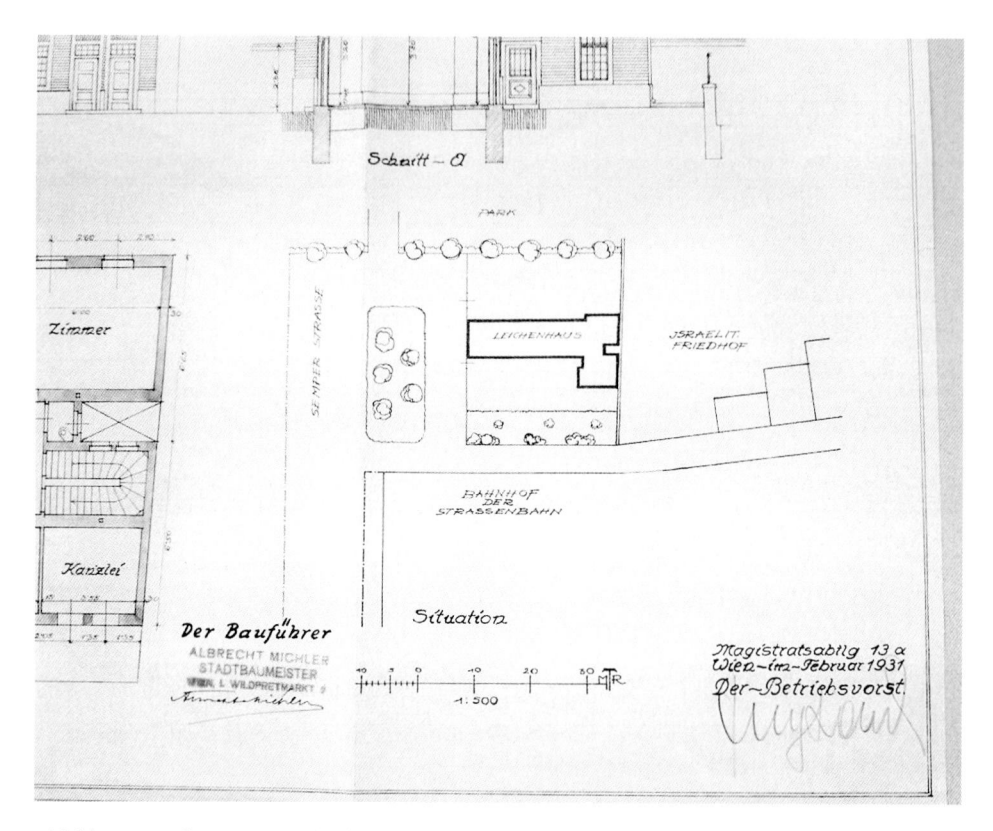

Abbildung 5: Anbau zum Friedhofswärterhaus; Plandarstellung 1931. Mit freundlicher Genehmigung: Stadtverwaltung Wien, Magistratsabteilung 37.

Abbildung 6: Baufugen im Südwest-Abschnitt der Einfriedungsmauer verweisen auf den ursprünglichen Haupteingang. Zustand 2011. Foto: Tina Walzer.

Abbildung 7: Eingang zum Haupteingang, mit aufbetoniertem Querbalken und Mauerkrone aus den 1990er Jahren. Zustand 2011. Foto: Tina Walzer.

Abbildung 8: Ursprünglicher dritter Eingang, Blick von der U-Bahnlinie 6 Haltestelle Nussdorf. Zustand Februar 2011. Foto: Tina Walzer.

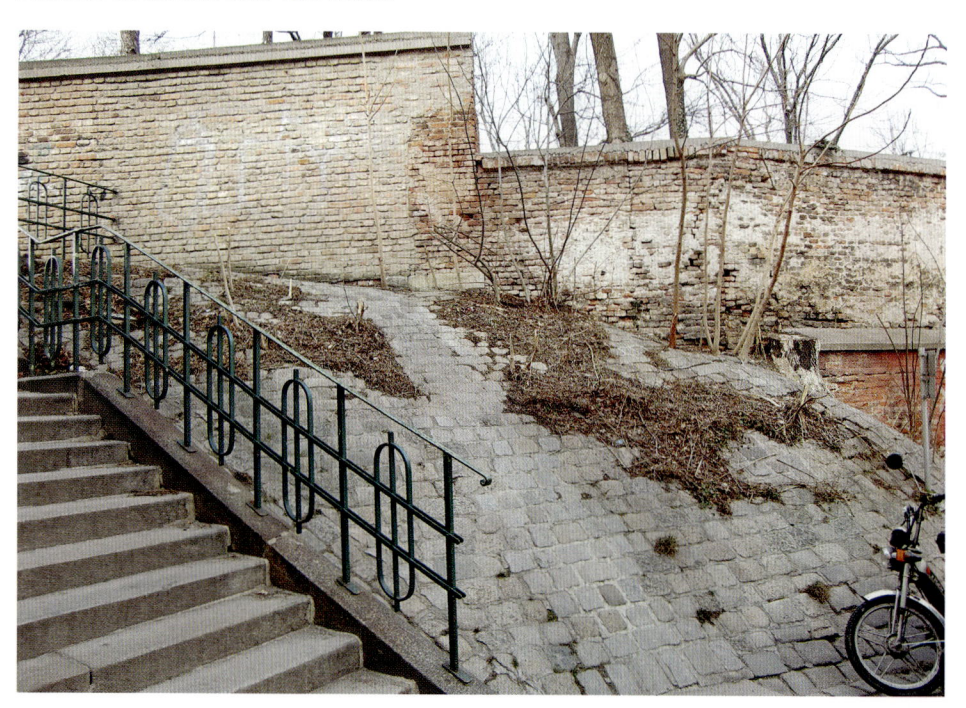

Abbildung 9: Ursprünglicher dritter Eingang, Zustand Außenmauer. Der Aufgang wurde zu einer Rampe umgebaut, die Toröffnung mit den ursprünglichen Pfeilerziegeln verschlossen. Zustand Februar 2011. Foto: Tina Walzer.

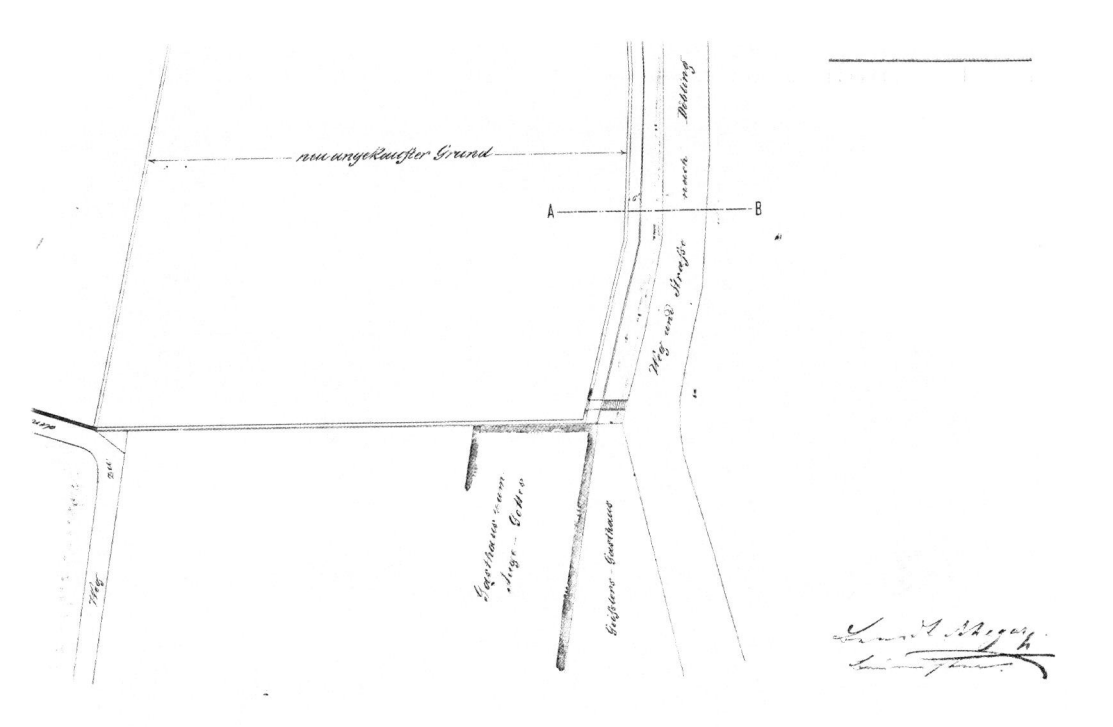

Abbildung 10: „Neu angekaufter Grund", Gasthaus *Zum Auge Gottes* und die Schnittführung A- B der Profildarstellung (vgl. Abbildung 2); Planskizze 1857. Mit freundlicher Genehmigung: Israelitische Kultusgemeinde Wien, Anlaufstelle.

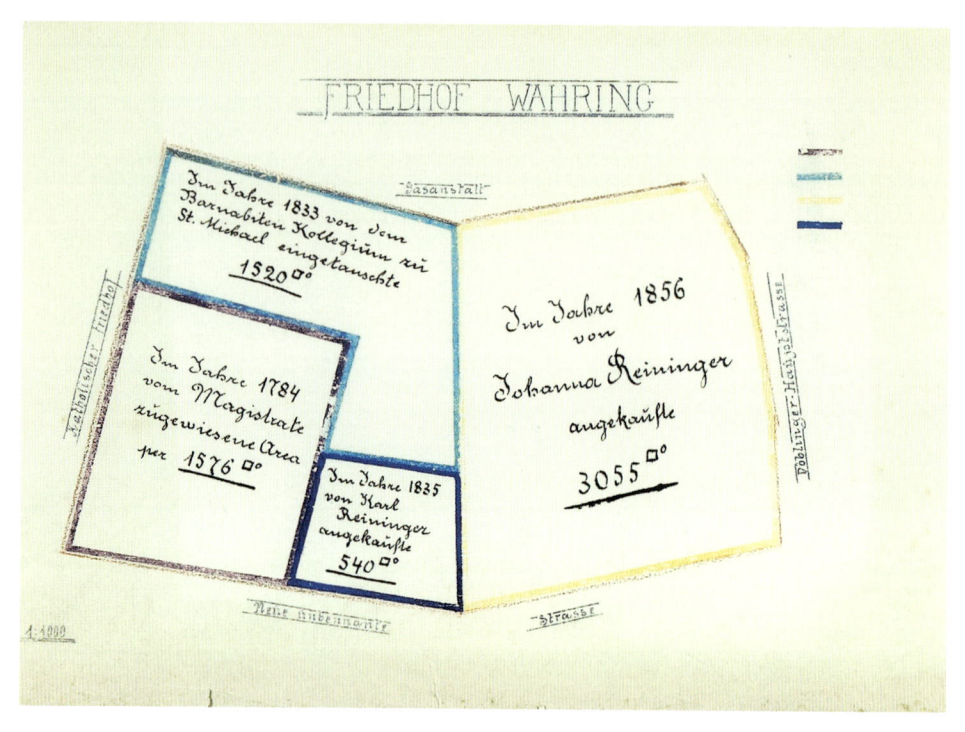

Abbildung 11: Planskizze zu den Friedhof-Erweiterungen; undatiert. Mit freundlicher Genehmigung: Israelitische Kultusgemeinde Wien, Anlaufstelle.

Abbildung 12: Blick über Reihe 1 der Gräbergruppe 18 und die davor liegende Nebenallee. Die ursprünglich gekiesten Wege liegen unter einer 20 cm dicken Humusschicht, die Grabbepflanzung ist ungepflegt und durch Wildwuchs überwuchert, Grabeinfassungen fehlen zum Großteil. Zustand Februar 2011. Foto: Tina Walzer.

Abbildung 13: Gruftanlage der Familie Biedermann in der Gräbergruppe 11.
Zustand April 2007. Foto: Tina Walzer.

M.Abt. 18-4198/50

Abänderung des Flächenwidmungs-
u. Bebauungsplanes für das Gebiet
des alten israelitischen Friedhofes,
zwischen der Fickertgasse, der Döblinger Hauptstraße, dem Währinger Gürtel
und dem Währinger Park im 18.u. 19. Bezirk
(K.G. Währing u.Ob.Döbling).

Plandokument Nr. 2276   Wien, am 4. Feber 1952

An

- -

    Der Gemeinderat hat in seiner Sitzung vom 21. September 1951
Pr. Z. 2201/51 den nachstehenden Beschluß gefaßt.
    In Abänderung des Flächenwidmungs-u.Bebauungsplanes werden für
das im Plane Nr. 2276, M.Abt. 18-4198/50,mit den roten Buchstaben
a-h (a) umschriebene Plangebiet des israelitischen Friedhofes zw.
der Fickertgasse, der Döblinger Hauptstraße, dem Währinger Gürtel,
dem Bahnhof der Straßenbahn und dem Währinger Park im 18.u.19. Be-
zirk(K.G. Währing u. Ober-Döbling)gemäß § 1 der BO.f. Wien folgende Bestimmungen getroffen:

1.) Die im Antragsplan(Blg.1) rot vollgezogenen und rot hinter-
schrafften Linien werden als Baulinien,die rot vollgezogenen
und rot gepunkteten Linien als Straßenfluchtlinien, die rot
strichliert gezogenen und rot gepunkteten Linien als Grenz-
fluchtlinien neu festgesetzt;demgemäß werden die schwarz gezogenen und gelb gekreuzten Fluchtlinien außer Kraft gesetzt.

2.) Für die im Antragsplan blaugrün lasierte Fläche wird die Wid
mung " Grünland-Erholungsgebiet"(öffentliche Parkanlage) neu
festgesetzt;demgemäß tritt die bisherige Widmung:"Friedhof"
außer Kraft.

3.) Für die im Antragsplan ziegelrot lasierte Fläche wird die
Widmung " Bauplatz für öffentliche Zwecke"(Obushallen) neu
festgesetzt.

4.) Das Querprofil der Döblinger Hauptstraße im Bereiche des Fried
hofes wird nach dem im Detailplan (Blg.2) eingetragenen Aus-
führungslinien festgelegt.

5.) **Die Höhen der das Plangebiet begrenzenden öffentlichen Ver-
kehrsflächen** bleiben unverändert.

    Hievon erfolgt unter Hinweis auf die angeschlossene Plankopie
die Verständigung.

                                      Der Abteilungsleiter:
                                      Dipl. Ing. Exel e.h.
                                        Senatsrat

Abbildung 14: Abänderung des Flächen- und Bebauungsplans für das Gebiet des alten israelitischen Friedhofes, 1951. Mit freundlicher Genehmigung: Stadtverwaltung Wien, Magistratsabteilung 21.

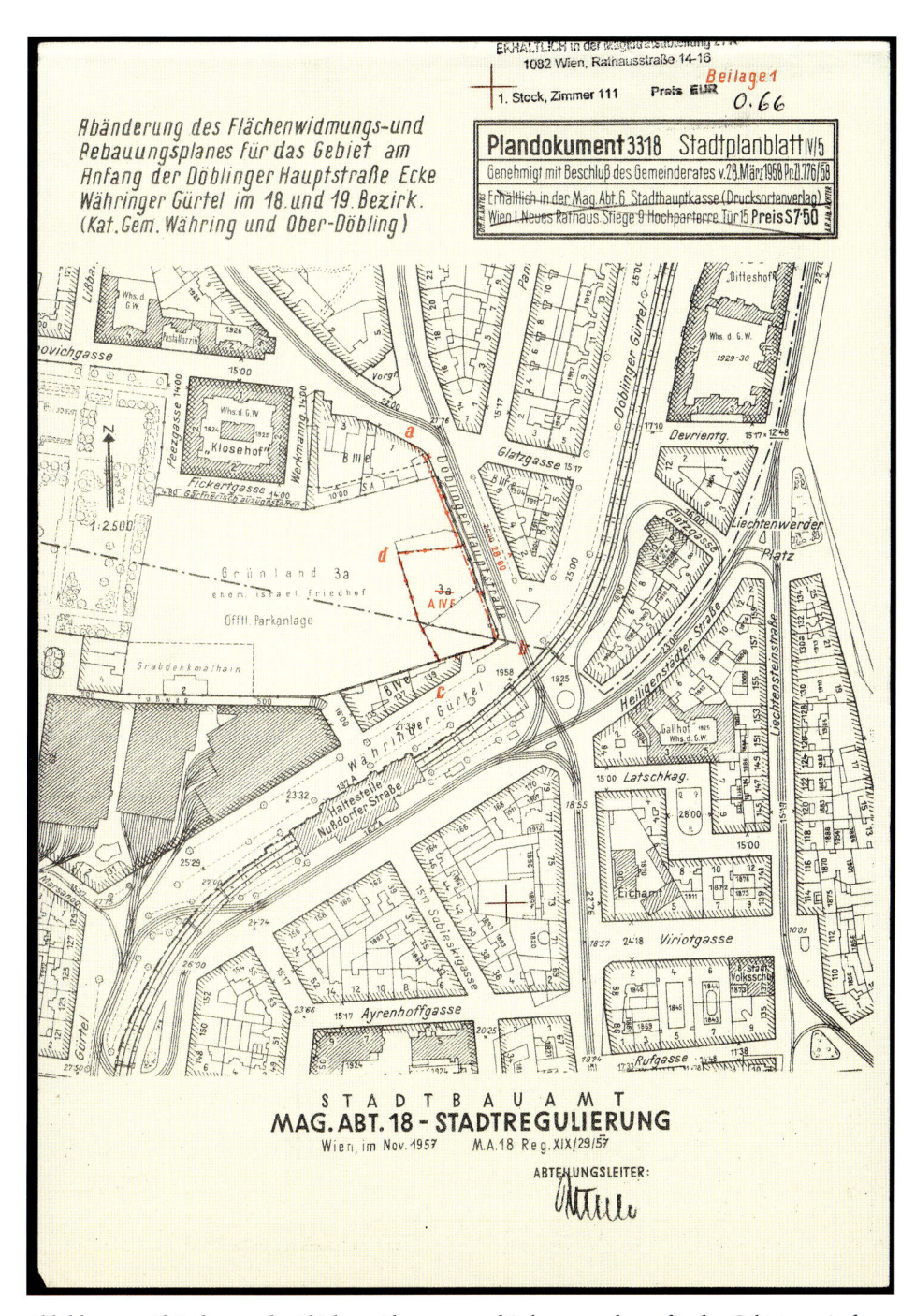

Abbildung 15: Abänderung des Flächenwidmungs- und Bebauungsplanes für das Gebiet am Anfang der Döblinger Hauptstraße Ecke Währinger Gürtel im 18. und 19. Bezirk. Plandokument 1958. Mit freundlicher Genehmigung: Stadtverwaltung Wien, Magistratsabteilung 21.

Abbildung 16: Das Grabmal Isak Noa Mannheimer wurde in der NS-Zeit entfernt und durch die IKG Wien zum Zentralfriedhof Tor 1 verbracht. An seiner Stelle ist seither eine Lücke zu sehen. Zustand Februar 2011. Foto: Tina Walzer.

Abbildung 17: Das Grabmal Hermann Todesko war im ursprünglichen Zustand ein imposanter, gut zweieinhalb Meter hoher Bau aus Granitblöcken und architektonisch auffällig gestaltet. Das Grab wurde in der NS-Zeit zerstört, Grabdenkmal und Einfriedung wurden entfernt. Zustand Februar 2011. Foto: Tina Walzer.

Abbildung 18: Die Grabstellen der Familie Epstein - Teixeira de Mattos waren eingefasst. Da hier keine Exhumierungen durchgeführt wurden, präsentiert sich die Familengrablege in ihrer Substanz weitgehend intakt, lediglich Witterungsschäden auf dem Pultgrabstein aus weißem Carrara-Marmor sind zu konstatieren. Zustand Oktober 2008. Foto: Tina Walzer.

Abbildung 19: Gräbergruppe 1: Im Bildhintergrund dichter Bewuchs, im Bildvordergrund der Zustand drei Wochen nach einer Rodung. Zustand Oktober 2008. Foto: Tina Walzer.

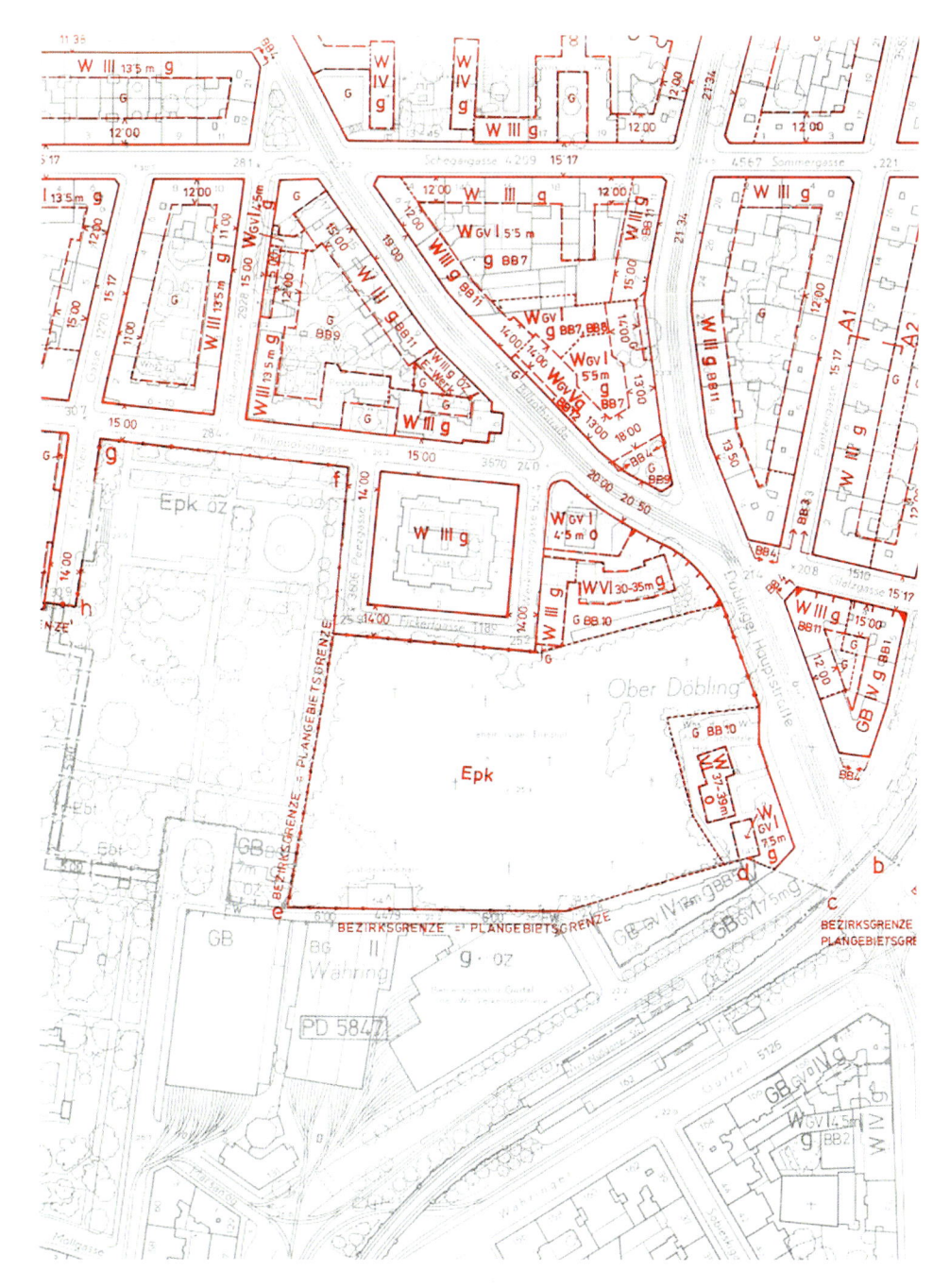

Abbildung 20: 1985 befand sich im Bereich der Gräbergruppe 1 noch ein zusammenhängender Baumbestand; Flächenwidmungsplan 1985. Mit freundlicher Genehmigung: Stadtverwaltung Wien, Magistratsabteilung 21.

Abbildung 21: Der jüdische Friedhof Währing in Wien, Wegenetz und Gräbergruppen. Plandarstellung: Tina Walzer 2011 auf Grundlage Stefan Schmidt/ Gerhard Rennhofer 2009 sowie Karl Knotzer 2002.

12. Anhang

12.1. TEILINVENTAR: ISRAELITISCHE KULTUSGEMEINDE WIEN EXHUMIERUNGEN

Tabelle 1: Personen, die 1941–1942 durch die Israelitische Kultusgemeinde Wien exhumiert wurden, geordnet nach heutiger Grabposition

Familienname, Vorname, Mädchenname, Sterbedatum, heutige Grabstelle mit Positionsangabe am Wiener Zentralfriedhof Tor 1: Alte jüdische Abteilung und Tor 4: Neue jüdische Abteilung, Grab Gruppe – Reihe – Nummer, nähere Bezeichnung der Grabstelle. Zwei Personen bei Tor 1, Gruppe 7 wurden im Auftrag der IKG Wien exhumiert, sowie jene, die bei Tor 4 in Gruppe 14a bestattet sind. Die übrigen wurden auf Antrag von Nachkommen exhumiert.

Gutmann	Bertha		15	3	1864	Tor 1 5b-1-1 (Wilhelm Guttmann)
Gutmann	Eleonora	Latzko	5	12	1867	Tor 1 5b-1-1 (Wilhelm Guttmann)
Klein	Emilie		13	1	1864	Tor 1 5b-16-30 (Rosalie Pisling)
Pisling	Isak		26	2	1870	Tor 1 5b-16-30 (Rosalie Pisling)
Strauss	Anton		7	1	1877	Tor 1 5b-6-36 (Albert Strauss)
Strauss	Hermine		15	1	1852	Tor 1 5b-6-36 (Albert Strauss)
Strauss	Wilhelmine	Pollak	7	5	1851	Tor 1 5b-6-36 (Albert Strauss)
Hohenberg	Josef		30	11	1872	Tor 1 5b-7-9a (Kath. Hohenberg)
Mannheimer	Isak Noa		18	3	1865	Tor 1 6-0-8 (Ehrengrab der IKG)
Horwitz	Lazar		11	6	1868	Tor 1 6-0-9 (Ehrengrab der IKG)
Gutmann v. Gelse	Marie	Pollak v. Rudin	26	7	1881	Tor 1 6-1-6 (Gruft P. v. Rudin)
Leon	Rudolf		16	12	1873	Tor 1 6-1-6 (Gruft P. v. Rudin)
Mauthner	Else		24	8	1878	Tor 1 6-1-6 (Gruft P. v. Rudin)
Mauthner	Siegfried		2	2	1879	Tor 1 6-1-6 (Gruft P. v. Rudin)
Pollak von Rudin	Betti	Goldmann	9	2	1872	Tor 1 (angebl. Gruft P. v. Rudin)

Pollak von Rudin	Maximilian		5	3	1875	Tor 1 6-1-6 (Gruft P. v. Rudin)
Pollak von Rudin	Richard		9	2	1872	Tor 1 6-1-6 (Gruft P. v. Rudin)
Pollak	Philipp		23	11	1878	Tor 1 6-2-13a
Halperson	Rosalia	Unbekannt	29	8	1857	Tor 1 6-29-46 (Maximilian Steiner)
Steiner	Elias		11	6	1856	Tor 1 6-29-46 (Maximilian Steiner)
Steiner	Johanna	Mikolasch	20	8	1879	Tor 1 6-29-46 (Maximilian Steiner)
Eisner	Josefine	Bass	30	3	1875	Tor 1 7-2-48 (gem. m. Alois)
Eisner	Alois		29	7	1874	Tor 1 7-2-48 (gem. m. Josefine)
Silberstein	Fanny	Rosenburger	31	1	1879	Tor 1 8-5-49 (Wilhelm Silberstein)
Stern	Leopold		9	7	1873	Tor 1 8-47-74a
Neurath	Leopold		15	12	1872	Tor 1 8-50-9 (Rosalia Neurath)
Figdor	Julius		4	12	1865	Tor 1 19-1-96 (Nathan Figdor)
Figdor	Regina	Mandl	30	11	1872	Tor 1 19-1-96 (Nathan Figdor)
Weiss	Cäcilie	Graf	4	3	1874	Tor 1 19-9-30 (Roderich Bass)
Zerkowitz	Gerson		16	1	1874	Tor 1 19-21-47a
Zerkowitz	Gisela		5	7	1874	Tor 1 19-21-47a
Zerkowitz	Max		16	4	1874	Tor 1 19-21-47a
Wolkenberg	Benjamin		13	9	1871	Tor 1 20-23-24 (Bernhard Wolken.)
Krausz	Ema	Steiner	14	2	1877	Tor 1 22-22-24
Hahn	Katharine	Vogel	27	10	1875	Tor 1 49-12-62 (Philipp Hahn)
Bachrich	Hugo		11	2	1879	Tor 1 50-5-21 (Leopold Bachrich)
Bachrich	Katharina		30	8	1878	Tor 1 50-5-21 (Leopold Bachrich)
Pick	Eleonora	Schneider	10	8	1878	Tor 1 50-9-26 (Josef Pick)
Weber	Klara	Unbekannt	28	2	1875	Tor 1 51-17-69
Hecht	Anna		24	6	1878	Tor 1 52-2-51 (Betty Hecht)
Oppenheimer	Regina	Steiner	11	4	1848	Tor 1 52a-14-20 (Oppenheim)
Fleckles	Maximilian		1	8	1866	Tor 4 3-2-27 (Sohn Julius)
Fleckles	Rosa		2	3	1849	Tor 4 3-2-27 (Sohn Julius)
Benzion	Helene		24	4	1868	Tor 4 6-29-7 (Rosa Benzion)
Benzion	Olga		26	1	1867	Tor 4 6-29-7 (Rosa Benzion)
Benzion	Philipp		1	10	1875	Tor 4 6-29-7 (Rosa Benzion)
Ehrmann	Johanna	Hechter	26	3	1875	Tor 4 10a-8-8
Bettelheim	Emma	Reiss	1	1	1875	Tor 4 12-16-52
Wertheimer	Franziska	Mandl	23	12	1874	Tor 4 12-16-52

Letteris	Max		19	5	1871	Tor 4 14a-13-1
Stern	Max Emanuel		9	2	1873	Tor 4 14a-13-2
Stern Grab von Max Em.	unbenanntes Kind		9	2	1873	Tor 4 14a-13-2
Netter	Salomon		2	1	1879	Tor 4 14a-13-3
Mosenthal	Caroline	Weil	19	3	1862	Tor 4 14a-13-4
Mosenthal	Salomon		17	2	1877	Tor 4 14a-13-4
Szántó	Josef		29	4	1873	Tor 4 14a-13-5
Schey	Annette	Sichrovsky	17	2	1878	Tor 4 14a-13-6
Sichrovsky	Betti	Kohn	2	2	1878	Tor 4 14a-13-6
Sichrovsky	Heinrich		10	7	1866	Tor 4 14a-13-6
Sichrovsky	Josef		10	3	1873	Tor 4 14a-13-6
Sichrovsky	Julie	Neumann	5	9	1878	Tor 4 14a-13-6
Sichrovsky	Karoline	Wertheim	21	4	1861	Tor 4 14a-13-6
Landmann	Hirsch	«Rabbi Zwi»	25	11	1867	Tor 4 14a-13-7
Klein	Chaim		21	1	1873	Tor 4 14a-13-8
Fleckles	Charlotte	Goldschmidt	18	1	1851	Tor 4 14a-13-9
Fleckles	David		4	10	1839	Tor 4 14a-13-9
Fleckles	Jacob		14	3	1823	Tor 4 14a-13-9
Fleckles	Oskar		7	4	1871	Tor 4 14a-13-9
Karpeles	Moritz		29	10	1879	Tor 4 14a-13-10
Kollinsky	Adolf		6	10	1848	Tor 4 14a-13-11
Breuer	Leopold		24	8	1872	Tor 4 14a-13-12
Popper-Almas	Mayer		26	11	1841	Tor 4 14a-13-13
Breuer	Rosalia	Unbekannt	25	3	1863	Tor 4 14a-13-14
Breuer	Salomon		8	8	1851	Tor 4 14a-13-14
Aschkanasy	Israel		22	6	1839	Tor 4 14a-13-15
Hartmann	Moritz		13	5	1872	Tor 4 14a-13-16
Laemel	Leopold		19	8	1867	Tor 4 14a-13-17
Hönig von Hönigsberg	Israel		19	1	1808	Tor 4 14a-13-18
Bensef	Jehuda Leb		15	2	1811	Tor 4 14a-13-19
Landesmann	Benjamin		7	9	1831	Tor 4 14a-13-20
Wertheim	David		25	8	1817	Tor 4 14a-13-21
Wertheim	Leonora	Wertheim	24	12	1817	Tor 4 14a-13-21
Wertheim	Samson		8	10	1817	Tor 4 14a-13-21
Veith	Josef		10	10	1833	Tor 4 14a-13-22

Biedermann	Michael Lazar		21	8	1843	Tor 4 14a-13-23
Leidesdorf	Aron		19	2	1814	Tor 4 14a-13-24
Leidesdorf	Ludowika	Mayer	24	6	1814	Tor 4 14a-13-24
Herz	Salomon		3	5	1825	Tor 4 14a-13-25
Maestre	Chaim Baruch		3	11	1817	Tor 4 14a-14-1
Pope	Johann		18	9	1861	Tor 4 14a-14-2
Königswarter	Jonas		23	12	1871	Tor 4 14a-14-3
Königswarter	Josefine	Königswarter	14	5	1861	Tor 4 14a-14-3
Laemel	Simon		18	4	1845	Tor 4 14a-14-4
Kanitz	Moses Löbl		20	2	1876	Tor 4 14a-14-5
Kanitz	Therese	Kunewalder	12	3	1875	Tor 4 14a-14-5
Brandeis-Weikersheim	Regina	Weikersheim	28	12	1878	Tor 4 14a-14-6
Brandeis-Weikersheim	Salomon		16	1	1877	Tor 4 14a-14-6
Mayer Weikersheim	Julius Ludwig		2	12	1864	Tor 4 14a-14-6
Weikersheim	Markus Hirsch		16	1	1863	Tor 4 14a-14-6
Todesko	Hermann		23	11	1844	Tor 4 14a-14-7
Arnstein	Nathan Adam		6	9	1838	Tor 4 14a-14-8
Neuwall	Juditha	Oblat	1	3	1824	Tor 4 14a-14-9
Neuwall	Marcus		26	1	1838	Tor 4 14a-14-9
Herz	Elise	Lämel	25	7	1868	Tor 4 14a-14-10
Jeiteles	Fanny	Barach	21	5	1854	Tor 4 14a-14-11
Liebenberg von	Ignaz		10	6	1844	Tor 4 14a-14-12
H. v. Hofmannsthal	Isak Löw		2	12	1849	Tor 4 14a-14-13
H. v. Hofmannsthal	Theresia	Schefteles	28	3	1850	Tor 4 14a-14-13
Engel	Louise	Steiner	24	3	1873	Tor 4 14a-14-14
Engel	Maximilian		18	10	1876	Tor 4 14a-14-14
Schwarz	Eduard		22	9	1862	Tor 4 14a-14-15
Baruch	Ruben		7	5	1875	Tor 4 14a-14-16
Figdor	Amalia	Veit	22	2	1863	Tor 4 16a-9-37
Figdor	Anna	Schlesinger	12	4	1833	Tor 4 16a-9-37
Figdor	Isak		9	10	1850	Tor 4 16a-9-37

Figdor	Wilhelm		28	4	1873	Tor 4 16a-9-37
Goldmann	Ignatz		14	5	1878	Tor 4 19-9-17 (gem. m. Gattin)
Goldmann	Julie	Geber	3	3	1872	Tor 4 19-9-17 (gem. m. Gatte)
Spitzer	Rosalia	Löwbeer	6	6	1878	Tor 4 20-14-18
Hofbauer	Götz		20	2	1878	Tor 4 20-35-7
Bendiner	Amalia, Amalie	Freistadt	24	3	1871	Tor 4 21-15-35
Porges	Eva	Fürth	28	6	1853	Tor 4 21-36-55 (Marie Pappenheim)
Pappenheim	Marie	Porges	26	4	1869	Tor 4 21-36-55 (mit Eva Porges)
Knöpfelmacher	Berta					Tor 4 21-38-47 (mit Israel K.)
Knöpfelmacher	Israel		4	4	1857	Tor 4 21-38-47 (mit Gattin Marie)
Knöpfelmacher	Marie	Deutsch	15	9	1866	Tor 4 21-38-47 (mit Gatte Israel)
Kohn	Wilhelm		17	1	1879	Tor 4 22-15-9 (Pauline Kroll)
Steinschneider	Charlotte	Kollisch	19	1	1871	Tor 4 51-18-37 (Mathilde Stein.)
Sayzow	Samuel		7	7	1878	Tor 4 lt. Protokoll, unbekannt

Tabelle 2: Personen, deren Grabstellen für die Exhumierung durch die IKG Wien 1941–1942 geöffnet wurden, deren sterbliche Überreste jedoch nicht entfernt wurden

Familienname, Vorname, Mädchenname, Sterbedatum, Grabstelle Gruppe – Reihe – Nummer am jüdischen Friedhof Währing (Inventar T. Walzer), Grabstein status quo.

Kollisch	Hirsch		11	12	1866	4	9	34	intakt	Einzelstein	steht
Mannheimer	Lisette	Damier	24	11	1858	5	1	1	intakt	Einzelstein	steht
Obernik	Mayer		9	11	1808	4	13	24	fehlt	Einzelstein	fehlt

12.2. TEILINVENTAR: NATURHISTORISCHES MUSEUM WIEN EXHUMIERUNGEN

Tabelle 1: Personen, die laut erhaltener Exhumierungsprotokolle 1942 bis 1943 im Auftrag des Naturhistorischen Museums Wien exhumiert wurden

Familienname, Vorname, Mädchenname, Sterbedatum, heutige Grabstelle mit Positionsangabe am Wiener Zentralfriedhof Tor 4: Neue jüdische Abteilung, Grab Gruppe – Reihe – Nummer, nähere Bezeichnung der Grabstelle. Um die Abfolge der Grabstellen in Gruppe 14a darzustellen, ist der Eintrag Geiringer unter Grab 18 hier aufgenommen. Welche Mitglieder der Familie Geiringer tatsächlich exhumiert wurden, ist jedoch nicht feststellbar, da dazu keine Exhumierungsprotokolle erhalten sind; vgl. Tabellen 7 und 8.

Granichstädten	Albert		12	5	1860	14a-14-17 fraglich: 8 Personen Gr.
Granichstädten	Emanuel		14	9	1873	14a-14-17 fraglich: 8 Personen Gr.
Granichstädten	Franzy		26	12	1852	14a-14-17 fraglich: 8 Personen Gr.
Granichstädten	Hermann K.		28	12	1877	14a-14-17 fraglich: 8 Personen Gr.
Granichstädten	Stephan		8	1	1854	14a-14-17 fraglich: 8 Personen Gr.
(Geiringer H. v. Hofmannsthal	unbekannt Ferdinand	gest. 1860–1877	15	3	1876	14a-14-18 fraglich: 6 Personen G.) 14a-14-19: 4 Personen H. v. H.
H. v. Hofmannsthal	Josef		29	8	1872	14a-14-19: 4 Personen H. v. H.
Hofmannsthal	Bernhard		11	9	1862	14a-14-19: 4 Personen H. v. H.
Lang	Ernestine	Edle v. Hofmannsthal	28	10	1870	14a-14-19: 4 Personen H. v. H.
Arnstein	Barbara	Leidesdorf	10	11	1821	14a-15-1: 28 Personen Leidesdorf
Goldschmidt	Sara	Leidesdorf	9	4	1818	14a-15-1: 28 Personen Leidesdorf
Leidesdorf	Abraham		24	11	1822	14a-15-1: 28 Personen Leidesdorf
Leidesdorf	Akiba		9	2	1822	14a-15-1: 28 Personen Leidesdorf
Leidesdorf	Babette		9	3	1833	14a-15-1: 28 Personen Leidesdorf
Leidesdorf	Barbara	Leidesdorf	11	10	1831	14a-15-1: 28 Personen Leidesdorf
Leidesdorf	David		17	9	1813	14a-15-1: 28 Personen Leidesdorf
Leidesdorf	Ernestine	Trebitsch	9	4	1824	14a-15-1: 28 Personen Leidesdorf
Leidesdorf	Gitl [Anna]	Wartfeld	21	4	1816	14a-15-1: 28 Personen Leidesdorf
Leidesdorf	Ignatz		8	10	1831	14a-15-1: 28 Personen Leidesdorf
Leidesdorf	Joachim		26	12	1834	14a-15-1: 28 Personen Leidesdorf
Leidesdorf	Josef		18	4	1806	14a-15-1: 28 Personen Leidesdorf

Leidesdorf	Josef		9	8	1805	14a-15-1: 28 Personen Leidesdorf
Leidesdorf	Josef		27	9	1824	14a-15-1: 28 Personen Leidesdorf
Leidesdorf	Löw		14	11	1789	14a-15-1: 28 Personen Leidesdorf
Leidesdorf	Magdalene	Koblenz	21	9	1833	14a-15-1: 28 Personen Leidesdorf
Leidesdorf	Marie	Leidesdorf	24	8	1835	14a-15-1: 28 Personen Leidesdorf
Leidesdorf	Maximilian		4	7	1831	14a-15-1: 28 Personen Leidesdorf
Leidesdorf	Moritz		18	7	1846	14a-15-1: 28 Personen Leidesdorf
Leidesdorf	Nathan [Ignatz]		29	4	1848	14a-15-1: 28 Personen Leidesdorf
Leidesdorf	Rosalia		24	4	1831	14a-15-1: 28 Personen Leidesdorf
Leidesdorf	Sophie		8	6	1827	14a-15-1: 28 Personen Leidesdorf
Leidesdorf	Wolfgang		4	11	1854	14a-15-1: 28 Personen Leidesdorf
Pontzen	Sara	Leidesdorf	25	5	1853	14a-15-1: 28 Personen Leidesdorf
Reitlinger	Veronica	Leidesdorf	5	6	1868	14a-15-1: 28 Personen Leidesdorf
Stern	Anna	Leidesdorf	17	1	1854	14a-15-1: 28 Personen Leidesdorf
Wertheimstein	Fanny	Leidesdorf	17	11	1818	14a-15-1: 28 Personen Leidesdorf
Wotitz	Judith	Leidesdorf	1	6	1858	14a-15-1: 28 Personen Leidesdorf
Benvenisti	Abraham Gabriel		25	1	1838	14a-15-2 fraglich: 19 Pers. Benvenisti
Benvenisti	Anna		21	8	1857	14a-15-2 fraglich: 19 Pers. Benvenisti
Benvenisti	Elisabeth, Elise	Nissim	2	3	1862	14a-15-2 fraglich: 19 Pers. Benvenisti
Benvenisti	Ester, Esther	Unbekannt	8	8	1862	14a-15-2 fraglich: 19 Pers. Benvenisti
Benvenisti	Fani	Benvenisti	4	2	1862	14a-15-2 fraglich: 19 Pers. Benvenisti
Benvenisti	Gabriel		18	7	1799	14a-15-2 fraglich: 19 Pers. Benvenisti
Benvenisti	Jacob Abraham		8	11	1866	14a-15-2 fraglich: 19 Pers. Benvenisti
Benvenisti	Jacob Gabriel		18	10	1862	14a-15-2 fraglich: 19 Pers. Benvenisti
Benvenisti	Jakob		23	12	1810	14a-15-2 fraglich: 19 Pers. Benvenisti
Benvenisti	Johanna		20	8	1857	14a-15-2 fraglich: 19 Pers. Benvenisti
Benvenisti	Raphael		2	8	1812	14a-15-2 fraglich: 19 Pers. Benvenisti
Benvenisti	Rebecca	Majo	8	4	1837	14a-15-2 fraglich: 19 Pers. Benvenisti
Benvenisti	Simon Gabriel		10	12	1859	14a-15-2 fraglich: 19 Pers. Benvenisti
Kaufmann	Josefine	Benvenisti	23	3	1873	14a-15-2 fraglich: 19 Pers. Benvenisti
Wertheim	Bernhard		22	7	1854	14a-15-3: 23 Personen Wertheim
Wertheim	David		27	1	1843	14a-15-3: 23 Personen Wertheim
Wertheim	Emanuel		7	4	1822	14a-15-3: 23 Personen Wertheim
Wertheim	Emanuel		1	12	1811	14a-15-3: 23 Personen Wertheim
Wertheim	Franziska	Herzfelder	4	12	1818	14a-15-3: 23 Personen Wertheim

Wertheim	Hanna	Theben-Mandl	18	1	1790	14a-15-3: 23 Personen Wertheim
Wertheim	Heinrich Löb		4	7	1856	14a-15-3: 23 Personen Wertheim
Wertheim	Ignatz		14	1	1838	14a-15-3: 23 Personen Wertheim
Wertheim	Jakob		23	8	1824	14a-15-3: 23 Personen Wertheim
Wertheim	Josef		18	9	1855	14a-15-3: 23 Personen Wertheim
Wertheim	Josef		29	9	1793	14a-15-3: 23 Personen Wertheim
Wertheim	Karl		20	7	1841	14a-15-3: 23 Personen Wertheim
Wertheim	Karoline		3	4	1876	14a-15-3: 23 Personen Wertheim
Wertheim	Ludwig		31	10	1869	14a-15-3: 23 Personen Wertheim
Wertheim	Maria		17	4	1828	14a-15-3: 23 Personen Wertheim
Wertheim	Philipp		8	10	1836	14a-15-3: 23 Personen Wertheim
Wertheim	Samson Löw		9	8	1787	14a-15-3: 23 Personen Wertheim
Wertheim	Samuel		22	4	1786	14a-15-3: 23 Personen Wertheim
Wertheim	Samuel		19	10	1807	14a-15-3: 23 Personen Wertheim
Wertheim	Simon		14	10	1811	14a-15-3: 23 Personen Wertheim
Wertheim	Simon Wolf		28	1	1861	14a-15-3: 23 Personen Wertheim
Wertheim	Simon Wolf		18	10	1814	14a-15-3: 23 Personen Wertheim
Wertheim	Sofie	Wertheim	25	4	1820	14a-15-3: 23 Personen Wertheim
Russo	Bella	Unbekannt	13	12	1809	14a-15-4 fraglich: 9 Pers. Russo
Russo	Esther	Russo	27	10	1861	14a-15-4 fraglich: 9 Pers. Russo
Russo	Heinrich		26	8	1871	14a-15-4 fraglich: 9 Pers. Russo
Russo	Jaffe	Unbekannt	16	1	1821	14a-15-4 fraglich: 9 Pers. Russo
Russo	Moreno Oser ben Abraham		28	8	1864	14a-15-4 fraglich: 9 Pers. Russo
Russo	Moses ben Abraham		26	5	1868	14a-15-4 fraglich: 9 Pers. Russo
Russo	Rachel	[Oser ?]	13	9	1861	14a-15-4 fraglich: 9 Pers. Russo
Russo	Raphael		7	4	1825	14a-15-4 fraglich: 9 Pers. Russo
Majo (de Majo)	Bonafia	Albachari	5	1	1866	14a-15-5: 11 Personen de Majo
Majo de	Jakob		21	1	1793	14a-15-5: 11 Personen de Majo
Majo de	Jakob Haim		29	1	1869	14a-15-5: 11 Personen de Majo
Majo de	Josef		24	1	1788	14a-15-5: 11 Personen de Majo
Majo de	Josefine	de Majo	22	6	1867	14a-15-5: 11 Personen de Majo
Majo de	Malke	Unbekannt	3	1	1814	14a-15-5: 11 Personen de Majo
Majo de	Regina	Almulay	10	1	1821	14a-15-5: 11 Personen de Majo
Majo de	Salomon		1	2	1858	14a-15-5: 11 Personen de Majo
Majo de	Salomon		11	10	1829	14a-15-5: 11 Personen de Majo
Majo de	Samuel		25	5	1865	14a-15-5: 11 Personen de Majo

Moravia	Rosa	De Mayo	23	7	1860	14a-15-5: 11 Personen de Majo
Goldschmidt	Anton		15	2	1853	14a-15-6: 8 Personen Goldschmidt
Goldschmidt	Heinrich		3	2	1839	14a-15-6: 8 Personen Goldschmidt
Goldschmidt	Ignatz		21	5	1853	14a-15-6: 8 Personen Goldschmidt
Goldschmidt	Johanna	Goldschmidt	19	8	1857	14a-15-6: 8 Personen Goldschmidt
Goldschmidt	Josef		14	1	1846	14a-15-6: 8 Personen Goldschmidt
Goldschmidt	Moriz		28	11	1837	14a-15-6: 8 Personen Goldschmidt
Goldschmidt	Pauline		28	9	1837	14a-15-6: 8 Personen Goldschmidt
Granichstädten	Franciska	Goldschmidt	19	10	1842	14a-15-6: 8 Personen Goldschmidt
Fein	Alexander		3	1	1871	14a-15-7 fraglich: 14 Pers. Fein
Fein	Anna	Weimann	4	7	1825	14a-15-7 fraglich: 14 Pers. Fein
Fein	Kaspar		22	8	1849	14a-15-7 fraglich: 14 Pers. Fein
Fein	Leopold		25	3	1836	14a-15-7 fraglich: 14 Pers. Fein
Fein	Leopold		18	11	1843	14a-15-7 fraglich: 14 Pers. Fein
Fein	Marianna	Levi	30	3	1836	14a-15-7 fraglich: 14 Pers. Fein
Fein	Markus		16	9	1829	14a-15-7 fraglich: 14 Pers. Fein
Fein	Michael		29	3	1836	14a-15-7 fraglich: 14 Pers. Fein
Fein	Pauline		27	3	1877	14a-15-7 fraglich: 14 Pers. Fein
Fein	Regine		19	11	1843	14a-15-7 fraglich: 14 Pers. Fein
Fein	Sigmund		14	10	1874	14a-15-7 fraglich: 14 Pers. Fein
Herzel	Nina	Fein	17	5	1869	14a-15-7 fraglich: 14 Pers. Fein
Wertheimstein	Adolf		12	9	1856	14a-15-8 fraglich: 16 Pers. Edle v. W.
Wertheimstein	Eduard		13	5	1816	14a-15-8 fraglich: 16 Pers. Edle v. W.
Wertheimstein	Eleonora		3	8	1826	14a-15-8 fraglich: 16 Pers. Edle v. W.
Wertheimstein	Heinrich Herman		15	6	1830	14a-15-8 fraglich: 16 Pers. Edle v. W.
Wertheimstein	Henriette	Herzberg	18	9	1824	14a-15-8 fraglich: 16 Pers. Edle v. W.
Wertheimstein	Ignatz		17	5	1822	14a-15-8 fraglich: 16 Pers. Edle v. W.
Wertheimstein	Josef		19	1	1811	14a-15-8 fraglich: 16 Pers. Edle v. W.
Wertheimstein	Katharina	Uffenheim	14	6	1823	14a-15-8 fraglich: 16 Pers. Edle v. W.
Wertheimstein	Lazar		28	7	1818	14a-15-8 fraglich: 16 Pers. Edle v. W.
Wertheimstein	Leontine		1	7	1845	14a-15-8 fraglich: 16 Pers. Edle v. W.
Wertheimstein	Wilhelm		21	8	1829	14a-15-8 fraglich: 16 Pers. Edle v. W.
H. v. Hofmannsthal	Karoline	Lang	23	10	1834	14a-15-9: 6 Personen Lang
Lang	Ernestine	Gugenheim	3	3	1827	14a-15-9: 6 Personen Lang
Lang	Ernestine		12	2	1853	14a-15-9: 6 Personen Lang

Lang	Ernst		17	10	1825	14a-15-9: 6 Personen Lang
Lang	Heinrich		26	2	1853	14a-15-9: 6 Personen Lang
Lang	Ludwig		10	6	1835	14a-15-9: 6 Personen Lang
Einöhrl	Adam		26	5	1857	14a-15-10 fraglich: 10 Pers. Einöhrl
Einöhrl	Ephraim		12	3	1857	14a-15-10 fraglich: 10 Pers. Einöhrl
Einöhrl	Josef		12	12	1858	14a-15-10 fraglich: 10 Pers. Einöhrl
Einöhrl	Magdalena	Unbekannt	4	3	1872	14a-15-10 fraglich: 10 Pers. Einöhrl
Einöhrl	Moses Löbl		24	7	1827	14a-15-10 fraglich: 10 Pers. Einöhrl
Einöhrl	Regina	Rischovi	15	7	1875	14a-15-10 fraglich: 10 Pers. Einöhrl
Einörl	Babette	Stekeles	14	11	1870	14a-15-10 fraglich: 10 Pers. Einöhrl
Einörl	Gabriel		16	1	1851	14a-15-10 fraglich: 10 Pers. Einöhrl
Einörl	Maria	Schneider	19	1	1866	14a-15-10 fraglich: 10 Pers. Einöhrl
Einörl	Samuel		19	1	1851	14a-15-10 fraglich: 10 Pers. Einöhrl
Einörl	Simon		11	1	1851	14a-15-10 fraglich: 10 Pers. Einöhrl
Wertheim	Samson Josef		5	5	1823	14a-15-11 (mit 8 Pers. Arnstein)
Arnstein	Adam Isak		21	10	1785	14a-15-11: 8 Personen Arnstein
Arnstein	Adam Mayer		5	9	1819	14a-15-11: 8 Personen Arnstein
Arnstein	Baruch		31	8	1814	14a-15-11: 8 Personen Arnstein
Arnstein	Benedict David		6	1	1841	14a-15-11: 8 Personen Arnstein
Arnstein	David Löw		17	10	1811	14a-15-11: 8 Personen Arnstein
Arnstein	Josef, Joseph		30	5	1855	14a-15-11: 8 Personen Arnstein
Arnstein	Sibilie	Neumegen	17	7	1787	14a-15-11: 8 Personen Arnstein
Arnstein	Wolf		21	11	1811	14a-15-11: 8 Personen Arnstein
Biedermann	Adelheid		18	1	1853	14a-15-13 fraglich: 13 Pers. Biederm.
Biedermann	Baruch		25	7	1827	14a-15-13 fraglich: 13 Pers. Biederm.
Biedermann	David		27	2	1838	14a-15-13 fraglich: 13 Pers. Biederm.
Biedermann	Haym Löw		6	7	1817	14a-15-13 fraglich: 13 Pers. Biederm.
Biedermann	Henriette	Pfeiffer	29	12	1858	14a-15-13 fraglich: 13 Pers. Biederm.
Biedermann	Hermann		1	6	1869	14a-15-13 fraglich: 13 Pers. Biederm.
Biedermann	Hirsch		6	1	1816	14a-15-13 fraglich: 13 Pers. Biederm.
Biedermann	Ignatz		10	8	1872	14a-15-13 fraglich: 13 Pers. Biederm.
Biedermann	Joseph, Josef		3	3	1867	14a-15-13 fraglich: 13 Pers. Biederm.
Biedermann	Julie	Kann	30	5	1875	14a-15-13 fraglich: 13 Pers. Biederm.
Biedermann	Michael Lazar		17	11	1869	14a-15-13 fraglich: 13 Pers. Biederm.
Biedermann	Ninna	Breisach	17	3	1851	14a-15-13 fraglich: 13 Pers. Biederm.
Biedermann	Simon		15	2	1835	14a-15-13 fraglich: 13 Pers. Biederm.
Lang	Amalia	Biedermann	28	6	1858	14a-15-13 fraglich: 13 Pers. Biederm.

Trebitsch	Rosalia	Leidesdorf	25	6	1855	14a-15-14
Hönigsberg	Franziska	Dobruska	26	9	1795	14a-15-15 fraglich: 10 Pers. Hönigsb.
Hönigsberg	Karl		27	2	1790	14a-15-15 fraglich: 10 Pers. Hönigsb.
Hönigsberg	Karoline	Günzburg	11	10	1824	14a-15-15 fraglich: 10 Pers. Hönigsb.
Hönigsberg	Katharina	Wehle	13	2	1801	14a-15-15 fraglich: 10 Pers. Hönigsb.
Hönigsberg	Maximilian		23	1	1832	14a-15-15 fraglich: 10 Pers. Hönigsb.
Hönigsberg	Moses		21	2	1875	14a-15-15 fraglich: 10 Pers. Hönigsb.
Hönigsberg	Ninna		19	1	1842	14a-15-15 fraglich: 10 Pers. Hönigsb.
Hönigsberg	Rosalia		16	2	1851	14a-15-15 fraglich: 10 Pers. Hönigsb.
Hönigsberg	Scheindl		24	7	1799	14a-15-15 fraglich: 10 Pers. Hönigsb.
Hönigsberg	Theres		7	11	1806	14a-15-15 fraglich: 10 Pers. Hönigsb.
Leidesdorf	Anna	Hönigsberg	30	8	1816	14a-15-15 fraglich: 10 Pers. Hönigsb.
Wellisch	Franziska	v. Hönigsberg	3	12	1853	14a-15-15 fraglich: 10 Pers. Hönigsb.
Nissim	Ester	de Majo	4	9	1788	14a-15-16
Eppinger	Heinrich		11	1	1823	14a-15-17 fraglich: 4 Personen Epp.
Eppinger	Ludwig		5	8	1834	14a-15-17 fraglich: 4 Personen Epp.
Uffenheim	Anna	Leidesdorf	2	4	1803	14a-15-18
Adutt	Leon Gabriel		10	7	1869	14a-15-19 fraglich: 6 Pers. Adutt
Adutt	Malkuna	Benvenisti	30	1	1812	14a-15-19 fraglich: 6 Pers. Adutt
Königswarter	Fanni	Wertheim	29	4	1811	14a15-20
Wertheim	Scheinle	Neustadtl	23	6	1816	14a-15-22 (mit H. Uffenheim)
Uffenheim	Henriette	Leidesdorf	27	3	1823	14a-15-22 (mit S. Wertheim)
Nachmias	Jakob		14	8	1859	14a-15-23 (mit Ahron Nachmias)
Hürsch	Regina	Hofmannsthal	12	2	1812	14a-15-27
Hürsch	Ephraim		5	3	1864	14a-15-28 (mit P. Hürsch)
Hürsch	Pauline		31	8	1874	14a-15-28 (mit E. Hürsch)

Tabelle 2: Personen, die laut Grabinschrift in Gräbern der Gruppe 14a, Zentralfriedhof Tor 4, wiederbestattet wurden, über deren Exhumierung keine Exhumierungsprotokolle erhaltenen sind, die jedoch auf der „Nachtrags-Wunschliste" des Naturhistorischen Museums Wien verzeichnet sind.

Familienname, Vorname, Mädchenname, Sterbedatum, heutige Grabstelle mit Positionsangabe am Wiener Zentralfriedhof Tor 4: Neue jüdische Abteilung, Grab Gruppe – Reihe – Nummer, nähere Bezeichnung der Grabstelle. Aus dem Umstand, dass in Gruppe 14a Personen durch die IKG Wien bestattet wurden, die nicht in den Exhumierungsprotokollen des Museums, wohl aber auf dessen „Wunschlisten" genannt sind, erschließt sich, dass die Überlieferung der Exhumierungsprotokolle im Museum offenbar lückenhaft ist. Daher lässt sich anhand erhaltener Unterlagen auch nicht feststellen, wie viele Personen tatsächlich durch das Museum exhumiert worden sind, und die Gebeine wie vieler Personen heute als verschwunden gelten müssen.

Abeles	Franziska	Auspitzer	26	3	1869	14a-15-12 (mit J. Abeles)
Abeles	Johanna		9	7	1873	14a-15-12 (mit F. Abeles)
Koritschoner	Sigmund		18	7	1883	14a-15-21 (mit M. P. v. Rudin)
Pollak v. Rudin	Mimi	Friedmann	19	4	1866	14a-15-21 (mit S. Koritschoner)
Nachmias	Ahron					14a-15-23 (mit J. Nachmias)
Pope	Mayer		14	7	1874	14a-15-24
Toch	Markus		14	9	1863	14a-15-25
Funk	Markus		23	1	1876	14a-15-26

Tabelle 3: Personen, die laut erhaltener Exhumierungsprotokolle 1942 bis 1943 im Auftrag des Naturhistorischen Museums Wien exhumiert wurden und die in den „Wunschlisten" des Museums, nicht jedoch in den Grabregistern der IKG Wien zum Zentralfriedhof verzeichnet sind, und deren Namen auch nicht auf Tor 4, Gruppe 14a aufscheinen, sodass der Verbleib ihrer Gebeine als unbekannt zu bezeichnen ist

Familienname, Vorname, Mädchenname, Sterbedatum, Grabstelle Gruppe – Reihe - Nummer am jüdischen Friedhof Währing (Inventar T. Walzer), Grabstein status quo. Ofenheim und Offenheim stammen aus Altofen (heute Óbuda, Stadtteil von Budapest, Ungarn), Uffenheim aus Innsbruck.

Figdor	Michael		2	12	1830	4	15	41	intakt	Einzelstein	steht
Leidesdorf	Anna	Offenheim	5	10	1822	4	1	30	intakt	Einzelstein	steht
Leidesdorf	Marie	Ofenheimer	12	12	1795	4	4	37	zertrümmert	Einzelstein	fehlt
Leidesdorf	Therese	Uffenheim	7	5	1852	1	3	51	fehlt	Einzelstein	fehlt

12.2. Teilinventar

Tabelle 4: Personen, die laut erhaltener Exhumierungsprotokolle 1942 bis 1943 im Auftrag des Naturhistorischen Museums Wien exhumiert wurden, ohne auf dessen „Wunschlisten" genannt zu sein, und deren heutiger Verbleib unbekannt ist

Familienname, Vorname, Sterbedatum, Grabstelle Gruppe – Reihe - Nummer am jüdischen Friedhof Währing (Inventar T. Walzer), Grabstein status quo. Heinrich Rechnitz wurde aus dem Grab von Babette Leidesdorf exhumiert, ein unbekannter Erwachsener aus dem Grab von Albert Granichstädten.

| Rechnitz | Heinrich | 4 | 7 | 1875 | 4 | 3 | 3 | Sturmschaden 2007 | Einzelstein | liegt |
| Unbekannt | Unbekannt | ? | ? | ? | 2 | 2 | 10 | fehlt | unbekannt | fehlt |

Tabelle 5: Personen, deren Grabstellen auf dem jüdischen Friedhof Währing laut erhaltener Exhumierungsprotokolle 1942 bis 1943 im Auftrag des Naturhistorischen Museums Wien geöffnet wurden, deren Gebeine jedoch dort belassen wurden, sowie Personen, die zur Exhumierung durch das Naturhistorische Museum Wien vorgesehen waren, deren Grabstellen aber nicht gefunden wurden

Familienname, Vorname, Mädchenname, Sterbedatum, Grabstelle Gruppe – Reihe - Nummer am jüdischen Friedhof Währing (Inventar T. Walzer), Ursache des Belassens.

Adutt	Josefa	Benvenisti	25	3	1832	4	17	91	Grab nicht gefunden
Adutt	Samuel Friedr.		11	4	1872	10	4	7	«völlig verascht»
Arnstein	Barbara		1	8	1802	4	5	37	Grab nicht gefunden, Zahlenfehler
Arnstein	Jakob		28	1	1810	4	9	36	unzugänglich
Arnstein	Nathan David		4	4	1820	4	1	10	Grab nicht gefunden
Arnstein	Theresia	Wertheim	16	11	1838	4	11	33	Leiche nicht gefunden
Arnstein	Veronika	Simon	10	12	1826	4	3	64	unzugänglich
Benvenisti	Ernestine	Nachmias	15	10	1827	2	5	6	Grab nicht gefunden
Benvenisti	Sigmund, Simon		26	2	1859	10	2	1	Leiche nicht gefunden
Biedermann	Anton		24	11	1870	11	1	6	Verwesung
Biedermann	Heinrich		23	6	1871	11	1	6	Verwesung
Biedermann	Joseph		31	3	1864	11	1	6	Verwesung
Biedermann	Regina	Biedermann	31	1	1880	11	1	6	Verwesung
Biedermann	Samuel		7	10	1878	11	1	6	Verwesung
Einöhrl	David Löw		24	12	1860	12	7	16	Grab nicht gefunden, Zahlenfehler

Einörl	Israel		18	3	1850	7	14	47	unzugänglich
Eppinger	Emanuel		21	8	1846	2	1	34	Leiche nicht gefunden
Eppinger	Esther	Glogau	7	11	1804	4	6	35	Leiche nicht gefunden
Eppinger	Joseph		25	8	1793	4	6	37	Leiche nicht gefunden
Eppinger	Rosalia		3	6	1840	2	2	19	unzugänglich
Fein	Heinrich		8	2	1853	4	14	87	Leiche nicht gefunden
Fein	Heinrich		25	12	1857	4	14	88	Leiche nicht gefunden
Fein	Jakob		25	9	1833	4	15	85	Leiche nicht gefunden
Fein	Katharina		23	11	1843	4	15	92	Leiche nicht gefunden
Fein	Marianna		10	5	1839	4	15	94	Leiche nicht gefunden
Fein	Michael		17	3	1834	4	15	84	Grab nicht gefunden
Fein	Regine		21	5	1866	4	15	93	Leiche nicht gefunden
Figdor	Fanny	Bachrach	21	4	1865	5	4	3	Knochen zerbrochen
Figdor	Nathan		6	3	1858	5	4	3	Knochen zerbrochen
Goldschmidt	Babette	Oppenheimer	16	11	1860	4	10	56	Grab nicht gefunden
Goldschmidt	Samuel		17	7	1871	4	11	34	Verwesung
Granichstädten	Albert		31	3	1863	2	2	10	Leiche nicht gefunden
Granichstädten	Alfred		30	3	1858	2	2	9	Leiche nicht gefunden
Hönigsberg	Aron Bär		25	5	1816	4	4	60	Grab nicht gefunden
Hönigsberg	Ernestine	Parkenstein	25	12	1816	4	4	60	Grab nicht gefunden
Koritschoner	Bernhard		?	?	?	0	0	0	Grab nicht gefunden: existiert nicht
Lang	Leopold		22	3	1880	20	1	10	Verwesung
Lang	Richard		25	4	1860	4	2	22	Leiche nicht gefunden
Leidesdorf	Emanuel		17	4	1841	4	10	28	Leiche nicht gefunden
Leidesdorf	Karolina		4	11	1815	4	2	36	«vollkommen zu Asche»
Löwy	Katharina	Abeles	30	7	1875	21	1	6	«ausgebaggert»
Majo de	Simaja		17	8	1827	2	5	7	Leiche nicht gefunden
Russo	Lea		8	4	1861	10	1	14	Leiche nicht gefunden
Wertheim	Eduard C.		29	1	1829	4	7	61	Leiche nicht gefunden
Wertheim	Isidor		29	9	1838	4	10	51	Grab nicht gefunden, Zahlenfehler
Wertheim	Maria	Biedermann	5	7	1880	11	1	6	Verwesung
Wertheimstein	Rosalie	Neumark	14	9	1831	4	9	74	Grab nicht gefunden, Zahlenfehler

| Wertheim-stein | Samson Karl | | 7 | 2 | 1812 | 4 | 3 | 48 | «ganz zertrümmert» |

Tabelle 6: Personen, die auf der „Wunschliste" des Naturhistorischen Museums Wien der zu Exhumierenden 1942 verzeichnet sind, die jedoch bereits vor einem Zugriff des Museums durch die Israelitische Kultusgemeinde Wien 1941–1942 exhumiert und von dieser anschließend in den jüdischen Abteilungen des Wiener Zentralfriedhofes, Tor 1 und Tor 4, wiederbestattet wurden

Familienname, Vorname, Mädchenname, Sterbedatum, heutige Grabstelle mit Positionsangabe am Wiener Zentralfriedhof Tor 1: Alte jüdische Abteilung und Tor 4: Neue jüdische Abteilung, Grab Gruppe – Reihe – Nummer, nähere Bezeichnung der Grabstelle, Grabstelle Gruppe – Reihe – Nummer am jüdischen Friedhof Währing (Inventar T. Walzer), Grabstein status quo. Est. = Einzelstein, Dst. = Doppelstein. Fünf Grabmonumente wurden laut Exhumierungsprotokollen der IKG Wien von der Steinmetzfirma Hagleitner fachgerecht abgebaut und woanders wiederverwendet, ihr heutiger Aufstellungsort ist unbekannt.

Pollak von Rudin	Betti	Goldmann	9	2	1872	Tor 1 (angebl. Gruft P. v. Rudin)	20	1	18	Gruft intakt steht
Pollak von Rudin	Maximilian		5	3	1875	Tor 1 6-1-6 (Gruft P. v. Rudin)	20	1	18	Gruft intakt steht
Pollak von Rudin	Richard		2	6	1880	Tor 1 6-1-6 (Gruft P. v. Rudin)	20	1	18	Gruft intakt steht
Figdor	Julius		4	12	1865	Tor 1 19-1-96 (Nathan Figdor)	5	5	11	Einzelstein liegt
Figdor	Regina	Mandl	30	11	1872	Tor 1 19-1-96 (Nathan Figdor)	5	5	13	Einzelstein liegt
Hönig v. Hönigsberg	Israel		19	1	1808	Tor 4 14a-13-18	4	7	36	Einzelstein fehlt
Wertheim	David		25	8	1817	Tor 4 14a-13-21	4	1	22	Dreierstein fehlt
Wertheim	Leonora	Wertheim	24	12	1817	Tor 4 14a-13-21	4	1	22	Dreierstein fehlt
Wertheim	Samson		8	10	1817	Tor 4 14a-13-21	4	1	22	Dreierstein fehlt
Biedermann	Michael Lazar		21	8	1843	Tor 4 14a-13-23	4	8	40	Einzelstein fehlt
Leidesdorf	Aron		19	2	1814	Tor 4 14a-13-24	4	6	58	Doppelstein fehlt
Leidesdorf	Ludowika	Mayer	24	6	1814	Tor 4 14a-13-24	4	6	58	Doppelstein fehlt

Pope	Johann		18	9	1861	Tor 4 14a-14-2	15	8	16	Est. zertrümmert
Königswarter	Jonas		23	12	1871	Tor 4 14a-14-3	1	1	65	Gruft intakt steht
Königswarter	Josefine	Königswarter	14	5	1861	Tor 4 14a-14-3	1	1	65	Gruft intakt steht
Arnstein	Nathan Adam		6	9	1838	Tor 4 14a-14-8	4	2	56	wiederverwendet
H. v. Hofmannsthal	Isak Löw		2	12	1849	Tor 4 14a-14-13	5	4	1	Dst. zertrümmert
H. v. Hofmannsthal	Therese	Schefteles	28	3	1850	Tor 4 14a-14-13	5	4	1	Dst. zertrümmert
Figdor	Amalia	Veit	22	2	1863	Tor 4 16a-9-37	2	1	14	wiederverwendet
Figdor	Anna	Schlesinger	12	4	1833	Tor 4 16a-9-37	4	12	73	wiederverwendet
Figdor	Isak		9	10	1850	Tor 4 16a-9-37	4	12	73	wiederverwendet
Figdor	Wilhelm		28	4	1873	Tor 4 16a-9-37	2	1	14	wiederverwendet
Knöpfelmacher	Marie	Deutsch	15	9	1866	Tor 4 21-38-47 (mit Gatte Israel)	5	4	9	Einzelstein fehlt
Knöpfelmacher	Israel		4	4	1857	Tor 4 21-38-47 (mit Gattin Marie)	5	4	8	Est. zertrümmert

Tabelle 7: Personen, die auf der „Wunschliste" des Naturhistorischen Museums Wien der zu Exhumierenden 1942 verzeichnet sind und die daher möglicherweise exhumiert wurden, zu deren Exhumierung jedoch keine Protokolle des Museums erhalten sind

Familienname, Vorname, Mädchenname, Sterbedatum, Grabstelle Gruppe – Reihe Nummer am jüdischen Friedhof Währing (Inventar T. Walzer), Grabstein status quo. Eine Exhumierung ist nach dem Sichtbefund bei jenen Grabstellen wahrscheinlicher, an denen die Grabmonumente nicht in der ursprünglichen Position vorzufinden sind

Adutt	Abraham		21	2	1877	10	8	1	fehlt	Einzelstein	fehlt
Fein	Barbara	Neumann	29	5	1861	18	3	10	fehlt	Einzelstein	fehlt
Geiringer	Jakob		1	5	1861	15	6	9	Trümmer	Einzelstein	fehlt
Granichstädten	Alfred		22	4	1867	1	4	14	Trümmer	Einzelstein	fehlt

12.2. Teilinventar

Granichstädten	Franz		13	8	1843	2	3	6	fehlt	Einzelstein	fehlt
H. v. Hofmannsthal	Eduard		1	8	1841	1	1	67	fehlt	Doppelstein	fehlt
H. v. Hofmannsthal	Ignatz		11	6	1876	1	1	67	fehlt	Doppelstein	fehlt
Lang	Ludwig		10	8	1836	4	3	27	Trümmer	Einzelstein	fehlt
Löwy	Anna	Fein	15	4	1876	18	3	15	fehlt	Einzelstein	fehlt
Abeles	Magdalena	Wertheim	6	2	1840	5	9	14	intakt	Einzelstein	liegt
Adutt	Charlotte	Adutt	13	5	1875	10	8	24	intakt	Einzelstein	liegt
Adutt	Esther, Noemi	Benvenisti	26	7	1847	5	15	21	intakt	Einzelstein	liegt
Adutt	Isak		27	7	1815	3	1	2	intakt	Einzelstein	liegt
Adutt	Israel Oscar		15	4	1878	10	8	21	intakt	Einzelstein	liegt
Adutt	Jakob Haim		15	6	1878	10	9	5	intakt	Einzelstein	liegt
Adutt	Leon Gabriel H.		13	5	1871	10	8	19	intakt	Einzelstein	liegt
Benvenisti	Charlotte		8	8	1859	5	16	26	Trümmer	Einzelstein	liegt
Benvenisti	Heinrich Jacob		30	6	1876	10	8	3	intakt	Einzelstein	liegt
Benvenisti	Regina		26	9	1873	10	7	14	intakt	Einzelstein	liegt
Benvenisti	Samuel S.		22	3	1873	10	8	17	intakt	Einzelstein	liegt
Biedermann	Therese	Goldstein	6	6	1866	18	3	16	intakt	Einzelstein	liegt
Eppinger	Josef L.		18	7	1860	15	2	11	intakt	Einzelstein	liegt
Eppinger	Regina	Mandel	8	3	1868	15	2	12	intakt	Einzelstein	liegt
Granichstädten	Simon		13	8	1873	19	13	8	intakt	Einzelstein	liegt
Hönigsberg	Maria	Leidesdorfer	8	6	1791	4	2	18	Trümmer	Einzelstein	liegt
Hürsch	Regina		25	8	1872	5	3	5	intakt	Einzelstein	liegt
Leidesdorf	Karl		22	6	1865	18	9	10	zerstört	Einzelstein	liegt
Majo de	Heinrich		2	11	1877	10	9	11	intakt	Einzelstein	liegt
Majo de	Mich. Menach.		14	12	1877	10	9	9	intakt	Einzelstein	liegt
Russo	Gustav		7	3	1878	10	9	8	intakt	Einzelstein	liegt
Russo	Moses		16	7	1878	10	9	4	intakt	Einzelstein	liegt
Wertheim	Gabrielle		14	5	1873	18	2	4	intakt	Einzelstein	liegt

Wertheim-stein	Heinrich		12	3	1859	18	1	15	intakt	Einzelstein	liegt
Adutt	Gabriel		6	11	1859	5	17	7	intakt	Einzelstein	steht
Adutt	Haim		6	12	1857	5	17	9	intakt	Doppel-stein	steht
Adutt	Haim, Heinrich		30	5	1859	5	16	25	intakt	Einzelstein	steht
Adutt	Leon		16	2	1869	10	2	2	intakt	Einzelstein	steht
Adutt	Moses		13	7	1857	5	17	9	intakt	Doppel-stein	steht
Adutt	Rachel		30	10	1847	5	15	22	intakt	Einzelstein	steht
Adutt	Rachel	Kohn	9	10	1846	5	15	17	zer-bro-chen	Einzelstein	steht
Adutt	Rebecca	Hillel	13	5	1856	5	17	13	intakt	Einzelstein	steht
Adutt	Sofie, Sophia		27	12	1852	5	17	16	intakt	Einzelstein	steht
Arnstein	Franziska	Itzig	8	6	1818	4	2	57	intakt	Einzelstein	steht
Arnstein	Leon		30	7	1826	4	5	50	intakt	Einzelstein	steht
Benvenisti	Gabriel		21	4	1855	5	16	23	intakt	Einzelstein	steht
Benvenisti	Karl Gabriel J.		17	1	1877	10	8	2	intakt	Einzelstein	steht
Benvenisti	Moses		12	10	1849	5	16	18	intakt	Einzelstein	steht
Benvenisti	Simon		2	8	1852	5	16	14	intakt	Einzelstein	steht
Bieder-mann	Charlotte	Goldstein	28	1	1838	4	8	39	intakt	Einzelstein	steht
Bieder-mann	Hermann	Mutter Charlotte	27	1	1862	4	8	39	intakt	Einzelstein	steht
Eskeles	Bernhard		7	8	1839	4	2	59	intakt	Einzelstein	steht
Fein	Franz		3	7	1869	4	16	82	intakt	Einzelstein	steht
Figdor	Bernhard		27	3	1876	16	4	11	intakt	Einzelstein	steht
Geiringer	Fanni	Figdor	15	2	1873	5	5	17	intakt	Einzelstein	steht
Gold-schmidt	Emilie	Pollak	11	11	1871	5	3	7	intakt	Doppel-stein	steht
Gold-schmidt	Salomon J. N.		2	8	1855	5	3	7	intakt	Doppel-stein	steht
Granich-städten	Theresia	Granich-städten	28	5	1840	2	3	9	intakt	Einzelstein	steht
Liebenberg von	Barbara	Leidesdorf	20	6	1861	3	1	5	intakt	Einzelstein	steht
Majo de	Amalia		26	5	1846	5	15	15	intakt	Einzelstein	steht
Majo de	Aron		14	6	1849	5	16	20	intakt	Einzelstein	steht
Majo de	Jakob		4	12	1844	5	14	23	intakt	Einzelstein	steht

Majo de	Karl		25	11	1873	10	8	15	intakt	Einzelstein	steht
Majo de	Mirjam	Unbekannt	9	7	1848	5	15	24	intakt	Einzelstein	steht
Majo de	Simaja		29	10	1855	5	16	24	intakt	Einzelstein	steht
Majo de	Simcha Sophie	Kohn	6	1	1869	10	3	3	intakt	Einzelstein	steht
Majo de	Haim		26	9	1876	10	3	2	intakt	Einzelstein	steht
Russo	Esther		22	12	1847	5	14	29	intakt	Einzelstein	steht
Russo	Jakob		8	8	1850	5	16	21	intakt	Einzelstein	steht
Russo	Mathias		22	10	1856	5	16	4	intakt	Einzelstein	steht
Russo	Mathias Isr.		25	5	1870	5	16	22	intakt	Einzelstein	steht
Russo	Menach. b. Abram		4	4	1873	10	4	1	intakt	Einzelstein	steht
Russo	Menach. b. Israel		15	5	1878	10	8	22	intakt	Einzelstein	steht
Russo	Mirjam	Farchi	14	1	1877	10	7	6	intakt	Einzelstein	steht
Russo	Regina	Adutt	13	8	1877	10	7	2	intakt	Einzelstein	steht
Wertheim	Ernst		9	12	1862	18	2	5	intakt	Einzelstein	steht
Wertheim	Ernst		14	5	1834	2	3	28	intakt	Einzelstein	steht
Wertheim	Herrmann		18	3	1844	2	1	26	intakt	Einzelstein	steht
Wertheim	Johanna	Baruch	8	5	1864	4	4	36	intakt	Einzelstein	steht
Wertheim	Nina	Löw	21	8	1877	18	1	12	intakt	Einzelstein	steht
Wertheim	Salomon Sigm.		18	4	1876	18	1	12	intakt	Doppelstein	steht
Wertheim	Zacharia		31	12	1852	4	4	36	intakt	Einzelstein	steht
Wertheimstein	Emil		19	4	1869	18	1	13	intakt	Einzelstein	steht
Wertheimstein	Hermann		30	3	1812	4	3	49	intakt	Einzelstein	steht
Wertheimstein	Karl		20	3	1861	18	1	14	intakt	Einzelstein	steht
Wertheimstein	Nanette	Kohn	27	4	1849	4	5	40	intakt	Einzelstein	steht
Wertheimstein	Sigmund		27	4	1849	4	5	39	intakt	Einzelstein	steht
Wertheimstein	Viktor		14	8	1877	18	1	9	intakt	Einzelstein	steht

Tabelle 8: Personen, die auf der „Nachtrags-Wunschliste" des Naturhistorischen Museums Wien der zu Exhumierenden 1942 oder 1943 verzeichnet sind und die daher möglicherweise exhumiert wurden, zu deren Exhumierung jedoch keine Protokolle des Museums erhalten sind

Familienname, Vorname, Mädchenname, Sterbedatum, Grabstelle Gruppe – Reihe Nummer am jüdischen Friedhof Währing (Inventar T. Walzer), Grabstein status quo. Eine Exhumierung ist nach dem Sichtbefund bei jenen Grabstellen wahrscheinlicher, an denen die Grabmonumente nicht in der ursprünglichen Position vorzufinden sind

Abeles	Eva	Schelschütz	24	3	1850	9	2	6	Trümmer	Einzelstein	fehlt
Abeles	Fanni		8	5	1876	1	1	4	fehlt	fehlt	fehlt
Abeles	Julie	Wollner	23	10	1861	1	1	6	fehlt	fehlt	fehlt
Barach	Franziska	Bardach	28	1	1853	1	3	55	fehlt	fehlt	fehlt
Camondo	Jakob		8	7	1847	4	14	53	fehlt	fehlt	fehlt
Camondo	Regine		14	7	1830	4	16	84	fehlt	fehlt	fehlt
Camondo	Salomon		20	12	1857	5	6	34	fehlt	fehlt	fehlt
Geiringer	Jakob		1	5	1861	15	6	9	Trümmer	Einzelstein	fehlt
Knöpfelmacher	Mina		12	5	1865	5	4	10	fehlt	fehlt	fehlt
Pollak	Emanuel		17	11	1872	12	3	21	Trümmer	Einzelstein	fehlt
Pollak	Erna		28	5	1878	7	13	31	fehlt	fehlt	fehlt
Spitzer	Katharina	Koritschoner	25	4	1865	18	12	24	Trümmer	Einzelstein	fehlt
Teltscher	Emanuel		27	2	1818	4	9	69	fehlt	fehlt	fehlt
Teltscher	Salomon		4	5	1808	4	9	44	fehlt	fehlt	fehlt
Abeles	Aron		14	9	1870	13	3	35	intakt	Einzelstein	liegt
Abeles	David		9	9	1869	19	6	18	intakt	Einzelstein	liegt
Abeles	Hermann		18	2	1875	16	1	24	intakt	Einzelstein	liegt
Abeles	Hirsch		29	3	1862	16	1	11	intakt	Einzelstein	liegt
Abeles	Karl		12	11	1878	13	6	27	intakt	Einzelstein	liegt
Abeles	Leopold		20	10	1844	5	11	20	Trümmer	Einzelstein	liegt
Abeles	Nanette	Schäfer	16	2	1875	16	1	11	intakt	Einzelstein	liegt
Abeles	Samuel		9	3	1870	16	1	12	intakt	Einzelstein	liegt
Bardach	Daniel		10	6	1869	5	8	43	intakt	Einzelstein	liegt
Bardach	Leo		28	5	1878	5	8	42	intakt	Einzelstein	liegt
Bassel	Ignatz		31	12	1875	12	8	19	intakt	Einzelstein	liegt
Bassel	Jakob		24	6	1869	12	8	16	intakt	Einzelstein	liegt

Bellak	Charlotte	Schönwald	19	4	1856	9	14	6	intakt	Einzelstein	liegt
Camondo	Rosa	Camondo	17	6	1875	4	13	26	intakt	Einzelstein	liegt
Funk	Adelheid	Hirsch	9	12	1861	8	5	10	intakt	Einzelstein	liegt
Funk	Ascher		10	11	1857	8	5	35	intakt	Einzelstein	liegt
Geiringer	Anna	Porges	2	2	1849	5	6	19	intakt	Einzelstein	liegt
Geiringer	Franz		6	11	1874	15	6	1	intakt	Einzelstein	liegt
Geiringer	Karoline		7	1	1877	4	16	10	intakt	Einzelstein	liegt
Geiringer	Maximilian		5	5	1866	18	13	13	intakt	Einzelstein	liegt
Geiringer	Moritz		31	8	1868	18	6	10	intakt	Einzelstein	liegt
Geiringer	Salomon		13	9	1878	13	4	42	intakt	Einzelstein	liegt
Hollitscher	David Löb		22	7	1878	1	1	45	intakt	Einzelstein	liegt
Hollitscher	Johanna	Herzl	22	2	1859	1	1	46	intakt	Einzelstein	liegt
Hollitscher	Maria		30	4	1842	5	11	22	intakt	Einzelstein	liegt
Hollitscher	Therese	Schwab	23	3	1869	1	1	47	intakt	Einzelstein	liegt
Knöpfelmacher	Adolf		5	4	1869	5	4	7	intakt	Einzelstein	liegt
Knöpfelmacher	Simon		25	7	1864	5	4	11	intakt	Einzelstein	liegt
Königswarter	Aloysia		1	2	1833	2	3	31	intakt	Einzelstein	liegt
Kuffner	Jeni		24	5	1863	2	4	28	intakt	Einzelstein	liegt
Kuffner	Josef		30	6	1871	5	6	40	intakt	Einzelstein	liegt
Kuffner	Regine		22	4	1867	2	4	18	intakt	Einzelstein	liegt
Nachmias	Ahron		24	3	1875	10	8	8	intakt	Einzelstein	liegt
Nachmias	Salomon		17	3	1836	4	16	90	intakt	Einzelstein	liegt
Pollak	David		17	2	1877	8	7	36	intakt	Einzelstein	liegt
Pollak	Maier		10	8	1849	7	12	25	intakt	Einzelstein	liegt
Pollak	Moritz		15	3	1868	16	4	7	intakt	Einzelstein	liegt
Pontzen	Karl		21	1	1864	5	3	13	intakt	Einzelstein	liegt
Teltscher	Ignatz		31	3	1873	12	8	27	intakt	Einzelstein	liegt
Toch	Charlotte	Frenkel	27	1	1870	8	14	32	intakt	Einzelstein	liegt
Toch	Hermann		24	12	1858	5	13	39	intakt	Einzelstein	liegt
Toch	Karl		31	12	1851	7	4	54	intakt	Einzelstein	liegt
Toch	Pepi	Pisk	28	6	1862	7	4	52	intakt	Einzelstein	liegt
Abeles	Caroline	Spitzer	16	11	1844	4	9	21	intakt	Einzelstein	steht
Abeles	Herm. Heinrich		15	5	1872	4	9	17	intakt	Einzelstein	steht
Abeles	Nathan		28	3	1860	12	5	61	intakt	Einzelstein	steht
Abeles	Wilhelm		26	6	1846	4	9	13	intakt	Einzelstein	steht
Bardach	Anna	Lebrecht	26	10	1872	19	14	6	intakt	Einzelstein	steht

Bardach	Elias		11	5	1864	5	7	47	intakt	Einzelstein	steht
Bardach	Israel		23	6	1873	19	14	6	intakt	Einzelstein	steht
Bardach	Leonore	Mass	6	9	1849	5	7	46	intakt	Einzelstein	steht
Bassel	Abraham		12	5	1815	7	4	8	intakt	Einzelstein	steht
Bassel	Ida	Samst	25	7	1862	16	3	28	intakt	Einzelstein	steht
Bassel	Nina	Grünholz	30	7	1852	7	5	24	intakt	Einzelstein	steht
Bellak	David		3	12	1867	9	13	5	intakt	Einzelstein	steht
Bellak	Emanuel		4	2	1854	9	5	2	intakt	Einzelstein	steht
Bellak	Gabriel		3	8	1856	9	13	7	intakt	Einzelstein	steht
Bellak	Hermann		8	12	1874	9	13	4	intakt	Einzelstein	steht
Bellak	Judith	Wiedmann	18	2	1856	9	13	8	intakt	Einzelstein	steht
Camondo	Abraham		19	2	1832	4	15	51	intakt	Einzelstein	steht
Camondo	Esdra		26	9	1852	4	16	46	intakt	Einzelstein	steht
Camondo	Fanny	Engel	29	3	1856	9	13	2	intakt	Einzelstein	steht
Camondo	Isaak		19	9	1831	4	15	79	intakt	Einzelstein	steht
Funk	Adolf		8	12	1869	8	6	29	intakt	Einzelstein	steht
Funk	Bernhard		16	8	1858	8	5	34	intakt	Einzelstein	steht
Funk	Wilhelm		26	5	1870	16	7	20	intakt	Einzelstein	steht
Geiringer	Alois		28	5	1854	4	17	18	intakt	Einzelstein	steht
Geiringer	Bertha		28	9	1871	7	15	13	intakt	Einzelstein	steht
Geiringer	Charlotte		2	10	1872	7	20	10	intakt	Einzelstein	steht
Geiringer	Eduard		5	3	1871	19	12	12	intakt	Einzelstein	steht
Geiringer	Eleonore	Schacherl	10	3	1860	18	5	11	intakt	Einzelstein	steht
Geiringer	Jakob		2	8	1864	13	4	1	intakt	Einzelstein	steht
Geiringer	Johanna	Strasser	6	4	1869	12	7	6	intakt	Einzelstein	steht
Geiringer	Leopold		21	10	1863	18	5	13	intakt	Einzelstein	steht
Geiringer	Mundy		20	4	1877	8	2	18	intakt	Einzelstein	steht
Geiringer	Rosa		7	3	1874	19	12	12	intakt	Einzelstein	steht
Hollitscher	Eva	Fischhof	16	8	1840	8	8	13	intakt	Einzelstein	steht
Hollitscher	Karoline		6	3	1850	9	2	5	intakt	Einzelstein	steht
Knöpfel-macher	Barbara		28	11	1836	4	13	85	intakt	Einzelstein	steht
Knöpfel-macher	Heinrich		25	8	1857	7	8	52	intakt	Einzelstein	steht
Knöpfel-macher	Leopold		28	1	1854	8	15	25	intakt	Einzelstein	steht
Königs-warter	Fanni	Wert-heimber	3	11	1861	2	1	41	intakt	Einzelstein	steht
Königs-warter	Henriette	Simon	30	11	1802	4	4	49	intakt	Einzelstein	steht

Königswarter	Moritz		12	6	1829	2	3	30	intakt	Einzelstein	steht
Koritschoner	Flora		3	10	1853	4	13	7	intakt	Einzelstein	steht
Koritschoner	Franz		18	12	1873	20	2	11	intakt	Einzelstein	steht
Koritschoner	Louise	Pollak	20	2	1862	1	1	71	intakt	Gruft	steht
Koritschoner	Moritz		13	6	1870	5	15	10	intakt	Einzelstein	steht
Koritschoner	Selig Ascher		7	4	1856	7	21	5	intakt	Einzelstein	steht
Koritschoner	Theresia	Bink	15	3	1823	4	13	34	intakt	Einzelstein	steht
Kuffner	Fanny	Kuffner	21	7	1851	2	4	30	intakt	Einzelstein	steht
Kuffner	Karl		20	8	1863	2	4	26	intakt	Einzelstein	steht
Kuffner	Lippmann		7	2	1875	2	4	14	intakt	Einzelstein	steht
Kuffner	Therese	Seegen	11	5	1870	2	3	48	intakt	Einzelstein	steht
Kuffner	Wilhelm		19	1	1871	2	5	10	intakt	Einzelstein	steht
Nachmias	Jakob		19	8	1811	2	3	46	intakt	Einzelstein	steht
Nachmias	Lotti		16	12	1856	5	17	11	intakt	Einzelstein	steht
Nachmias	Rebekka Esther	Salmi	6	1	1840	5	14	8	intakt	Einzelstein	steht
Nachmias	Rebekka Esther	Urf	13	11	1851	5	17	17	intakt	Einzelstein	steht
Pollak	Abraham		27	9	1865	18	11	21	intakt	Einzelstein	steht
Pollak	Charlotte	Baruch	5	1	1844	4	6	19	intakt	Einzelstein	steht
Pollak	Charlotte		1	7	1859	5	9	35	intakt	Einzelstein	steht
Pollak	David		19	7	1857	1	5	35	intakt	Einzelstein	steht
Pollak	Eleonore	Pollitzer	2	2	1865	18	11	21	intakt	Einzelstein	steht
Pollak	Elisabeth		10	8	1844	4	5	42	intakt	Einzelstein	steht
Pollak	Maximilian		13	2	1874	4	6	15	intakt	Einzelstein	steht
Pollak	Mirl	Herzl-Kuh	6	3	1844	4	4	28	intakt	Einzelstein	steht
Pollak	Moritz		16	6	1870	19	8	8	intakt	Einzelstein	steht
Pontzen	Elise	Preisach	18	5	1855	5	3	12	intakt	Einzelstein	steht
Pontzen	Ernst		?	?	?	4	18	7	intakt	Einzelstein	steht
Pontzen	Jsajas		21	12	1844	3	2	8	intakt	Einzelstein	steht
Pontzen	Melanie	Pollak	11	3	1873	4	18	7	intakt	Einzelstein	steht
Pontzen	Rudolf		12	5	1875	5	2	17	intakt	Einzelstein	steht
Pope	Anna		29	10	1851	4	14	26	intakt	Einzelstein	steht
Pope	Benedikt		4	2	1806	2	3	20	intakt	Einzelstein	steht

Pope	Ernestine		21	6	1803	2	3	16	intakt	Einzelstein	steht
Pope	Ignatz		2	7	1849	1	14	19	intakt	Einzelstein	steht
Pope	Joseph		10	3	1831	4	15	17	intakt	Einzelstein	steht
Pope	Leopoldine		28	6	1841	4	14	17	intakt	Einzelstein	steht
Pope	Theresia	Fürst	18	9	1830	2	3	22	intakt	Einzelstein	steht
Teltscher	Katharina		6	3	1833	4	9	67	intakt	Einzelstein	steht
Teltscher	Theresia	Austerlitz	27	4	1839	5	11	8	intakt	Einzelstein	steht
Toch	Abraham		30	1	1839	7	7	36	intakt	Einzelstein	steht
Toch	Elias		14	1	1859	7	8	6	intakt	Einzelstein	steht
Toch	Ernestine	Denneberg	6	1	1859	8	18	26	intakt	Einzelstein	steht
Toch	Fani	Glaser	29	9	1864	13	5	6	intakt	Einzelstein	steht
Toch	Gabriel		13	1	1841	7	8	60	intakt	Einzelstein	steht
Toch	Ida		4	4	1871	8	18	27	intakt	Einzelstein	steht
Toch	Josef		23	4	1848	7	12	16	intakt	Einzelstein	steht
Toch	Josef		10	5	1862	8	18	26	intakt	Einzelstein	steht
Toch	Pauline		11	11	1858	7	8	6	intakt	Einzelstein	steht
Toch	Rosa		16	8	1838	7	7	16	intakt	Einzelstein	steht
Toch	Salomon	Herzl	15	8	1830	7	2	62	intakt	Einzelstein	steht
Toch	Wilhelm		9	11	1868	7	4	56	intakt	Einzelstein	steht
Toch	Wolf		31	1	1860	12	4	16	intakt	Einzelstein	steht
Uffenheim	Elias		29	9	1806	4	3	42	intakt	Einzelstein	steht
Uffenheim	Gabriel		28	7	1806	4	3	43	intakt	Einzelstein	steht
Uffenheim	Götz		10	9	1819	4	1	16	intakt	Einzelstein	steht

12.2. Teilinventar

Tabelle 9: Personen, die weder laut erhaltener Exhumierungsprotokolle 1942 bis 1943 im Auftrag des Naturhistorischen Museums Wien exhumiert wurden noch in den „Wunschlisten" des Museums oder den Grabregistern der IKG Wien zum Zentralfriedhof verzeichnet sind, deren Namen und Sterbedaten jedoch zu den auf den Grabtafeln in Gruppe 14a, Zentralfriedhof Tor 4, genannten passen. Möglicherweise wurden diese Personen ebenfalls exhumiert; Dokumente dazu fehlen heute allerdings

Familienname, Vorname, Sterbedatum, Grabstelle Gruppe – Reihe - Nummer am jüdischen Friedhof Währing (Inventar T. Walzer), Grabstein status quo. Eine Exhumierung ist nach dem Sichtbefund bei jenen Grabstellen wahrscheinlicher, an denen die Grabmonumente nicht in der ursprünglichen Position vorzufinden sind.

Adutt	Rebeka	3	3	1836	4	17	87	intakt	Einzelstein	steht
Fein	Michael	23	2	1868	5	16	10	zerbrochen	Einzelstein	liegt
Geiringer	Eduard	16	10	1869	19	10	17	intakt	Einzelstein	steht
Leidesdorfer	Carl	7	9	1850	4	16	72	intakt	Einzelstein	liegt
Wertheimstein	Karl	1	3	1866	11	1	1	fehlt	Gruft	fehlt
Wertheimstein	Leopold	7	1	1883	11	1	1	fehlt	Gruft	fehlt

12.3. TEILINVENTAR: EXHUMIERTE UND ZERSTÖRTE GRÄBER IM BEREICH DES GEPLANTEN LUFTSCHUTZ-BUNKERS

Familienname, Vorname, Mädchenname, Sterbedatum. Die Gebeine aus den weggebaggerten Grabstellen wurden, soweit dies möglich war, durch Arbeiter der Israelitischen Kultusgemeinde Wien an Depotstellen des Erdreiches eingesammelt, zum Zentralfriedhof, Tor 4, überführt und dort in Gruppe 22b in zwei Massengräbern wiederbestattet. Es ist nicht feststellbar, wessen Gebeine auf diese Weise wenigstens teilweise gerettet werden konnten.

Tabelle 1: Personen, deren Grabstellen durch den Bau des Luftschutz-Bunkers zerstört wurden in Gruppe 14

Abeles	Adolf		9	12	1865
Abeles	Anna	Pollak	25	2	1879
Abeles	Katharina		14	1	1872
Adler	Jakob		26	5	1871
Allina	Israel		24	5	1866
Amster	Fanny	Goldlicht	27	2	1874
Apfelfeld	Lazar		5	3	1865
Back	Bernhard		19	7	1876
Baderle	Maria	Unbekannt	14	3	1866
Barach	Jakob		7	6	1871
Barbag	Hirsch		19	8	1871
Baruch	Lazar		27	11	1871
Basseches	Leib		20	8	1871
Bassel	Julie		24	9	1871
Bauer	Seligmann		7	7	1872
Bauer	Therese	Rechnitz	13	4	1874
Baumgarten	Moses		8	6	1874
Beinhacker	Jacob		17	12	1871
Benkendorf	Josefa	Schiff	10	12	1878
Berger	Abraham		12	6	1874
Berger	Josefa	Habermann	18	2	1879
Berger	Ludwig		20	1	1878
Berger	Moriz		10	6	1876
Bergl	Salomon		2	11	1877
Bergl	Theresia	Singer	5	6	1876
Bettelheim	Fanny	Unbekannt	25	8	1876

Bielitz	Samuel		11	9	1865
Blankenstein	Josef		21	6	1874
Bledy	Markus		27	2	1879
Bloch	Fanny	Feldmesser	15	12	1878
Bloch	Josefa	Rudolf	12	6	1865
Böck	Abraham		31	8	1865
Bodansky	Rudolf		9	5	1875
Bogacz	Moses		26	1	1879
Böhm	Julie	Kohn	2	6	1871
Böhm	Noa Hirsch		28	10	1871
Borger	Fanny	Ribner	23	1	1879
Brand	Johanna	Lazarus	20	6	1874
Brandweiner	Samuel		23	8	1871
Bratter	Hermann		20	5	1865
Bratter	Mote	Spieler	28	10	1870
Braun	Jakob		29	8	1876
Braun	Josefine	Brunner	21	1	1879
Brill	Barbara	Unbekannt	14	3	1865
Brok	Ignatz		22	7	1876
Brüll	Judith	Unbekannt	18	6	1865
Brünauer	Wolf		1	1	1879
Brunner	Leopold		16	7	1871
Buchsbaum	Elisabeth		25	11	1865
Buchwald	Eleonore	Unbekannt	15	12	1871
Bunzel	Isidor		18	9	1871
Bunzlau	Fany	Kern	23	10	1871
Burger	Babette	Mandl	4	10	1866
Charmatz	Elias		5	1	1872
Chlamtatsch	Isachar Josef		30	4	1866
Chlamtatsch	Katharina	Heller	16	4	1866
Deutsch	Rosalia		9	11	1871
Diamant	David		13	10	1871
Ditrichstein	Sigmund		19	7	1876
Dittersdorf	Wilhelmine	Ebenspanger	30	6	1876
Drab	Bertha		24	3	1874
Ehrenstein	Josefine	Unbekannt	20	9	1871
Ehrenstein	Nathan		28	2	1878
Eichenbaum	Alois		12	4	1871
Eisler	Antonia	Horbrofsky	23	6	1877
Eisler	Lazar		17	2	1879

Eisler	Moritz		7	9	1865
Eisler	Therese	Unbekannt	24	4	1866
Eisner	Josefa	Reisner	9	5	1866
Elias	Jakob		10	11	1865
Engel	Leopold		11	11	1876
Engelsrath	Philip		30	10	1876
Färber	Pinkas		26	3	1871
Färber	Theresia	Popper	9	8	1865
Feigelstock	Eva	Unbekannt	24	6	1871
Feldmann	Pauline	Flachsmann	15	12	1878
Fischel	Philipp		31	8	1876
Fischer	Adolf		18	4	1871
Fischer	Leni	Unbekannt	3	5	1871
Fischer	Lotti	Unbekannt	11	5	1865
Fischer	Moritz		19	4	1876
Fischhof	Josef		6	1	1869
Fleischer	Wilhelm		29	8	1875
Fleischmann	Hermann		9	11	1875
Fleischmann	Simon		2	4	1874
Fleischmann	Theresia	Fischer	31	10	1865
Frank	Samuel		21	7	1871
Frankl	Rosa		1	9	1878
Frankl	Theresia	Fürst	23	8	1876
Fränkl	Hirsch		15	6	1871
Franzos	Judit	Karp	21	2	1865
Freiberger	Moses		26	9	1871
Freiwillig	Fanny		18	5	1874
Freiwillig	Herman		18	5	1874
Freud	Leopold		8	8	1876
Fröhlich	Helene	Straus	18	7	1876
Fuchs	Adam		30	1	1872
Fuchs	Adolf		26	5	1876
Fuchs	Emilie		8	12	1871
Fuchs	Peter		15	1	1879
Fürst	Philipp		25	6	1865
Gansl	Eduard		21	1	1872
Ganso	Emil		29	10	1876
Gefäll	Chaim Hersch		11	6	1874
Geiringer	Leopold		29	8	1871
Gelb	Sali	Unbekannt	12	3	1866

Gelles	Amalia	Götzl	23	10	1871
Glaser	Rosalia		15	12	1878
Glauber	Amalia	Hirsch	26	5	1866
Glück	Moriz		21	11	1865
Goldberg	Markus		25	8	1865
Goldberger	Jakob		7	1	1879
Goldberger	Kathi	Blau	23	2	1875
Goldfarb	Moriz		28	2	1879
Goldhammer	Josef		31	7	1876
Goldmann	Jakob		16	5	1871
Goldmann	Julie	Unbekannt	13	1	1879
Goldner	Leopold		13	11	1871
Goldschmidt	Marianne	Rissel	31	12	1866
Goldstein	Abraham		31	3	1866
Goldstein	Adam		4	4	1874
Goldwag	Hermann		7	3	1865
Goldzieher	Henriette	Sidwers	23	11	1871
Goldzieher	Josef		10	11	1871
Gollerstepper	Marie		30	1	1872
Gottlieb	Rosalia		24	1	1879
Götzl	Rosalie		3	3	1874
Grabscheid	Charlotte	Grabscheid	19	5	1874
Graetz	Lowy		9	11	1871
Grann	Henriette		26	11	1865
Greger	Herman		24	7	1871
Gross	Moritz		13	8	1876
Grünfeld	Lotti	Unbekannt	15	11	1878
Grünfeld	Magdalene	Günzburg	7	5	1873
Grünfeld	Moses		1	1	1872
Grünfeld	Samuel		10	12	1878
Grünholz	Babette	Teltscher	14	3	1875
Grünholz	Salomon		22	11	1877
Grunwald	Markus		30	3	1874
Grunwald	Moses		27	4	1865
Haberfeld	Rosalie		6	10	1865
Hahn	Hanni	Glück	13	12	1873
Hahn	Isak		23	4	1865
Hahn	Johanna	Katz	13	9	1878
Hahn	Maier		2	8	1876
Halpern	Pinkas		13	4	1874

Halprin	Moses		15	12	1878
Häntler	Moritz		9	2	1879
Heim	Katharina	Egg	3	3	1874
Hendel	Esther	Berger	7	8	1871
Herbatschek	Ignatz		9	6	1871
Hermann	David		7	6	1874
Herzl	Franziska	Unbekannt	29	1	1866
Herzl	Katharina		4	11	1865
Hilberg	Moritz		12	3	1866
Hirschberg	Moses		12	7	1876
Hirschfeld	Abraham		1	11	1875
Hirschler	Leopold		31	3	1865
Hoffmann	Moritz		10	6	1877
Hoffmann	Theresia	Löwy	12	9	1876
Hollitscher	Charlotte	Hahn	28	1	1872
Holzbauer	Katharina	Bloch	9	7	1876
Horn	Theresia		23	7	1876
Horowitz	Mandel		1	5	1871
Hosner	Anna	Heissfeld	13	5	1874
Imber	Jakob		10	2	1879
Jarmay	Ignatz		17	2	1879
Jarmuth	Samuel		23	1	1879
Jellinek	Bernhard		16	6	1878
Jellinek	Ernestine		15	9	1876
Jellinek	Wolf		21	12	1871
Judkiewicz	Rosalia	Unbekannt	11	3	1865
Justitz	Josef		10	4	1871
Kafka	Hedwig		10	12	1878
Kaiser	David		12	12	1878
Kaiser	Joachim		29	4	1865
Kann	Salomon		10	12	1878
Katz	Julie		8	7	1876
Kindeles	Lea	Kohn	24	12	1872
Kirschbaum	Karoline	Hobernik	17	6	1876
Klauber	Karoline	Unbekannt	13	4	1874
Klein	Abraham		17	4	1871
Klein	Ignaz		15	11	1871
Klein	Jakob		19	4	1874
Klein	Jakob		11	1	1866
Klein	Julie		26	2	1874

Kohn	Amalia	Kohn	8	6	1871
Kohn	Amalia	Unbekannt	13	4	1874
Kohn	Anna	Unbekannt	15	3	1873
Kohn	David		18	2	1865
Kohn	Jakob		26	6	1876
Kohn	Jakob		9	1	1872
Kohn	Johanna		4	6	1866
Kohn	Julie	Unbekannt	2	9	1876
Kohn	Katharina	Unbekannt	26	3	1874
Kohn	Marie	Jellinek	30	5	1871
Kohn	Michael		10	6	1871
Kohn	Philipp		13	2	1879
Kohn	Rosalia	Unbekannt	4	9	1865
Kohn	Salomon		23	3	1865
Kohn	Salomon		13	12	1878
Kohn	Sigmund		30	12	1871
Kohnberger	Abraham		15	1	1879
Kommer	Bertha		2	11	1876
König	Eleonora	Hirsch?	21	2	1865
Konrad	Samuel		25	12	1878
Koppel	Moritz		25	12	1878
Krämer	Johanna	Kanitz	9	10	1876
Krämer	Ludwig		3	6	1876
Kraus	David		20	5	1871
Kraut	Josef		11	8	1871
Krebs	Israel		21	2	1879
Kreutel	Salomon		1	9	1876
Kris	Moses Leib		22	2	1865
Kron	Isak		26	5	1874
Kugler	Samuel		8	3	1866
Lang	Ludwig		27	11	1865
Langer	Katharine	Ehrenstein	22	11	1871
Lassner	Louise	Kindeles	23	6	1865
Lauterstein	Isak		7	11	1871
Lazarus	Moritz		1	5	1874
Lebrecht	Sara	Unbekannt	20	4	1865
Leitner	Moritz		23	5	1871
Lelever	Remo		8	8	1876
Lemberger	Adolf		6	12	1865
Levi	Nina	Unbekannt	13	9	1871

Löbl	Alois		4	12	1871
Löw	Angelo		8	5	1874
Löwi	Regina	Wiener	10	12	1878
Löwy	Heinrich		11	1	1876
Lunzer	Lotti	Herzka	20	5	1871
Lustig	Jakob		24	3	1866
Lustig	Julianna	Rauscher	22	7	1871
Lustig	Rosalia		8	3	1866
Lutzker	Heinrich		10	6	1865
Mager	Amalie	Spreiser	21	6	1865
Mahler	Moritz		14	1	1879
Mahler	Therese	Freund	19	1	1872
Mandl	Benedict		11	3	1866
Mandl	Josef Israel		6	10	1876
Mangold	Samuel		5	4	1871
Markbreiter	Jeanette	Unbekannt	30	5	1871
Maultasch	Berl		1	6	1865
Max	Herman		20	7	1871
Mayer	Julie		21	8	1871
Mehrer	Lazar		16	1	1866
Mikolasch	Simon		16	6	1876
Modern	Katharina	Adler	20	5	1866
Müller	Jakob		8	11	1865
Müller	Markus		22	5	1876
Müller	Regina	Löwy	19	5	1874
Müller	Robert		8	4	1871
Munk	Katharina	Gutmann	6	7	1876
Mütz	Moses		19	1	1872
Nathansohn	Jakob		3	10	1865
Neuberger	Johanna	Unbekannt	14	10	1865
Neuer	Wilhelm		3	1	1879
Neufeld	Johanna	Stern	7	8	1876
Neufeld	Moritz		29	5	1866
Neumann	Emma		29	11	1871
Neumann	Gustav		16	10	1871
Neurath	Taube	Reissfeld	19	10	1876
Orchudosch	Leon		15	7	1876
Ostersetzer	Samuel Ber		25	8	1871
Pater	Betti	Bauer	24	4	1871
Penizek	Markus		4	6	1876

Perl	Abraham		28	8	1865
Perlmutter	Alexander		22	1	1867
Peterselka	Isak		6	6	1876
Peterselka	Regina	Stern	7	1	1872
Pick	Fani	Spitzer	26	3	1866
Pisk	Herrmann		6	2	1877
Plautus	Ludwig		17	7	1865
Pollak	David		24	6	1871
Pollak	Jakob		12	6	1874
Pollak	Rosalia	Trebitsch	18	3	1874
Polnauer	David B.		23	6	1871
Popper	Anna	Unbekannt	19	7	1876
Popper	Wolf		17	10	1877
Pordes	Moses		14	12	1878
Porges	Wilhelm		28	5	1865
Prager	Babette	Preisler	13	5	1874
Pragman	Elisabeth	Günspurg	22	12	1865
Quartner	Karoline		18	9	1876
Rabinowitz	Bertha	Kreidmann	16	5	1871
Rathaus	Channa	Unbekannt	28	6	1876
Reich	Ignatz		31	12	1871
Reich	Rosalia	Unbekannt	7	9	1871
Reichenfeld	Rosalia	Unbekannt	14	5	1874
Reinhorn	Chaneh Dine	Kaufmann	2	4	1871
Reissmann	Abraham		6	4	1865
Retter	Abraham		22	7	1871
Ritscher	Josef		18	7	1876
Romeiser	Abraham		5	10	1871
Rosenblüh	Ignatz		7	1	1869
Rosenfeld	Rosalia	Grünfeld	29	4	1874
Rosenwasser	Therese	Kopmann	3	2	1879
Rosner	Isak		19	5	1871
Rothschild	Moritz		9	10	1876
Rubinstein	Salomon		8	6	1876
Sacherstof	Scheindl		9	7	1876
Samelson	Charlotte	Bunzel	25	9	1877
Sax	Julius		4	10	1865
Schaefer	Rosalia	Waringer	5	5	1865
Schaffa	Hermann		11	8	1877
Schaffa	Lotti	Schüller	11	4	1865

Schafranik	Moses		2	10	1876
Schall	Katharina	Geyer	13	12	1871
Schein	Markus Juda		24	2	1879
Schidlof	Betty	Unbekannt	20	5	1865
Schischa	Betti		26	7	1865
Schlesinger	Ernst		25	12	1878
Schlesinger	Moses		4	11	1864
Schmelkes	Leopold		28	4	1865
Schmidek	Julie	Mayer	30	3	1871
Schmidek	Moritz		22	6	1874
Schöner	Israel		10	5	1874
Schorr	Elias		6	12	1871
Schorr	Sofie	Gföll	16	11	1875
Schulbaum	Alexander		4	9	1871
Schuller	Rosa	Unbekannt	23	3	1874
Schüller	Mathilde	Pater	31	5	1876
Schwach	Julie	Unbekannt	1	8	1876
Schwarz	Josef		24	1	1866
Seelenfreund	Michael Lazar		24	2	1874
Singer	David Leb		28	5	1874
Sofer	Jakob H.		31	7	1871
Soffer	Karoline	Neufeld	15	11	1871
Speier	Anna	Blau	4	1	1877
Spiegl	Martin		27	3	1874
Spiegler	Rosalia	Bock	30	6	1874
Spiel	Lea	Reischer	27	6	1876
Spira	Jakob		6	7	1876
Spitz	Hirsch		25	9	1865
Spitzer	Anna		21	10	1865
Springer	Regina	Unbekannt	12	4	1874
Stadlen	Markus		22	2	1879
Stagl	Jakob		3	6	1874
Stagl	Jetti	[Kohn]	1	4	1874
Stark	Max		13	6	1866
Steinbach	Simon		30	5	1865
Steiner	Adam		9	7	1876
Sterdi	Philip		15	9	1865
Stern	Heinrich		17	9	1871
Stern	Jakob		12	4	1874
Stern	Moriz		2	7	1874

Sternberg	Samuel		12	1	1872
Sternfeld	Filipp		7	4	1874
Stolzberg	Moses		3	9	1871
Stössel	Abraham		8	5	1871
Strasser	Heinrich		4	6	1871
Stwertka	Isak		26	6	1868
Stwertka	Josefine	Schmid	23	11	1865
Tatelbaum	Nissan		11	10	1871
Tax	Anna		5	11	1865
Teller	Elisabeth	Herschau	25	5	1871
Teltsch	Bernhard		27	11	1865
Teltscher	Wilhelm		9	11	1871
Thiemann	Osias		30	10	1876
Toch	Tini	Löwenstein	31	5	1865
Trost	Gisela		8	2	1879
Trost	Isidor		23	12	1878
Trostli	Regina	Unbekannt	18	1	1867
Ullmann	Josef		11	1	1879
Unbekannt	Unbekannt	Unbekannt	?	?	?
Unbekannt	Unbekannt	Unbekannt	?	?	?
Unbekannt	Unbekannt	Unbekannt	?	?	?
Unbekannt	Unbekannt	Unbekannt	?	?	?
Unbekannt	Unbekannt	Unbekannt	?	?	?
Unbekannt	Unbekannt	Unbekannt	?	?	?
Unbekannt	Unbekannt	Unbekannt	?	?	?
Unbekannt	Unbekannt	Unbekannt	?	?	?
Unbekannt	Unbekannt	Unbekannt	?	?	?
Unbekannt	Unbekannt	Unbekannt	?	?	?
Unbekannt	Unbekannt	Unbekannt	?	?	?
Urbach	Fanni	Bloch	6	1	1866
Urich	Leiser		27	1	1866
Vogel	Markus		11	7	1876
Vogel	Moritz		19	4	1871
Wachtel	Katharina	Hahn	19	10	1876
Wäldler	Israel		9	11	1871
Wecker	Heinrich		18	12	1878
Wegner	Aron		19	1	1866
Weiner	Jakob		20	9	1871
Weiner	Johanna	Bauer	3	10	1865
Weiner	Samuel		28	6	1871

Weinstein	Elise Latitia	Lewi	3	9	1871
Weiseles	Seligmann		1	10	1865
Weiss	Emilie	Wohlmuth	6	9	1876
Weiss	Herman		17	12	1878
Weiss	Jakob		8	4	1871
Weiss	Jakob		7	7	1865
Weiss	Johanna		15	7	1876
Weiss	Josef		10	7	1871
Weiss	Juda		22	1	1867
Weiss	Max		15	2	1865
Weiss	Regina	Ehrenstein	9	3	1865
Weissmann	Moritz		15	10	1871
Welisch	Antonie	Unbekannt	12	1	1879
Wenger	Fanny	Grossheim	10	2	1879
Wenger	Moses		6	8	1876
Wengraf	Rosa	Deutsch	30	4	1874
Werner	Josefine		30	9	1871
Werner	Lea	Rephan	30	6	1865
Wertheimer	Julie		16	5	1876
Wertheimer	Samuel		17	6	1871
Wexberg	Rosa	Spiegler	28	5	1876
Wiesner	Sofie		2	11	1865
Wiltschek	Juda		27	7	1865
Winkler	Johanna		15	1	1867
Winternitz	Josefine	Unbekannt	17	2	1879
Wolf	Abraham		11	10	1871
Wolf	Theresia	Machalup	10	1	1872
Zerkowitz	Nina		25	9	1877
Zwieback	Hirsch		16	12	1871

Tabelle 2: Personen, deren Grabstellen durch den Bau des Luftschutz-Bunkers zerstört wurden in Gruppe 17

Adler	Ester, Esther	Rosner	22	10	1877
Adler	Wilhelmine	Herzfeld	7	9	1875
Apfelbaum	Jechewet	Kaminsky	26	12	1865
Bach	Rebeka	Feiles	7	2	1864
Baecher	Herschmann		7	2	1865
Benedikt	Karoline	Löwy	29	8	1865
Berger	Ferdinand		31	8	1869
Berger	Salomon		6	6	1869
Bernadiner	Sara	Flachs	6	5	1866

Bernhardt	Julie		9	10	1872
Bethauer	Arnold		9	6	1873
Bettelheim	Abraham		14	10	1864
Bisenz	Charlotte	Bauer	12	4	1866
Bisenz	Heinrich		20	4	1866
Blau	Anton/Adolf		12	2	1869
Blau	Isak		12	5	1870
Blau	Katharina	Spinka	11	3	1872
Boskowitz	Katharina	Neumann	23	3	1867
Brandeis	Abraham		24	1	1868
Brandeis	Maria	Kohn	7	12	1867
Bruckner	Henriette	Rakowsky	11	6	1878
Bruml	Benedict		2	12	1870
Bunzl	Emilie		16	3	1878
Deutsch	Babette	Weiss	3	4	1868
Edeles	Babette		12	10	1866
Eisler	Juda		13	4	1866
Engel	Betti	Weiss	4	10	1870
Engel	Rosalia	Mandel	23	3	1865
Engländer	Hermann		16	12	1864
Eysler	Selina	Löwy	30	1	1878
Feigelstock	Arthur		6	10	1871
Fischer	Mandel		8	5	1867
Fliess	Henriette	Büchler	13	10	1866
Frankl	David		3	4	1866
Franzos	Clara	Rosenberg	10	10	1864
Freund	Eduard		15	12	1867
Freyberg	Emilie		27	2	1872
Fromm	Isak		22	4	1864
Fuchs	Fanny	Wiener	29	10	1864
Funk	Bertha	Beck	9	1	1873
Gallentin	Adolf		5	3	1869
Gallentin	Leo		1	1	1865
Geiringer	Charlotte	Feldheim	21	9	1866
Glogau	Wilhelm		29	8	1873
Goldhammer	Elisabeth	Knöpflmacher	4	2	1866
Groak	Moritz		13	3	1865
Gross	Fany	Bleuer	29	1	1868
Gross	Fany	Spitzer	25	12	1867
Gross	Josefine	Unbekannt	21	7	1868
Gross	Karl		23	5	1869
Grossmann	Otto		23	1	1872

Grossmann	Rosalia	Unbekannt	31	8	1869
Grünberg	Isak		12	3	1867
Grünfeld	Fanny	Prager	10	11	1864
Grünfeld	Hermann		18	9	1870
Gutmann	Anna	Rix	14	6	1872
Hahn	Jakob		5	11	1869
Handl	Amalia	Käs	29	5	1868
Heim	Johanna		3	11	1874
Heller	Theresia	Goldstein	12	9	1864
Hirsch	Anna	Wollner	9	8	1870
Hirsch	Samuel		19	8	1874
Hirschberg	Moriz		10	6	1864
Hirschler	Emilie	Spitzer	8	7	1868
Hoffmann	Edmund		20	5	1875
Jellinek	Leopold		1	5	1873
Jellinek	Marie	Fleischmann	23	2	1866
Just	Jakob		18	10	1866
Kaffeebaum	Eduard		26	1	1867
Kaffeebaum	Sophie		20	3	1877
Karpeles	Adolf		19	10	1869
Karpeles	Anna	Winternitz	22	2	1877
Kestel	Aron Löbl		13	4	1865
Klein	Franziska		17	2	1868
Klein	Rosalia	Winkler	17	9	1864
Kohn	Georg		23	4	1865
Kohn	Henriette		24	5	1873
Kohn	Hermine		14	3	1872
Kohn	Karoline		24	2	1872
Kohn	Ludwig		4	4	1866
Kohn	Paul		28	1	1872
Koller	Elisabeth	Taussig	29	6	1877
Koller	Israel		1	9	1864
Königstein	Karoline	Löwinsohn	31	8	1865
Königstein	Maximilian		9	12	1865
Königstein	Rosalia	Löwinsohn	16	1	1870
Königstein	Sofie	Pollak	15	6	1874
Kornblüh	Ignatz		25	4	1869
Kornblüh	Leo		5	9	1870
Korngold	Salomon		1	11	1874
Kraus	Jakob		7	4	1865

Krauss	Julie	Deutsch	3	4	1864
Kugel	Oscar		27	7	1873
Landesmann	Anna	Hirschfeld	5	6	1869
Landesmann	Johann		1	1	1868
Leitner	Adelheid	Mauthner	23	8	1874
Leitner	Adolf		1	6	1867
Lemberger	Jakob		11	10	1876
Lemberger	Therese	Oppenheim	21	9	1865
Löb	Schey		12	8	1878
Löffler	Leopoldine	Sonnenmark	30	6	1867
Löwinger	Josefa	Schreiber	16	10	1865
Löwy	Abraham		13	1	1878
Löwy	Katharina	Weiler	8	7	1870
Löwy	Sofie	Unbekannt	1	11	1864
Lutzker	Franziska	Platschick	29	4	1865
Lutzker	Rosalia	Polinaise Parises	26	10	1866
Markus	Betti	Bodansky	9	9	1872
Mauthner	Abraham		27	9	1866
Mauthner	Julie	Maier	16	11	1868
Meisner	Salomon		28	1	1864
Mendl	Emilie	Hirschfeld	17	2	1870
Müntz	Adolf Abel		27	3	1876
Nathansohn	Abraham		15	4	1864
Oppenheimer	Josef		4	5	1865
Orlean	Chaskel		15	6	1869
Oser	Adolf		29	1	1865
Palota	Philip		17	4	1868
Pappenheim	Adolf		18	7	1864
Pichler	Salomon		8	1	1867
Pick	Amalia	Löwy	5	4	1870
Pick	Franziska	Schulz	10	8	1869
Pinzker	Babette	Wiener	24	9	1877
Pinzker	Eleonore	Polak	6	2	1866
Platschik	Joachim H.		3	7	1866
Plowitz	Hermann		22	3	1868
Pollak	Jakob		6	12	1873
Pollak	Max		2	6	1864
Pollak	Simon		12	1	1868
Pollitzer	Franz		1	1	1871

Popper	Oscar		5	12	1875
Prossnitz	Bernhard		23	1	1871
Prossnitz	Moritz		11	9	1865
Reich	Benjamin		15	10	1876
Rie	Emilie	Taubeles	15	3	1872
Rie	Moriz		21	1	1873
Rix	Babette	Singer	11	3	1874
Rosenberg	Arnold		12	2	1877
Rosenberg	Philip		13	10	1866
Rosenberg	Wilhelm		9	4	1866
Rosenzweig	Elisabeth	Pollak	13	6	1867
Sachs	Sigmund		6	4	1867
Salzmann	Julius		9	1	1869
Schafranek	Marie		12	9	1872
Schafranek	Max		29	11	1870
Schauer	Alois		21	7	1869
Schiller	Betti	Kohn	13	9	1864
Schlenker	Benjamin		15	10	1873
Schlesinger	Eleonora	Reich	28	12	1864
Schlesinger	Samuel		2	1	1868
Schönwald	Bernhard		6	4	1865
Schönwald	Nathan		20	4	1872
Schütz	Josef Leopold		23	5	1874
Schütz	Josefine	Prager	4	12	1867
Schütz	Salomon		24	3	1870
Schwarz	Ottilie		28	2	1865
Singer	Hermann		9	5	1866
Singer	Kaspar		18	6	1877
Steiner	Heinrich		23	3	1867
Steiner	Mathias		15	10	1864
Stengl	Victoria	Lichtenstern	18	8	1865
Stolzberg	David		6	1	1866
Stolzberg	Salomon		26	8	1866
Toch	Fani	Teltsch	7	4	1872
Toch	Leopold		7	4	1872
Toch	Tani	Teltsch	30	9	1864
Tritsch	Josefa	Gerstl	8	12	1872
Turnowsky	Charlotte	Karpeles	19	1	1872
Ullmann	Katharina	Lichtenstern	10	8	1869
Unbekannt	Unbekannt	Unbekannt	?	?	?

Vogel	Leopold		28	9	1866
Wehle	Regina	Hahn	3	6	1867
Wehle	Sigmund		25	9	1869
Wengraf	Joachim		15	3	1876
Wengraf	Lea	Blau	9	8	1872
Wertheimer	Sigmund		8	8	1866
Wessely	Regina		16	6	1874
Wiener	Rosalia	Beck	21	10	1864
Wilhelm	Alfred		7	11	1875
Wilhelm	Bertha		21	10	1875
Wilhelm	Ema		20	10	1875
Wilhelm	Gabriel		16	8	1866
Wilhelm	Julius		30	4	1868
Wilhelm	Rachel	Wilhelm	30	9	1870
Wilhelm	Rosalia	Naphtales	27	6	1874
Winkler	Peter		31	1	1865

Tabelle 3: Personen, deren Grabstellen durch den Bau des Luftschutz-Bunkers zerstört wurden in Gruppe 20

Baumfeld	Samuel		4	4	1877
Brauner	Simon		11	7	1877
Freund	Albert		30	3	1878
Freund	Philipp		14	9	1877
Hahn	Salomon		22	10	1875
Heller	Marie	Singer	5	8	1876
Hermann	Gustav		29	1	1877
Hirschfeld	Sofie	Mandl	20	9	1878
Horowitz	Netti	Komorn	26	11	1877
Kauders	Betty	Baruch	9	10	1875
Lamm	Abraham		29	1	1876
Lanzer	Sigmund		4	4	1876
Mintz	Rosalie	Wechsler	16	6	1877
Schlesinger	Josef		28	12	1875
Schwarz	Philipp		2	8	1877
Sonnenschein	Albert		4	8	1877
Steiner	Philipp		31	7	1877
Tritsch	Maria	Lion	13	5	1877
Wengraf	Abraham		9	4	1878

Tabelle 4: Personen, deren Grabstellen durch den Bau des Luftschutz-Bunkers zerstört wurden in Gruppe 21

Partie 1:

Abeles	Maria	Sentor	16	10	1872
Alt	Samuel		22	9	1875
Aschkinasy	Hermann		7	10	1872
Aschner	Amalia	Langer	21	4	1877
Bajer	Betti	Nasch	3	1	1875
Baron	Rosalia	Koller	23	10	1872
Basch	Simon E.		9	8	1875
Beck	Leopold		21	5	1877
Berger	Jonas		10	2	1875
Bitmann	Jakob		18	6	1877
Bittmann	Marie		8	5	1877
Blau	Anna	Pissk	27	9	1872
Bloch	Moritz		20	3	1868
Blüh	David Hirsch		25	9	1874
Blum	Katharina	Unbekannt	20	4	1877
Böhm	Hermann		6	2	1875
Boskowitz	Amalia	Neuspiel	9	9	1872
Botstieber	Bertha		2	6	1875
Brandeis	Mina	Unbekannt	24	1	1875
Brandl	Bernhard		18	8	1875
Brenner	Israel Ignatz		15	2	1875
Brodek	Clemens		11	8	1875
Bruckner	Theres	Arnstein	29	9	1875
Brüll	Max		22	6	1877
Czerwenka	Hermann		12	6	1877
Deutsch	Katharina	Unbekannt	29	5	1875
Eisner	Isak		9	5	1868
Engel	Adolf		31	1	1875
Engel	Heinrich		5	8	1875
Fenster	Isak		9	4	1877
Fischeles	Sofie		25	4	1877
Fischer	Jakob		2	4	1875
Fischer	Karoline	Unbekannt	22	2	1875
Fischer	Therese	Weiss	16	6	1875
Fränkel	Ernst Philipp		27	5	1868

Fried	Moses		27	3	1868
Friedek	Therese	Aszody	15	5	1875
Friedmann	Joseph		17	2	1875
Friedmann	Leo		31	12	1874
Gerstl	Rosa	Unbekannt	22	7	1875
Glasberg	Lea	Gelber	29	5	1877
Glaser	Markus		23	3	1868
Glückselig	Cäcilie	Kopstein	11	4	1868
Gold	Bernhard		8	5	1877
Goldstein	Leopold		5	6	1875
Gottfried	Josephe	Beer	15	5	1877
Gottlieb	Elisabeth	Bamberger	29	4	1875
Grünfeld	Josef		17	6	1875
Grünhaut	Regina	Einbild	28	9	1875
Grunwald	Heinrich		22	6	1877
Guttmann	Jakob		17	3	1875
Guttmann	Samuel		29	10	1877
Haas	Johanna	Unbekannt	23	5	1877
Haas	Rosa	Pollak	13	1	1875
Haller	Antonia	Schwarz-färber	27	4	1875
Heller	Adolf		14	4	1875
Herzfeld	Rosalia	Keller	1	3	1875
Herzl	Markus		17	5	1875
Hirschfeld	Ludwig		2	7	1875
Holzapfel	Betty	Landmann	10	3	1875
Hornstein	Helene	Kriss	13	6	1875
Horowitz	Karl Lazar		18	5	1875
Jokl	Johanna		2	6	1868
Jokl	Moritz		25	5	1875
Kafka	Esther		28	4	1868
Kahan	Jakob Sal.		9	8	1875
Kann	Karl		17	5	1877
Kann	Therese	Hirsch	27	4	1877
Kastner	Karoline		23	9	1875
Katz	Franziska	Brauner	29	5	1868
Keller	Regina	Unbekannt	14	3	1875
Klausner	Rosa	Salomon	29	5	1877
Klimberger	Josef		20	9	1872
Klinger	Elisabeth	Mayer	15	1	1875

Koch	Hani		14	3	1868
Koch	Rosalia	Taglicht	5	4	1877
Kohn	Alexander		3	4	1875
Kohn	Cäcilie	Grünwald	4	7	1876
Kohn	Herman		9	3	1875
Kohn	Jakob		7	4	1875
Kohn	Jakob		1	6	1877
Kohn	Netti	Kohn	30	6	1875
Kohn	Simon Hersch		31	12	1874
Kolb	Aron		18	2	1875
Komorner	Katharina	Unbekannt	18	3	1875
Koppel	Josefine		22	6	1877
Krassa	Katharina	Kolinsky	24	4	1875
Kraus	Anna		8	7	1875
Kraus	Rosalia	Unbekannt	7	10	1872
Krieser	Josef		9	5	1876
Krieser	Nathan		27	10	1872
Kupnik	Klara	Barschak	3	6	1877
Lederer	Adolf		2	2	1875
Leinkauf	Hermann		11	5	1875
Lichtenberg	Julius		26	5	1875
Lichtenberg	Theres		8	6	1875
Lichtendorf	Wolfgang		27	4	1875
Lieben	Karl		30	5	1877
Löwit	Sara	Unbekannt	19	6	1877
Löwy	Jakob S.		25	4	1868
Löwy	Mathilde	Schwarz	13	1	1875
Löwy	Simon		16	7	1872
Lunzer	David		5	6	1877
Mandl	Rosa	Reichsfeld	18	2	1875
Mandler	Leopold		4	11	1872
Mandler	Markus		12	3	1875
Margulies	Aron		30	9	1875
Markscheid	Gittl	Unbekannt	8	10	1872
Matzen	Salomon		26	4	1877
Mauthner	David		15	5	1875
Mire	Chane	Unbekannt	20	4	1877
Natzler	Eduard		18	6	1875
Natzler	Julie	Böhm	25	5	1868
Nemschitz	Salomon		31	1	1875

Neuberg	Jacob		30	5	1877
Neufeld	Theresia	Heller	20	4	1868
Otto	Josef		3	2	1875
Perlsee	Oskar		9	7	1875
Plenk	David Hirsch		5	2	1875
Pollak	Simon		3	11	1877
Pressburger	Markus		7	5	1877
Propper	Hani	Adler	4	7	1875
Quittner	Antonia	Mark	16	1	1875
Redner	Jossel		5	4	1875
Reiss	Regina	Unbekannt	31	10	1872
Rosenbaum	Abraham		14	9	1867
Rosenfeld	Max		22	4	1877
Rosenfeld	Pauline	Fischer	14	2	1875
Rosenfeld	Samuel		11	5	1877
Roth	Katharina	Bock	25	3	1875
Rubenovici	Jechiel		12	8	1875
Saudek	Marie	Weiniger	21	3	1875
Schamest	Efraim		19	10	1872
Schapira	Betty	Taufstein	5	4	1875
Schapira	Israel		7	2	1875
Schiffmann	Karoline	Brandl	5	11	1878
Schimmerling	Elise	Kohn	17	12	1875
Schloss	Jakob		10	6	1877
Schmeier	Karoline	Skutsch	30	4	1875
Schmid	Deborah	Mohr	3	5	1868
Schnapp	David		27	5	1877
Schön	Josef		19	8	1875
Schönfeld	Anna Betty	Schreiber	8	4	1877
Schönfeld	Emanuel		5	5	1877
Schor	Adam		23	5	1868
Schulhof	Markus		3	9	1875
Schwarz	Alexander		26	1	1877
Schwarz	Rosalia	Kohn	15	4	1868
Schwarz	Sigmund		24	3	1868
Schwerdberg	Jite Lea	Redlich	28	6	1875
Silberstein	Maria	Unbekannt	3	6	1868
Singer	Leopold		5	7	1875
Singer	Moritz		29	5	1877
Sommer	Isak		11	2	1875

Sommer	Pinkas		24	2	1874
Sommer	Salomon		22	1	1875
Spitz	Marie		6	2	1875
Spitzer	Julie	Spitzer	8	5	1877
Springer	Regina	Epstein	4	2	1868
Stein	Emanuel		22	5	1877
Stein	Karoline	Kohn	24	4	1868
Steiner	Moritz		22	12	1868
Steinherz	Simon		12	3	1868
Stern	Elias		1	6	1868
Stern	Josef		6	10	1875
Stransky	Emil		16	9	1877
Süss	Pauline	Tausig	16	5	1877
Tarnagrod	Josef Nathan		1	1	1875
Tausky	Babette	Rosenstock	21	8	1875
Taussig	Rosalia	Fritz	21	10	1872
Trebitsch	Moritz		6	3	1875
Tuschak	Max		24	9	1872
Ullmann	Veronika	Allina	29	4	1877
Unbekannt	Unbekannt	Unbekannt	?	?	?
Unbekannt	Unbekannt	Unbekannt	?	?	?
Unbekannt	Unbekannt	Unbekannt	?	?	?
Unbekannt	Unbekannt	Unbekannt	?	?	?
Unbekannt	Unbekannt	Unbekannt	?	?	?
Unbekannt	Unbekannt	Unbekannt	?	?	?
Unbekannt	Unbekannt	Unbekannt	?	?	?
Unbekannt	Unbekannt	Unbekannt	?	?	?
Unbekannt	Unbekannt	Unbekannt	?	?	?
Vágó	Johanna	Schlesinger	7	6	1877
Wächter	Tobias		22	5	1875
Wahringer	Leopold		4	4	1875
Wasservogel	Marie	Lassner	24	6	1875
Wechsler	Leopold		3	6	1877
Weinreb	Gittel	Unbekannt	10	9	1872
Weinreich	Karoline	Jaspisstein	7	4	1868
Weiss	Bunah	Unbekannt	27	4	1875
Weiss	Cäcilie	Hirsch	11	9	1872
Weiss	Fanny	Feldmann	20	10	1872

Weiss	Katharine	Schlesinger	16	10	1872
Wessely	Aloisia	Kohn	13	8	1875
Westreich	Akiwa		24	10	1872
Wirdt	Hermine		9	5	1875
Witzling	Jankel		11	9	1875
Zelinka	Rosalia	Fleissig	6	9	1875
Zwickler	Urie		6	6	1877

Partie 2

Ausländer	Philipp		30	1	1877
Axelrad	Josef		4	8	1872
Balodersky	Selig		30	5	1872
Baltinester	Rosa	Unbekannt	1	2	1877
Bartl	Elias		15	10	1867
Baruch	Emanuel		2	8	1867
Bauer	Fani	Unbekannt	26	1	1877
Bauer	Johann		16	9	1867
Bauer	Markus		31	7	1867
Becher	Adalbert		24	11	1874
Beinhacker	Anna	Philipp	13	5	1872
Berger	Jakob		16	10	1874
Berger	Katharina	Weinberger	15	8	1867
Bernhard	Dietrich		14	6	1872
Bettelheim	Peter		29	1	1877
Blau	Katharina	Unbekannt	28	2	1877
Bock	Ludwig		27	8	1872
Boskowitz	Simon		18	8	1872
Brandweiner	Betti	Reiss	24	5	1872
Buchwald	Eva	Unbekannt	16	11	1867
Chaies alias Haies	Michael		8	4	1877
Czerwenka	Rudolf		2	3	1877
David	Juda		4	12	1874
Denkstein	Theresia	Unbekannt	16	2	1877
Derheim	Nina		14	2	1868
Deutsch	Gabriel		7	2	1877
Deutsch	Josef		14	9	1867
Duzek	Cäcilie	Wolf	14	11	1874
Eckstein	Sigmund		5	5	1872

Ehrenzweig	Fritze		21	10	1875
Ehrlich	David		2	11	1874
Eisler	Kathi	Unbekannt	12	9	1867
Engel	Amalie	Unbekannt	26	3	1877
Engel	Philipp		16	3	1877
Feldmann	Daniel		10	5	1875
Feller	Markus		20	5	1872
Fellner	Franziska	König	25	12	1867
Feuerstein	Anna	Unbekannt	22	7	1872
Fink	Franziska	Heller	19	5	1872
Fischer	Betty	Kohut	21	7	1872
Fischer	Nathan		10	8	1874
Fischhändler	Abram Josef		16	9	1874
Fleischer	Max		29	3	1877
Fleischmann	Hermine		24	10	1874
Flusser	Emil		4	12	1874
Folkmann	Theresia	Weiner	25	6	1875
Fränkel	Lea	Ranzer	12	8	1872
Fränkel	Moritz		6	1	1868
Fried	Ignatz		10	6	1872
Frischmann	Theresia	Löffler	10	9	1874
Fuchs	Henriette	Goldmann	27	7	1872
Fuchs	Moritz		22	8	1872
Fuhr	Isak		1	8	1867
Glattauer	Fani		22	9	1874
Goldberger	Eva	Hirsch	12	11	1874
Gottlieb	Wolf		28	9	1874
Gritz	Fani	Margulies	28	4	1872
Groag	Bernhard		15	11	1867
Gross	Johanna	Pollak	10	3	1875
Grossmann	Ignatz		7	12	1874
Gruber	Bernhard		17	2	1868
Grün	Hermine		11	9	1874
Grünschlag	Abraham		30	8	1874
Grunwald	Karl		20	8	1867
Halpern	Chaim		21	9	1874
Halpern	Hinde	Kris	29	12	1873
Hauser	Samuel		1	8	1867
Hechinger	Babette	Ehrlich?	12	5	1876
Hechinger	Mayer		10	1	1879

Hechinger	Philipp		7	3	1868
Hecht	Rosa		10	6	1872
Heller	Karoline		16	10	1874
Hermann	Kopel		20	10	1874
Herschmann	Anna	Trost	14	3	1877
Herz	Charlotte	Szobotisch	28	2	1877
Herz	Ephraim		30	12	1867
Herzog	Mina		2	3	1877
Hirsch	Simon		13	6	1872
Hoffmann	Charlotte	Sommer	2	8	1867
Hoffmann	Moritz		14	10	1867
Hoffmann	Simon		17	7	1872
Hofmann	Fanni	Oberbreit	22	7	1872
Hor	Heinrich		4	6	1874
Hor	Johann		29	7	1872
Hornik	Isak		16	7	1867
Jacobovicz	Josef		27	7	1872
Jarmuth	Adolf		20	2	1877
Jellinek	David		30	4	1872
Jokl	Jakob		18	2	1877
Kafka	Kathi	Kellner	24	5	1872
Kafka	Maria	Perl	28	8	1867
Kämpfner	Bernhard		11	10	1874
Karpelis	Charlotte		13	6	1867
Kastner	Johanna		5	2	1877
Kaufmann	Emanuel		30	6	1872
Kern	Josef		8	11	1874
Kessler	Johanna	Kern	6	3	1877
Klein	Bertha		29	10	1878
Klinger	Fanny	Biberstein	23	11	1874
Klinger	Ignatz		2	7	1872
Kohn	Adof		2	9	1872
Kohn	Anna	Unbekannt	14	8	1867
Kohn	Dorothea	Grieger	18	8	1872
Kohn	Manis		18	5	1872
Kohn	Moritz		17	11	1874
Kohut	Elias		15	1	1868
Koller	Markus		1	6	1872
Kollmann	Moritz		18	9	1874
Königsberger	Betti	Breuer	3	8	1872

Kornitzer	Anna		5	5	1872
Kris	Amalia	Kris	4	11	1869
Kris	Rachel	Pariser	6	1	1868
Kuhe	Julie	Mannheimer	5	2	1877
Landau	Chane	Unbekannt	11	10	1874
Lechner	Carl		7	6	1872
Lemberger	Ignatz		28	11	1867
Lemberger	Nina		18	9	1874
Lichtenstein	Markus		1	1	1877
Lichtenstein	Wolf		15	5	1872
Löb	Julie	Bauer	19	6	1867
Löb	Katharina		6	7	1872
Löwi	Charlotte	Liebl	1	9	1872
Löwy	Sigmund		5	11	1874
Löwy	Simon		20	10	1874
Mandel	Rebeka	?	9	8	1867
Mattersdorf	Leopold		17	10	1874
Mauthner	Jakob		23	11	1874
Mauthner	Leopold		7	6	1872
Mauthner	Marie	Oplatek	16	12	1867
Mauthner	Rosalia	Weissenstein	21	3	1877
Merdinger	Josef		24	6	1872
Messing	Sigmund		2	9	1872
Monath	Deborah	Rösler	2	7	1872
Muldon	Katharina	Biedermann	12	11	1867
Nasch	Julie	[Deutsch]	4	12	1867
Neufeld	Barbara		2	1	1869
Neuschüller	David		31	7	1867
Nussbaum	Betti	Kabinek	29	10	1874
Peck	Katharina	Löffler	26	2	1877
Perlmut	Moriz		14	7	1867
Pollak	Amalia	Leuchter	22	2	1877
Pollak	Anton		2	8	1867
Pollak	Bernhard		12	3	1877
Popper	Eleonore	Neustadtl	8	3	1877
Popper	Herrman		25	7	1867
Recht	Elise	Simon	17	1	1870

Recht	Moritz		7	3	1868
Ronsperger	Nina	Adele	6	9	1867
Rosenbaum	Abraham		9	14	1867
Rosenfeld	Sofie	Feuer	13	9	1874
Rosenstock	Leopold		26	3	1877
Rosset	Hermann		30	7	1872
Roth	Abraham		14	11	1874
Rothziegel	Maria		11	3	1877
Rubinstein	Regina	Unbekannt	14	3	1869
Salzer	Aron		10	5	1872
Saphier	Fanny	Unbekannt	15	9	1874
Schall	Jached	Lauterstein	10	2	1877
Scheimowitz	Leni	Unbekannt	25	9	1874
Schild	Rosa		9	9	1874
Schiller	Josef		10	12	1874
Schimetschek	Fanni		2	11	1874
Schindler	Elias		1	1	1875
Schlein	Josef		22	12	1874
Schmidek	Herman		30	6	1867
Schrank	Samuel		3	12	1874
Schreiber	Fanni		4	6	1872
Schreyer	Ludwig		1	11	1875
Schütz	Bernhard		4	2	1877
Schwarz	Franz		16	7	1872
Selkes	Ignatz		12	7	1872
Siederer	Julie	Schmid	5	4	1877
Singer	Michael		23	2	1868
Skutezky	Cäcilie	Ehrenreich	6	7	1867
Soffer	Johanna	Neufeld	4	1	1868
Sommer	Josefine	Sommer	8	3	1877
Sommer	Regina		18	5	1872
Sonnenschein	Rosa	Rosenberger	15	6	1875
Spitz	Mina	Treu	23	1	1868
Spreiser	Anna	Mager	16	2	1868
Springer	Rudolf		21	8	1867
Stein	Moritz		16	8	1867
Stekeles	Herzl		11	2	1877
Stern	Markus		24	3	1877
Teltsch	Netti		10	2	1875

Tolschinsky	Julius		26	5	1872
Trebitsch	Philipp		15	7	1867
Unbekannt	Unbekannt	Unbekannt	?	?	?
Unbekannt	Unbekannt	Unbekannt	?	?	?
Unbekannt	Unbekannt	Unbekannt	?	?	?
Unbekannt	Unbekannt	Unbekannt	?	?	?
Unbekannt	Unbekannt	Unbekannt	?	?	?
Unbekannt	Unbekannt	Unbekannt	?	?	?
Unbekannt	Unbekannt	Unbekannt	?	?	?
Unbekannt	Unbekannt	Unbekannt	?	?	?
Unbekannt	Unbekannt	Unbekannt	?	?	?
Unbekannt	Unbekannt	Unbekannt	?	?	?
Unger	Adolf		10	2	1877
Urbach	Alois		1	10	1874
Veilchenfeld	David		23	3	1877
Vogel	Leon		14	1	1868
Vogel	Simon		19	11	1874
Wächter	Breindl	Raucher	15	2	1877
Wallenstein	Rosa	Unbekannt	30	9	1874
Waringer	Esther	Unbekannt	9	12	1874
Weinberger	Isak		17	6	1867
Weinwurm	Fanny	Unbekannt	21	11	1874
Weiss	Josef		24	1	1868
Weiss	Karoline	Neurath	5	3	1873
Weissenlöw	Sofie	Adler	22	2	1877
Weitz	Salomon		4	9	1874
Werner	Abraham		6	6	1872
Wertenheim	Julianna	Unbekannt	9	9	1874
Wertheimer	Wilhelm		16	3	1877
Wieselmann	Rosa		3	7	1867
Wilheimer	Helene	Unbekannt	14	11	1874
Winter	Fani	Kornitzer	5	10	1874
Zoref	Herman		9	9	1867

12.4. TEILINVENTAR: BELASSENE GRABSTELLEN IM BEREICH DES GEPLANTEN LUFTSCHUTZ-BUNKERS

Tab. 1: Personen, deren Grabsteine durch den Bau eines Luftschutz-Bunkers und später des Arthur-Schnitzler-Hofes zerstört, deren Grabstellen aber belassen wurden

Familienname, Vorname, Mädchenname, Sterbedatum, Grabstelle Gruppe – Reihe - Nummer am jüdischen Friedhof Währing (Inventar T. Walzer). Die Grabmonumente in den Reihenabschnitten wurden abgetragen, die Areale während der Bauarbeiten als Materiallagerplätze benutzt. Heute erscheinen diese als leere Flächen. Probegrabungen durch das Friedhofsamt der Israelitischen Kultusgemeinde Wien im Jahr 2002 haben aber ergeben, dass die darunter befindlichen Grabstellen intakt vorhanden sind. Die Begrenzungsmauer zum Grundstück des Arthur-Schnitzler-Hofes hin steht genau über Gräbern, die sich auf der anderen Seite der Mauer auf dem Begrünungsstreifen des Parkplatzes fortsetzen.

Pollak	Heinrich		23	11	1865	17	1	21
Hupka	Josef		9	12	1873	17	1	22
Oppenheim	Julie	Schreiber	11	3	1864	17	1	23
Lichtblau	Richard		28	6	1870	17	1	24
Roessler	Isak		5	4	1868	17	1	25
Bell	Wilhelm		29	11	1868	17	1	26
Funk	Eleonora	Bing	29	3	1864	17	1	27
Bialle	Israel Hersch		15	7	1869	17	2	19
Löffler	Israel		24	8	1864	17	2	20
Konrad	Wolf		13	4	1867	17	2	21
Herrnstadt	Malvine	Wohl	26	8	1864	17	2	22
Deutsch	Hermann		28	12	1865	17	2	23
Feldscharek	Ignatz		27	9	1874	17	2	24
Engländer	Jakob		28	8	1864	17	2	25
Engländer	Maria	Stettler	31	5	1870	17	2	25
Engländer	Moritz		2	10	1872	17	2	26
Popper	Rosalia	Grünspan	5	11	1874	17	2	27
Engländer	Anton		9	4	1866	17	2	28
Stiassny	Israel		29	5	1878	17	2	29
Stiassny	Max		17	9	1864	17	2	29
Braschmann	Fanny Veron.	Popper	21	5	1871	17	2	30
Michlstädter	Anna	Spitzer	6	9	1864	17	2	31

Gewitsch	Johanna	Unbekannt	23	6	1878	17	2	32
Feldscharek	Jakob		3	4	1873	17	3	19
Fuchs	Moritz		8	7	1872	17	3	20
Spiegel	Jakob		25	1	1865	17	3	21
Ellern	Regina	Feuchtwanger	18	1	1865	17	3	22
Stern	Nina	Grünhut	18	1	1872	17	3	23
Schlesinger	Theresia	Adler	4	2	1865	17	3	24
Engel	Leopold		11	2	1877	17	4	18
Foges	Moritz		18	3	1865	17	4	19
Mekler	Ignatz		17	6	1868	17	4	20
Jonas	Johanna	Krauss	26	5	1869	17	4	21
Beck	Nina	Spitzer	26	3	1865	17	4	22
Groag	Leopold		12	12	1866	17	4	23
Goldschmiedt	Max		4	10	1870	17	4	24
Hertzka	Anna	Königsberg	1	5	1873	17	4	25
Lustig	Samuel		4	4	1865	17	4	26
Pollenz	Karoline	Kaula	5	5	1865	17	5	16
Fiktorovits	Lentschi	Lange	20	4	1869	17	5	17
Stern	Max		11	5	1865	17	5	18
Bethauer	Meyer Hirsch		29	11	1868	17	5	19
Boxer	Gisella		1	3	1872	17	5	20
Seidner	Babette	Alexander	15	5	1865	17	5	21
Pollak	Thekla	Bukarester	10	9	1872	17	5	22
Berliner	Max		2	1	1870	17	5	23
Krakauer	Johanna	Horschetzky	16	4	1868	17	5	24
Münster	Ignaz		14	8	1865	17	5	25
Leinkauf	Anna	Tritsch	5	10	1867	17	6	17
Weich	Isak		1	9	1869	17	6	18
Fischer	Abraham		14	7	1866	17	6	19
Moses	Aron Mayer		11	10	1865	17	6	20
Wächter	Moses David		12	11	1865	17	6	21
Wächter	Beile	Flachs	24	12	1866	17	6	22
Goldschmidt	Samuel		23	9	1869	17	6	23
Bauminger	Judith	Plessner, Plesner	9	8	1865	17	6	24
Kohn	Simon		31	8	1869	17	6	25
Weissberger	Eduard		8	8	1865	17	6	26
Prossnitz	Regina	Steiner	15	7	1873	17	7	15
Kanitz	Samuel		25	2	1866	17	7	16
Tritsch	Jakob		16	8	1872	17	7	17

Tapezierer	Katharina	Lederer	22	6	1866	17	7	18
Tapezierer	Simon		14	3	1866	17	7	19
Jellinek	Bertha		15	8	1872	17	7	20
Lemberger	Karoline	Mayer	5	2	1866	17	7	21
Fried	David		16	11	1875	17	7	22
Fried	Sofie	Löwy	7	7	1868	17	7	23
Deutsch	Anna	Sachs	21	1	1873	17	7	24
Sensky	Josefine	Berl	5	2	1866	17	7	25
Bohensky	Leopold		5	10	1874	17	7	26
Fuchs	Leopold		21	5	1866	17	8	14
König	Michael		8	8	1870	17	8	15
Hauser	Johanna	Schwitzer	9	5	1867	17	8	16
Schwitzer	Julius		22	7	1866	17	8	17
Gottlieb	Abraham		26	5	1866	17	8	18
Gottlieb	Rebeka	Blatt	20	12	1866	17	8	19
Löwenthal	Herman		9	6	1866	17	8	20
Feuer	David		27	10	1869	17	8	21
Glattauer	Leopold		16	6	1866	17	8	22
Glattauer	Theresia	Deutsch	25	4	1878	17	8	23
Jacobsohn	Charlotte	Popowitsch	19	6	1866	17	8	24
Stern	Anna	Fröhlich	24	7	1866	17	8	25
Freireich	Israel Abele		9	12	1866	17	9	14
Brauner	Salomon		7	7	1867	17	9	15
Österreicher	Leopold		20	6	1873	17	9	16
Weinberg	Abraham		7	1	1867	17	9	17
Eberman	Max		29	8	1871	17	9	18
Plan	Johanna	Hirsch	9	2	1867	17	9	19
Back	Samuel		28	8	1872	17	9	20
Back	Barbara	Plan	4	7	1873	17	9	21
Plan	David		10	12	1866	17	9	22
Plan	Karoline	Oppenheim	25	2	1876	17	9	22
Unbekannt	Unbekannt	Unbekannt	?	?	?	17	9	23
Schlesinger	Rosalia		28	2	1873	17	10	13
Schlesinger	Rosina		26	10	1872	17	10	14
Schlesinger	Theresia	Kohn	19	5	1867	17	10	14
Mendl	Magdalena	Hirsch	22	5	1867	17	10	15
Markus	Ester	Leb	29	5	1867	17	10	16
Allemand D´	Devy, David		12	8	1869	17	10	17
Blum	Sigmund		14	3	1869	17	10	18

Klein	Michael		12	7	1870	17	10	19
Klein	Rosalia	Schwarz	11	1	1874	17	10	19
Silberstern	Theresia	Kafka	28	7	1867	17	10	20
Samson	Emanuel		4	4	1867	17	10	21
Preuss	Anna		21	7	1867	17	10	22
Preuss	Ella		29	1	1868	17	10	22
Socholler	Laura	Zimend	20	5	1868	17	10	23
Socholler	Markus		21	11	1871	17	10	24
Glücksmann	Amalie	Skutetzky	30	11	1867	17	11	12
Mandl	Betti	Eisenstädter	17	6	1873	17	11	13
Zuckermann	Anna Zipa	Wolpe	15	7	1870	17	11	14
Blaustein	Josef		25	3	1868	17	11	15
Beck	Leopold		21	10	1867	17	11	16
Jellinek	Adolf		11	6	1877	17	11	17
Kraus	Julius		25	5	1868	17	11	18
Kraus	Isidor		18	9	1867	17	11	19
Halberstadt	Leib		18	9	1867	17	11	20
Blatt	Heinrich		26	8	1868	17	11	22
Markus	Salomon		16	4	1868	17	11	23
Hanover	Johanna	Samek	15	4	1872	17	11	24
Gans	Rosa	Eisler	20	12	1867	17	11	25
Bohensky	Anna	Frankl	20	12	1876	17	11	26
Schuber	Henriette	Bauer	4	2	1873	17	12	12
Schube	Theodor		2	6	1872	17	12	13
Gollmann	Franz		4	5	1868	17	12	14
Bauer	Josefine		11	1	1873	17	12	15
Bauer	Johanna		18	7	1875	17	12	16
Mandl	Viktor		28	2	1877	17	12	17
Weiss	Ignatz		16	10	1873	17	12	18
Fleischer	Abraham		31	5	1870	17	12	19
Rothenberg	Taube	Unbekannt	26	1	1874	17	12	20
Adler	David		20	2	1871	17	12	21
Gomperz	Mathilde	Blau	12	3	1871	17	12	22
Koppel	Jakob		19	10	1871	17	12	23
Koppel	Rosa	Ehrenstein	13	5	1877	17	12	23
Steiner	Katharine	Steiner	1	2	1874	17	12	24
Steiner	Charlotte	Sternberg	1	1	1871	17	12	25
Schulz	Samuel		20	5	1871	17	12	26
Pollitzer	Israel		16	6	1867	21	5	10

Moses	Pauline	Unbekannt	25	6	1877	21	1	1
Cohn	Fanny		8	9	1875	21	1	2
Byk	Michael		28	7	1875	21	1	3
Mandler	Anna	Neuer	6	7	1875	21	1	4
Borgenicht	Koppel		30	6	1877	21	1	5
Rosenberg	Johanna	Bamberger	2	8	1875	21	1	7
Sonnenthal	Regina	Wohlfeld	2	8	1875	21	1	8
Blumenkranz	Markus		29	7	1875	21	1	9
Goldberger	Max		28	8	1875	21	1	10
Friess	Israel		14	7	1877	21	1	11
Geyer	Anna	Hauser	7	7	1875	21	1	12
Unbekannt	Unbekannt	Unbekannt	?	?	?	21	1	13
Deutsch	Katharina		5	7	1875	21	1	14
Stekeles	Emanuel		9	7	1875	21	1	15
Kessler	Osias		9	7	1875	21	1	16
Walter	Moritz		3	7	1877	21	1	17
Weissberger	Adolf		13	7	1875	21	1	18
Fuchs	Josefine	Popper	9	7	1877	21	1	19
Steiner	Wilhelm		21	7	1875	21	1	20
Pick	Karolina	Mediansky	10	7	1872	21	1	21
Bellak	Anton		2	9	1875	21	1	22
Taussig	Bertha		3	6	1873	21	2	1
Taussig	Betti	Fleischer	1	2	1872	21	2	1
Unbekannt	Unbekannt	Unbekannt	?	?	?	21	2	2
Kaan	Leopold		9	12	1876	21	2	3
Rosenbaum	Moses		7	7	1874	21	2	4
Mittler	Salomon		3	7	1874	21	2	5
Bülau	Emanuel		13	12	1876	21	2	6
Weiss	Antonie	Exelbirth	30	6	1874	21	2	7
Moses	Magdalene	Unbekannt	11	3	1837	21	2	8
Czerwenka	Veronika		25	3	1867	21	2	9
Mediansky	Abraham		26	11	1868	21	2	10
Fleissig	Simon		5	7	1876	21	2	11
Redlich	Fanni	Unbekannt	10	2	1872	21	3	1
Kozlitschek	Aron		11	7	1874	21	3	2
Ehrlich	Salamon		15	3	1867	21	3	3
Gelbmann	Rosalia		16	2	1872	21	3	4
Adler	Fani	Stern	25	2	1872	21	3	5
Gerstl	Charlotte	Unbekannt	14	12	1876	21	3	6

Boskowitz	Regina	Militzer	17	2	1872	21	3	7
Herzl	Sigmund		20	2	1872	21	3	8
Mahler	Jakob		11	7	1874	21	3	9
Heller	Lipa		20	2	1872	21	3	10
Rotholz	Theresia	Unbekannt	12	8	1874	21	3	11
Unbekannt	Unbekannt	Unbekannt	?	?	?	21	3	12
Graumann	Karl		17	12	1876	21	3	13
Guttmann	Sofie		2	1	1868	21	3	14
Pick	Betti	Perlhefter	19	7	1873	21	3	15
Stern	Emanuel		20	7	1874	21	4	1
Hauser	Josef		12	7	1874	21	4	2
Schwarz	Sara	Schwarz	14	7	1874	21	4	3
Benesch	Philipp, Philip		1	4	1867	21	4	4
Rudolf	Johanna	Kellner	2	4	1867	21	4	5
Kern	Johanna	Unbekannt	3	4	1867	21	4	6
Weissenstein	Cäcilie	Naschitz	13	9	1877	21	4	7
Werner	Josefa	Unbekannt	2	3	1872	21	4	8
Hecht	Leopold		6	3	1872	21	4	9
Bermann	Moses		25	12	1876	21	4	10
Pick	Barbara	Levit	21	7	1874	21	4	11
Hatschek	Theresia	Löwenthal	8	4	1867	21	4	12
Bauer	Arthur		8	12	1875	21	4	13
Klausner	Esther	Unbekannt	11	4	1867	21	4	14
Rothziegel	Katharina	Gansel	22	7	1874	21	4	15
Perlhefter	Charlotte	Tedesco	12	7	1873	21	4	16
Perlhefter	Johann		12	7	1873	21	4	17
Bauer	Anna	Gerstmann	14	4	1867	21	5	1
Hahn	Joachim		15	4	1867	21	5	2
Glück	Heinrich		31	12	1876	21	5	3
Schlesinger	Ignatz		11	3	1872	21	5	4
Nachman	Julie		19	4	1867	21	5	5
Engel	Adelheid	Kohn	19	4	1867	21	5	6
Rotholz	Ignaz		3	8	1873	21	5	7
Rotholz	Isak		14	3	1872	21	5	7
Rotholz	Regina		22	10	1872	21	5	7
Neufeld	Juliana	Unbekannt	17	3	1872	21	5	8
Jamenfeld	Joel		17	3	1872	21	5	9
Birnbaum	Salomon		23	4	1867	21	5	11
Pflaumenbaum	Leopold		20	3	1872	21	5	13

Herzberg	Philipp		21	3	1872	21	5	14
Ritter	Franziska		2	8	1874	21	5	15
Goldstein	Rosalie	Hammerschlag	28	4	1867	21	5	16
Klepetasch	Ignaz		10	5	1867	21	5	17
Hermann	Samuel		18	8	1874	21	5	18
Schiller	Johanna	Schindler	19	1	1877	21	5	19
Natzler	Julie		26	4	1867	21	6	1
Ehrenstein	Betti	Unbekannt	29	4	1867	21	6	2
Kohn	Maria	Goldschmidt	3	8	1874	21	6	3
Fuld	Johanna	Löbl	27	4	1867	21	6	4
Ehrenfeld	Josef		9	1	1877	21	6	5
Violin	Leopold		25	3	1872	21	6	6
Klein	Simon		26	3	1872	21	6	7
Briess	Ida		26	1	1875	21	6	8
Horowitz	Charlotte		26	3	1872	21	6	9
Sussmann	Jeanette		9	1	1877	21	6	10
Buchsbaum	Pepi, Josefa	Müller	2	5	1867	21	6	11
Klampfer	Julianna		28	3	1872	21	6	12
Mandler	Fanni	Löwenrosen	1	4	1872	21	6	13
Schotten	Jakob		13	8	1874	21	6	14
Frenkel	Markus		31	3	1872	21	6	15
Tischler	Efraim		5	5	1867	21	6	16
Drucker	Maria	Weininger	25	8	1874	21	6	17
Kohn	Anna	Unbekannt	16	7	1873	21	6	18
Kohn	Josefa		15	7	1873	21	6	19
Unbekannt	Unbekannt	Unbekannt	?	?	?	21	6	20
Baumann	Chaje, Chaja	Unbekannt	7	5	1867	21	7	1
Basch	Elias		2	4	1872	21	7	2
Löw	Louise	Ehrlich	10	5	1867	21	7	3
Paschkes	Josef		1	4	1872	21	7	4
Weiss	Rosalia	Unbekannt	13	1	1877	21	7	5
Stöger	Charlotte	Heinrich	11	5	1867	21	7	6
Prinz	Rachel		13	5	1867	21	7	7
Lichtenstein	Anna	Wasservogel	8	4	1872	21	7	8
Weisermann	Hermann		25	12	1874	21	7	9
Hausner	Josefa	Hirsch	15	8	1874	21	7	10
Gut	Markus		15	8	1874	21	7	11
Kerpen	Josefa	Epstein	13	1	1877	21	7	12
Fränkel	Maria	Werner	15	8	1874	21	7	13

Gerstmann	Bernhard		12	4	1872	21	7	14
Freiberger	Katharina	Pollak	13	4	1872	21	7	15
Wolf	Charlotte	Hirschwohl	10	4	1872	21	7	16
Schubert	Josefa	Pick	27	5	1867	21	7	17
Unbekannt	Unbekannt	Unbekannt	?	?	?	21	7	18
Bettelheim	Franziska		18	5	1867	21	8	1
Horowitz	Freide	Unbekannt	19	8	1874	21	8	2
Grüner	Bernhard		18	1	1877	21	8	3
Blatt	Johanna	König	17	8	1874	21	8	4
Feiles	Moses		18	5	1867	21	8	5
Seidl	Leopold		21	1	1877	21	8	6
Unbekannt	Unbekannt	Unbekannt	?	?	?	21	8	7
Goldmann	Lene	Unbekannt	25	5	1867	21	8	8
Affenkraut	Johanna	Unbekannt	21	8	1874	21	8	9
Weiss	Sigmund		22	8	1874	21	8	10
Trebitsch	Nathan		29	5	1867	21	8	11
Steiner	Heinrich		20	1	1877	21	8	12
Friedmann	Bernhard		31	5	1867	21	8	13
Friedmann	Marie	Reissmann	3	9	1872	21	8	14
Unbekannt	Unbekannt	Unbekannt	?	?	?	21	8	15
Gerstl	Anna		24	1	1877	21	8	16
Deiches	Simon		22	1	1877	21	8	17
Unbekannt	Unbekannt	Unbekannt	?	?	?	21	8	18
König	Rosalia	Fischer	18	4	1872	21	8	19
Neubauer	Lotti	Löwy	28	10	1874	21	8	20
Bauer	Wilhelm		24	1	1877	21	8	21
Weiss	Julie	Stricker	5	6	1867	21	8	22
Mandl	Helene		18	4	1872	21	8	23
Müller	Rosa		18	4	1872	21	8	24
Schleissteher	Anna		30	8	1874	21	8	25
Wittels	David		7	6	1867	21	8	26
Unbekannt	Unbekannt	Unbekannt	?	?	?	21	8	27
Meller	Therese	Feitler	8	8	1874	21	8	28

böhlau

MICHAELA FEURSTEIN,
GERHARD MILCHRAM
JÜDISCHES WIEN
STADTSPAZIERGÄNGE
MIT EINER EINLEIT. V. KLAUS LOHRMANN.

Mit dem Stadtführer »Jüdisches Wien. Stadtspaziergänge« erscheint ein Standardwerk zur Kultur Wiens. Geschichte und Gegenwart sind eng verwoben und ergeben einen lebendigen Eindruck von Menschen und Orten. Zahlreiche Abbildungen lassen Höhepunkte und Alltagsereignisse der Wiener jüdischen Geschichte in neuem Licht erscheinen. Spaziergänge machen die vielfältigen Gesichter dieser Stadt erlebbar. Die begleitenden Texte informieren ausführlich über Hintergründe und Zusammenhänge. Sie sind übersichtlich strukturiert und eröffnen einem breiten Publikum den Zugang zu einem der faszinierendsten Aspekte dieser Stadt in deutscher und englischer Sprache. Große Persönlichkeiten, berühmte Plätze, spannende Geschichten werden eingehend beschrieben. Die gelungene Einbettung von Lokalereignissen und Anekdoten in allgemeine Zusammenhänge versteht es, einen tiefen Einblick in dieses Wien zu vermitteln.

2001. 238. S. 6 PLÄNE, 118 S/W ABB. BR. 140 X 235 MM.
ISBN 978-3-205-99094-9

BÖHLAU VERLAG, WIESINGERSTRASSE 1, A-1010 WIEN, T: +43 1 330 24 27-0
VERTRIEB@BOEHLAU.AT, WWW.BOEHLAU-VERLAG.COM

ANTJE SENARCLENS DE GRANCY UND
HEIDRUN ZETTELBAUER (HG.)
ARCHITEKTUR. VERGESSEN
JÜDISCHE ARCHITEKTEN IN GRAZ

Fünf Grazer Bauten aus der Zeit von 1910 bis 1934 bilden den Ausgangspunkt für den Blick auf das Vergessen als kulturelle Praxis im Feld der Architektur. Die Autorinnen zeichnen ein Spannungsfeld zwischen alltäglichen Prozessen der Überbauung, Funktionsveränderung und räumlicher Neukonzeption sowie gewaltsamen Eingriffen wie politischer Neukodierung und Zerstörung nach.

Am Beispiel von Arbeitsamt, Freibad, Jüdischer Zeremonienhalle, Kinderheim und Stadtrandsiedlung werden vielschichtige Dimensionen des Vergessens freigelegt: Zufälliges, Intentionales, Privates, Öffentliches, Nicht-Erzähltes, Un-/Sichtbares.

Die Klammer, welche die vier Architekten und Baumeister zusammenhält, ergibt sich nicht aus ihrer jüdischen Herkunft oder Identität, sondern erst aus der nationalsozialistischen Verfolgungsgeschichte als einem Aspekt des Vergessens.

2010. BR. 300 S. 178 S/W-ABB. 170 X 240 MM.
ISBN 978-3-205-78472-2

BÖHLAU VERLAG, WIESINGERSTRASSE 1, 1010 WIEN. T: +43(0)1 330 24 27-0
BOEHLAU@BOEHLAU.AT, WWW.BOEHLAU-VERLAG.COM | WIEN KÖLN WEIMAR

böhlau

RAFAEL HERLICH
DORON KIESEL
WEITERLEBEN – WEITERGEBEN
JÜDISCHES LEBEN IN DEUTSCHLAND
MIT EINEM VORWORT
VON CHARLOTTE KNOBLOCH

Der Bildband präsentiert und thematisiert Alltag und Alltägliches von in Deutschland lebenden Juden unterschiedlicher Generationen, religiöser Orientierungen oder Herkunftsländer. Bilder aus vielfältigen lebensweltlichen Situationen geben einerseits Einblicke in das »Profane« und das »Heilige« im Judentum, zugleich sollen sie neugierig machen und dazu animieren, Grenzen zu überschreiten – im Sinne des Wunsches nach gegenseitigem Verstehen und wechselseitiger Verständigung.

2009. 184 S. MIT 160 FARB. ABB. GB. MIT SU. 240 X 280 MM.
ISBN 978-3-412-20383-2

[E]in bunter Querschnitt aus 30 Jahren. Familiäres, wie das Bild der alten Dame. Skurriles, wie der Rabbiner beim Fußballtraining. Historisches, wie die Aufnahmen prominenter Zeitgenossen. Schnappschüsse einer sich andauernd im Wandel befindlichen Gemeinschaft [...].
Jüdische Allgemeine

BÖHLAU VERLAG, URSULAPLATZ 1, 50668 KÖLN. T: +49(0)221 913 90-0
INFO@BOEHLAU.DE, WWW.BOEHLAU.DE | KÖLN WEIMAR WIEN

CLAUDIA THEUNE, TINA WALZER (HG.)
JÜDISCHE FRIEDHÖFE
KULTSTÄTTE, ERINNERUNGSORT, DENKMAL

Jüdische Friedhöfe stehen im Spannungsfeld zwischen religiösen Vorgaben und gesellschaftlichen Interessen. Ihr Zustand spiegelt das aktuelle Verhältnis zwischen jüdischen Gemeinden und ihrer Umwelt genauso wie den Umgang mit Zeugnissen jüdischer Vergangenheit, aber auch mit der Vernichtung jüdischen Lebens im Holocaust. Das informative Grundlagenwerk versammelt internationales Expertenwissen aus dem professionellen Umgang mit jüdischen Friedhöfen: Historische Rahmenbedingungen, kunsthistorische Analysen, Aspekte der Gartendenkmalpflege und Gedenkkultur sowie konservatorisch-restauratorische Fragen werden diskutiert, ergänzt von Einzelstudien zu Wien-Währing, Berlin-Weißensee sowie Innsbruck-Judenbühel.

2011. 304 S. 60 S/W-ABB. BR. 170 X 240 MM.
ISBN 978-3-205-78477-7

BÖHLAU VERLAG, WIESINGERSTRASSE 1, 1010 WIEN. T: +43 (0) 1 330 24 27-0
BOEHLAU@BOEHLAU.AT, WWW.BOEHLAU-VERLAG.COM | WIEN KÖLN WEIMAR